U0921775

■ 中华优秀传统文化推荐读物

中国家训

ZHONGGUO JIAXUN

王爽◎主编

图书在版编目(CIP)数据

中国家训 / 王爽主编. —海口 ：海南出版社，2018.4

ISBN 978-7-5443-8176-5

Ⅰ. ①中… Ⅱ. ①王… Ⅲ. ①家庭道德—中国 Ⅳ. ①B823.1

中国版本图书馆 CIP 数据核字(2018)第 072208 号

中国家训

主　　编	**王　爽**
责任编辑	周　毅
出版发行	海南出版社
地　　址	海口市金盘开发区建设三横路 2 号
邮　　编	570216
网　　址	http://www.hncbs.cn
开　　本	710 mm×1000 mm　1/16
印　　张	23.5
字　　数	230 千字
版　　次	2018 年 4 月第 1 版　2018 年 4 月第 1 次印刷
经　　销	新华书店
印　　刷	三河市腾飞印务有限公司
书　　号	ISBN 978-7-5443-8176-5
定　　价	58.00 元

（本书如有印装质量问题，影响阅读，请直接与承印厂联系调换）

前 言

中华民族历来重视家庭，在古代士大夫所追求的“修身”“齐家”“治国”“平天下”的理想中，“齐家”被看成是联系“修身”与“治国”的关键一环。如今，家庭的作用仍然不可忽视，一个和谐、健康的社会是由许许多多和谐、健康的家庭共同努力而促成的。俗话说“家和万事兴”，只有家风正，民风才会淳，政风才会清，国家才会昌盛，培养良好家风是引领整个社会健康风气、传递正能量的重要条件。

优良的家风往往是经过几代人的不懈努力而形成的。不同的家庭，家风的呈现形式不尽相同，有的是无形的言传身教，隐含于每个家庭成员的日常行为中；有的是有形的文字，这些文字往往被称为“家训”“家诫”“家范”“庭训”“家书”“治家格言”等，其中较为优秀的，不仅影响到某个家族，甚至被当世乃至后世人奉为教育子孙后代的圭臬。中国传统家训内涵之丰富、内容之广博、影响之深刻，是世界上其他国家所无法比拟的，其核心是治家教子、修身做人，其实质是伦理教育和人格塑造，因此也可以说，传统家训是祖先留给后人的为人处世宝典。

自古至今，为世人尊崇而广为流传的家训，主要有三国时诸葛亮的《诫子书》、北齐颜之推的《颜氏家训》、唐代李世民的《帝范》、北宋司马光的《温公家范》、南宋袁采的《袁氏世范》、明代朱柏庐的《朱子家训》与袁了凡的《了凡四训》、清代张英的《聪训斋语》与曾国藩的《曾国藩家书》等。这些家训少则数百字，但字字珠玑，句句经典，如《朱子治家格言》；多则数十篇，堪称鸿篇巨制，如《颜氏家训》。“勿以恶小而为之，勿以善小而不为”“静以修身，俭以养德。非淡泊无以明志，非宁静无以致远”“一粥一饭，当思来处不易；半丝半缕，恒念物力维艰”“天下事有难易乎？为之，则难者亦易矣；不为，则易者亦难矣”等名言都出自传统家训。可以说，中国传统家训是中华民族宝贵的文化遗产，是传统文化的重要组成部分。

传统家训各具特色，但大都传承了中华民族的优良传统，比如孝敬父母、友爱兄弟、勤俭持家、诚实守信、勤奋好学等。只有孝敬父母、友爱兄弟，家庭成员才能和睦相处、互亲互爱，进而爱亲族、爱邻里，乃至爱人民、爱社会。勤俭持家是一个家庭或家族能够长久兴旺的关键，贫困之家只有厉行勤俭，才能积聚财富而兴旺发达；富裕之家只有保持勤俭，才能使家业不因挥霍无度、贪享安乐而毁败。诚信是中华优秀传统文化的核心思想理念之一，正所谓“人无信不立，事无信不成，商无信不兴”，一个人只有诚实守信，才能在社会上立足，才能做成大事；一些以经商为业的家族之所以代代兴旺，最重要的秘诀就是诚信。勤奋好学是中国古代文人士子、书香门第的家风特色，家学深厚的家族甚至代代出才子，他们刻苦读书，学以致用，既提高了思想境界，也为国家、为社会做出了自己的贡献。总之，中华民族历史悠久，家训文化源远流长，重视家训的价值在任何时代都具有非凡的意义。

家风与党风政风相互影响，相互渗透。2016 年 12 月 12 日，习近平总书记在会见第一届全国文明家庭代表时的讲话中指出：“广大家庭都要弘扬优良家风，以千千万万家庭的好家风支撑起全社会的好风气。特别是各级领导干部要带头抓好家风。”“领导干部的家风，不仅关系自己的家庭，而且关系党风政风。”领导干部的家风，不是个人的小事、私事，而是领导干部作风的重要表现。一些领导干部之所以贪污腐化，与其家风不正、家教不严有很大关系。领导干部有必要从中华优秀传统文化，尤其是家训文化中汲取修身、治家等方面的智慧，大力加强作风建设，自我净化，自我完善，真正做到正家风、严家教。

为了方便广大读者特别是领导干部了解和学习中国传统的家训文化，进而提高个人修养，加强家风建设，我们精选了历代家训中的精彩篇章，汇编成册。全书分为两编，第一编收录了十部较具规模的经典家训，第二编为历代名人家训的集萃，收录了历代零散的家训，力争让读者了解到较为全面的家训文化。我们真诚地希望读者阅读本书后，能够激发对传统家训文化的兴趣，并能够从中得到一些有益的启发。

编　者

目 录

第一编：中国十大经典家训

《颜氏家训》……3
序致第一……3
教子第二……5
兄弟第三……9
后娶第四……12
治家第五……13
风操第六……17
慕贤第七……26
勉学第八……28
文章第九……45
名实第十……53
涉务第十一……56
省事第十二……59
止足第十三……61
诫兵第十四……62
养生第十五……63
归心第十六……63
书证第十七……64
音辞第十八……67
杂艺第十九……69
终制第二十……69

《帝范》……71
序……71
君体第一……74

建亲第二……74
求贤第三……76
审官第四……78
纳谏第五……79
去谗第六……80
诫盈第七……81
崇俭第八……82
赏罚第九……83
务农第十……83
阅武第十一……85
崇文第十二……85

《温公家范》……88
治家……89
祖……93
父……94
母……95
子……96
女……99
兄弟……99
夫妻……100

《袁氏世范》……102
一 睦亲篇……102
二 处己篇……118
三 治家篇……134

《了凡四训》……146
一 立命之学……146
二 改过之法……156
三 积善之方……160
四 谦德之效……175

《朱子治家格言》……179

《庭训格言》……182
第一章……182
第二章……187
第三章……193
第四章……200
第五章……205

《圣谕广训》……213
序……213
一 敦孝弟以重人伦……215
二 和乡党以息争讼……217
三 重农桑以足衣食……219
四 尚节俭以惜财用……221
五 隆学校以端士习……222
六 黜异端以崇正学……224
七 讲法律以儆愚顽……226
八 明礼让以厚风俗……228

《聪训斋语》……231
卷一……231
卷二……256

《曾国藩家书》……271
禀父母 · 九弟习字长进……271
致诸弟 · 读书应立志有恒……272
致诸弟 · 应立志猛进……273
致九弟 · 人而无恒，一事无成……274
致四弟、九弟 · 早起乃千金妙方……275
致九弟 · 郁怒最易伤人……275
禀父母 · 家和则福自生……276
禀父母 · 以和睦兄弟为第一……276
致四弟 · 治家有八字诀……278

致九弟·周济受害绅民……279
禀祖父母·请资助族人……279
禀祖父母·先馈赠亲族……280
致诸弟·应亲近益友……281
致九弟·同甘苦共患难……282
致九弟、季弟·述自已有负朋友……283
致诸弟·交友须常常来往……283
致诸弟·不可占人便宜……284
禀父母·不敢求非分之荣……285
致诸弟·进谏言劝天子戒除骄矜……286
致九弟·处事修身以明强为本……287
致九弟·以求才为大急……287
致沅弟、季弟·随时推荐出色的人……289
致九弟·以多选替手为第一义……289

第二编：历代名人家训集萃

先秦篇……293
周公诫子……293
孙叔敖戒子……294
庭训……294
敬姜论劳逸……295
曾子杀彘……297
孟母断织教子……298
楚子发母……298

秦汉篇……300
刘邦：手敕太子书……300
司马谈：命子迁……301
东方朔：诫子书……303

刘向：戒子歆书……304
马援：诫兄子严敦书……305
郑玄：诫子益恩书……306
蔡邕：女训……309

魏晋南北朝篇……311
曹操：遗令……311
王修：诫子书……312
刘备：遗诏敕后主……313
诸葛亮：诫子书……314
诸葛亮：诫外甥书……315
羊祜：诫子书……316
陶渊明：与子俨等疏……316

隋唐五代篇……319
苏瓌：中枢龟镜……319
姚崇：遗令诫子孙文……321
姜公辅：太公家教……325
韩愈：符读书城南……328
元稹：诲侄等书……330

宋元篇……332
范仲淹：告诸子及弟侄……332
欧阳修：书示子侄……333
邵雍：戒子孙……334
家颐：教子语……335
陆游：放翁家训……336
许衡：训子诗……339
陈栎：与子勋书……340

明清篇……342
张居正：示季子懋书……342
吕坤：为善说示诸儿……344
王夫之：示子侄书……345

纪晓岚：寄内子……346
纪晓岚：训大儿……347
郑板桥：寄舍弟墨……348
郑板桥：寄舍弟墨……349
彭端淑：为学一首示子侄……349
林则徐：覆长儿汝舟……350
林则徐：训次儿聪彝……351
左宗棠：示儿书……353
张之洞：致儿子书……355

民国篇……358
袁世凯：与叔保恒书……358
袁世凯：与叔保恒书……359
袁世凯：示次儿书……360
孙中山：劝胞兄孙眉不要做官……361
孙中山：家事遗书……362
梁启超：致梁思顺……362
梁启超：致梁思成……363

第一编

中国十大经典家训

《颜氏家训》

颜之推（531—约591），琅琊临沂人，南北朝时期著名的文学家、教育家。出身士族，深受儒家思想影响，博学多才，明哲思辨，处事勤敏，阅历丰富，一生经历四朝。梁朝时，19岁的他受梁湘东王赏识，被任命为国左常侍。梁朝灭亡后，他在北齐为官20年，官至黄门侍郎。后北齐灭亡，他被北周征为御史上士。北周灭亡后，隋文帝又召他为学士。

《颜氏家训》是颜之推记述个人经历、思想、学识，用来告诫子孙的一部著作，是颜之推的传世作品，开后世"家训"之先河，被誉为家教典范。该书成书于隋文帝灭陈国以后，共有7卷，20篇，是我国历史上第一部内容丰富、体系宏大的家训。从思想方面来看，该书内涵丰富，不仅讲述治家之道和立身之法，对南北风俗、士人好尚、音韵字训、典故考证、文艺品第等也有论述；从文章风格上看，它质而明、详而要、平而不诡；从现世精神上来看，它讲述立身治家之法，辨正时俗之谬。因为其中的儒学思想和训诫内容符合儒家士大夫们治家训子的需要，受到历代封建统治者的推崇。其中的家庭伦理思想，对当代家庭教育有着重要的借鉴意义。

序致第一

夫圣贤之书，教人诚孝，慎言检迹[1]，立身扬名，亦已备矣[2]。魏、晋已来[3]，所著诸子，理重事复，递相模效[4]，犹屋下架屋，床上施床耳。吾今所以复为此者，非敢轨物范世也[5]，业以整齐门内[6]，提撕子孙。夫同言而信，信其所亲；同命而行，行其所服。禁童子之暴谑，则师友之诫不如傅婢之指挥[7]；止凡人之斗阋，则尧舜之道不如寡妻之诲谕[8]。吾望此书为汝曹之所信[9]，犹贤于傅婢寡妻耳。

【注释】

[1] 检迹：检点行为。

[2] 备：完备、齐全。

[3] 已来：以来。已，通“以”。

[4] 递相：互相。模效：模拟，仿效。

[5] 轨物范世：指立下规范和标准。轨物，规范事物。范世，做世人的模范。

[6] 整齐：整顿、整治。门内：指家族子弟。

[7] 傅婢：侍婢，这里指带孩子的保姆。

[8] 寡妻：嫡妻。

[9] 汝曹：你们，指本家族的子弟。曹，等、辈。

吾家风教[1]，素为整密[2]。昔在龆龀[3]，便蒙诱诲；每从两兄，晓夕温清[4]，规行矩步[5]，安辞定色[6]，锵锵翼翼[7]，若朝严君焉[8]。赐以优言，问所好尚，励短引长[9]，莫不恳笃[10]。年始九岁，便丁荼蓼[11]，家涂离散[12]，百口索然[13]。慈兄鞠养[14]，苦辛备至；有仁无威，导示不切。虽读《礼》《传》，微爱属文[15]，颇为凡人之所陶染[16]，肆欲轻言，不修边幅[17]。年十八九，少知砥砺，习若自然，卒难洗荡。二十已后，大过稀焉；每常心共口敌[18]，性与情竞[19]，夜觉晓非，今悔昨失，自怜无教，以至于斯。追思平昔之指，铭肌镂骨[20]，非徒古书之诫，经目过耳也。故留此二十篇，以为汝曹后车耳[21]。

【注释】

[1] 风教：家风家教。

[2] 整密：严谨详备。

[3] 龆龀（tiáo chèn）：垂髫换齿之时，指童年。龆，通“髫”，指孩童前额的垂发。龀，小孩换牙，此时乳齿脱落长出恒齿。

[4] 温：冬天暖被，使父母感到暖和。清，夏天扇凉席，使父母觉得凉爽。

[5] 规行矩步：指言行举动合乎规矩。

[6] 安辞定色：言谈稳重、神色镇定。

[7] 锵锵翼翼：恭敬谨慎的样子。

[8] 严君：威严的君王。

[9] 励短引长：改掉缺点，发扬长处。励，通“砺”，磨砺。

[10] 恳笃：恳切。

[11] 丁：遭遇、碰上。荼蓼：田野沼泽间的杂草，荼味苦涩，蓼味辛辣，形容处境艰难。

[12] 家涂：家道。

[13] 索然：离散萧条的样子。

[14] 鞠养：抚养、养育。

[15] 属文：撰写文章。

[16] 凡人：俗人，指社会上品行不端正的人。陶染：熏陶感染。

[17] 不修边幅：指不注重仪表。

[18] 心共口敌：指心中所想和口中所说的不一致。

[19] 性与情竞：指理智与情感处于矛盾状态。

[20] 铭肌镂骨：形容感受极深，很难忘记。

[21] 后车：后继之车，引申为借鉴。

教子第二

上智不教而成[1]，下愚虽教无益[2]，中庸之人[3]，不教不知也。古者，圣王有胎教之法：怀子三月，出居别宫，目不邪视，耳不妄听，音声滋味，以礼节之。书之玉版[4]，藏诸金匮[5]。生子咳隄[6]，师保固明[7]，孝仁礼义，导习之矣。凡庶纵不能尔，当及婴稚，识人颜色，知人喜怒，便加教诲，使为则为，使止则止。比及数岁[8]，可省笞罚。

【注释】

[1] 上智：智力过人的人。

[2] 下愚：智力低下、极其愚蠢的人。

[3] 中庸之人：中等智力的人，普通人。

[4] 玉版：玉板，古代用以刻字的玉片。版，同“板”。

[5] 诸：“之于”的合音。金匮：铜制的柜子，用以收藏文献。匮，同“柜”，柜子。

[6] 咳隄：幼儿啼哭的声音，这里指孩子幼小。

[7] 师保：古代负责教导帝王和王室子弟的官。

[8] 比及：等到。

父母威严而有慈，则子女畏慎而生孝矣。吾见世间，无教而有爱，每不能然；饮食运为[1]，恣其所欲，宜诫反奖，应诃反笑[2]，至有识知[3]，谓法当尔。骄慢已习，方复制之，捶挞至死而无威[4]，忿怒日隆而增怨[5]，逮于成长[6]，终为败德。孔子云“少成若天性，习惯如自然”是也。俗谚曰：“教妇初来，教儿婴孩。”诚哉斯语！

【注释】

[1] 运为：行为。

[2] 诃：同“呵”，呵斥。

[3] 识知：见识。

[4] 捶挞：杖击、鞭打。

[5] 隆：增加。

[6] 逮：到、及。

凡人不能教子女者，亦非欲陷其罪恶；但重于诃怒，伤其颜色，不忍楚挞惨其肌肤耳。当以疾病为谕[1]，安得不用汤药针艾救之哉[2]？又宜思勤督训者，可愿苛虐于骨肉乎？诚不得已也。

王大司马母魏夫人[3]，性甚严正。王在湓城时[4]，为三千人将，年逾四十，少不如意，犹捶挞之，故能成其勋业。梁元帝时[5]，有一学士，聪敏有才，为父所宠，失于教义：一言之是，遍于行路，终年誉之；一行之非，揜藏文饰[6]，冀其自改[7]。年登婚宦[8]，暴慢日滋[9]，竟以言语不择[10]，为周逖抽肠衅鼓云[11]。

【注释】

[1] 谕：同“喻”，比喻、比方。

[2] 针艾：指以针刺、以艾草熏灼穴位。

[3] 王大司马：王僧辩，字君才，南朝梁著名将领，曾任征东将军、江州刺史。

[4] 湓（pén）城：今属江西瑞金。

[5] 梁元帝：萧绎，南北朝时期梁朝皇帝。

[6] 揜（yǎn）藏文饰：遮掩粉饰。揜：同“掩”，掩盖、遮掩。

[7] 冀：希望。

[8] 婚宦：结婚和做官，指成年。

[9] 暴慢：凶残傲慢。

[10] 竟：到底、最终。

[11] 周逖（tì）：此人无考，盖《陈书》所载梁元帝时临汝县侯周迪。衅鼓：古代在战争前，杀人或杀牲以血涂鼓举行祭礼。

父子之严，不可以狎；骨肉之爱，不可以简。简则慈孝不接，狎则怠慢生焉。由命士以上[1]，父子异宫[2]，此不狎之道也；抑搔痒痛[3]，悬衾箧枕[4]，此不简之教也。或问曰：“陈亢喜闻君子之远其子[5]，何谓也？”“对曰：“有是也。盖君子之不亲教其子也。《诗》有讽刺之辞，《礼》有嫌疑之诫[6]，《书》有悖乱之事，《春秋》有邪僻之讥，《易》有备物之象：皆非父子之可通言[7]，故不亲授耳。”

【注释】

[1] 命士：古代称受有封爵的士。

[2] 异宫：分开居住。

[3] 抑搔痒痛：指为父母按摩止痛止痒。

[4] 悬衾箧枕：铺床叠被。悬，悬挂，这里指晾晒。衾，被子。箧，收藏物品的小箱子，这里指整理。

[5] 陈亢：孔子的学生，妫姓，字子亢，一字子禽，曾任单父宰，施德政于民，颇受后人好评。

[6] 嫌疑之诫：指对不道德行为的告诫。

[7] 通言：互相谈论。

齐武成帝子琅邪王[1]，太子母弟也，生而聪慧，帝及后并笃爱之，衣服饮食，与东宫相准[2]。帝每面称之曰：“此黠儿也[3]，当有所成。”及太子即位，王居别宫，礼数优僭[4]，不与诸王等；太后犹谓不足，常以为言。年十许岁，骄恣无节，器服玩好，必拟乘舆[5]。尝朝南殿，见典御进新冰[6]，钩盾献早李[7]，还索不得，遂大怒，诟曰："至尊已有，我何意无？"不知分齐[8]，率皆如此。识者多有叔段、州吁之讥[9]。后嫌宰相[10]，遂矫诏斩之，又惧有救，乃勒麾下军士[11]，防守殿门。既无反心，受劳而罢[12]，后竟坐此幽薨[13]。

【注释】

[1] 齐武成帝：高湛，北齐第四任皇帝。琅邪王：高俨，高湛第三子，后被兄长北齐后主高纬秘密杀害。

[2] 东宫：太子。相准：比照、一样。

[3] 黠儿：聪慧的儿童。

[4] 优僭：超出身份行事。

[5] 拟：仿照。乘舆：指皇帝用的器物，代指皇帝。

[6] 典御：古代负责皇帝饮食的官员。

[7] 钩盾：古代负责管理皇家园林的官员。

[8] 分齐：指身份、地位上的差别。

[9] 叔段：共叔段，春秋时期郑庄公同母弟，母武姜。武姜非常钟爱小儿子共叔段，后共叔段谋逆作乱，被郑庄公派兵击败，逃奔他国。州吁：春秋时期卫桓公异母弟，深受父亲宠爱，成人后骄横奢侈，并弑兄篡位，不受国人拥戴，后被杀。

[10] 嫌：有嫌隙、仇怨。

[11] 勒：勒令、命令。

[12] 劳：安抚。

[13] 坐：由……而获罪。幽薨：指王侯被秘密杀害。

人之爱子，罕亦能均；自古及今，此弊多矣。贤俊者自可赏爱，顽鲁者亦当矜怜[1]，有偏宠者，虽欲以厚之，更所以祸之。共叔之死，母实为之。赵王之戮[2]，父实使之。刘表之倾宗覆族，袁绍之地裂兵亡，可为灵龟明鉴也[3]。

【注释】

[1] 顽鲁：顽劣愚钝。矜怜：怜悯痛惜。

[2] 赵王：赵隐王刘如意，刘邦宠妃戚姬之子。刘邦爱屋及乌，多次想废太子刘盈而改立他为太子。刘邦死后，刘如意被吕后伺机毒杀。

[3] 灵龟：古人用龟壳占卜，这里比喻可作为借鉴。

齐朝有一士大夫，尝谓吾曰："我有一儿，年已十七，颇晓书疏[1]，教其鲜卑语及弹琵琶，稍欲通解，以此伏事公卿[2]，无不宠爱，亦要事也。"吾时俯而不答。异哉，此人之教子也！若由此业[3]，自致卿相，亦不愿汝曹为之。

【注释】

[1] 书疏：指公文和来往信函的写作。

[2] 伏事：侍候、服侍。

[3] 业：立业。

兄弟第三

夫有人民而后有夫妇，有夫妇而后有父子，有父子而后有兄弟，一家之亲，此三而已矣。自兹以往，至于九族，皆本于三亲焉，故于人伦为重者也，不可不笃[1]。兄弟者，分形连气之人也[2]。方其幼也，父母左提右挈，前襟后裾[3]，食则同案[4]，衣则传服[5]，学则连业[6]，游则共方[7]，虽有悖乱之人[8]，不能不相爱也。及其壮也[9]，各妻其妻，各子其子，虽有笃厚之人，不能不少衰也。娣姒之比兄弟[10]，则疏薄矣；今使疏薄之人，而节量亲厚之恩[11]，犹方底而圆盖，必不合矣。惟友悌深至[12]，不为旁人之所移者[13]，免夫！

【注释】

[1] 笃：指认真对待。

[2] 分形连气：指兄弟形体分离，但气息相连，形容兄弟间亲密的关系。

[3] 前襟后裾：指兄弟有的拉父母衣服的前襟，有的拉父母衣服的后摆。襟，上衣前面的部分。裾，上衣的后幅。

[4] 案：桌子。

[5] 传服：指大孩子穿过的衣服再传给小孩子穿。

[6] 连业：指哥哥用过的书本又留给弟弟接着用。业，旧时书写经典的大版，引申为书本。

[7] 共方：同去一个地方。

[8] 悖乱：荒谬胡乱。

[9] 壮：成年、长大。

[10] 娣姒：即妯娌，兄长的妻子为姒，弟弟的妻子为娣。

[11] 节量：节制度量。

[12] 友悌：指兄弟友爱。

[13] 旁人：其他人，这里指妻子。移：改变。

二亲既殁[1]，兄弟相顾，当如形之与影，声之与响[2]；爱先人之遗体[3]，惜己身之分气[4]，非兄弟何念哉？兄弟之际，异于他人，望深则易怨[5]，地亲则易弭[6]。譬犹居室，一穴则塞之，一隙则涂之[7]，则无颓毁之虑；如雀鼠之不恤[8]，风雨之不防，壁陷楹沦[9]，无可救矣。仆妾之为雀鼠，妻子之为风雨，甚哉！

【注释】

[1] 二亲：指父母双亲。殁：死亡。

[2] 响：回声。

[3] 先人：指死去的父母。遗体：即子女的身体。古人认为子女的身体源自父母，父母死后身体在子女身上得以延续，故称子女的身体为父母的遗体。

[4] 分气：指兄弟。

[5] 望深：期望过高。

[6] 地亲：指相处得好。地，居住，这里有相处的意思。弭：消除，停止。

[7] 涂：涂抹，指封住房子的缝隙。

[8] 恤：忧虑。

[9] 壁陷楹沦：墙壁倒塌，楹柱摧折。楹，楹柱，厅堂前面的柱子。

兄弟不睦，则子侄不爱；子侄不爱，则群从疏薄[1]；群从疏薄，则僮仆为仇敌矣。如此，则行路皆踖其面而蹈其心[2]，谁救之哉？人或交天下之士，皆有欢爱，而失敬于兄者，何其能多而不能少也！人或将数万之师[3]，得其死力，而失恩于弟者，何其能疏而不能亲也！

【注释】

[1] 群从：家族中的所有子弟。

[2] 踖其面而蹈其心：指任意欺辱。踖，践踏。蹈，踩。

[3] 将：统率。

娣姒者，多争之地也，使骨肉居之[1]，亦不若各归四海[2]，感霜露而相思，伫日月之相望也。况以行路之人，处多争之地，能无间者[3]，鲜矣。所以然者，以其当公务而执私情[4]，处重责而怀薄义也；若能恕己而行，换子而抚，则此患不生矣。

【注释】

[1] 使：假使。骨肉：这里指亲姐妹嫁给亲兄弟成为妯娌。

[2] 归：指女子出嫁。

[3] 间：嫌隙、不和。

[4] 当公务：指为大家庭做事。执私情：指为自己的小家庭打算。

人之事兄，不可同于事父，何怨爱弟不及爱子乎？是反照而不明也[1]。沛国刘琎，尝与兄瓛连栋隔壁，瓛呼之数声不应，良久方答；瓛怪问之，乃曰："向来未着衣帽故也[2]。"以此事兄，可以免矣[3]。

【注释】

[1] 反照：自我反省。

[2] 向来：刚才。

[3] 免：这里指免除隔阂。

江陵王玄绍，弟孝英、子敏，兄弟三人，特相友爱，所得甘旨新异[1]，非共聚食，必不先尝，孜孜色貌[2]，相见如不足者。及西台陷没[3]，玄绍以形体魁梧，为兵所围；二弟争共抱持，各求代死，终不得解，遂并命尔[4]。

【注释】

[1] 甘旨：美味的食物。

[2] 孜孜色貌：和乐的样子。

[3] 西台：指江陵。陷没：沦陷、被攻占。

[4] 并命：死在一起。

后娶第四

吉甫[1]，贤父也；伯奇[2]，孝子也。以贤父御孝子[3]，合得终于天性[4]，而后妻间之，伯奇遂放。曾参妇死[5]，谓其子曰："吾不及吉甫，汝不及伯奇。"王骏丧妻[6]，亦谓人曰："我不及曾参，子不如华、元[7]。"并终身不娶，此等足以为诫。其后，假继惨虐孤遗[8]，离间骨肉，伤心断肠者，何可胜数。慎之哉！慎之哉！

【注释】

[1] 吉甫：尹吉甫，周宣王时期重臣。

[2] 伯奇：尹吉甫长子，古代孝子，其父尹吉甫娶后母，后母欲立自己的儿子伯封为继承人，便在尹吉甫面前诋毁伯奇。尹吉甫信以为真，将伯奇放逐。

[3] 御：管教、教导。

[4] 天性：这里指父慈子孝、共享天伦之乐的本性。

[5] 曾参：即曾子，字子舆，是孔子最著名的弟子之一，以"孝"著称。

[6] 王骏：汉成帝时期大臣。

[7] 华、元：指曾参的两个儿子曾华、曾元。

[8] 假继：后妻、继母。孤遗：亡妻之子。

《后汉书》曰："安帝时[1]，汝南薛包孟尝[2]，好学笃行[3]，丧母，以至孝闻。及父娶后妻而憎包，分出之。包日夜号泣，不能去，至被殴杖。不得已，庐于舍外，旦入而洒扫。父怒，又逐之，乃庐于里门[4]，昏晨不废。积岁余，父母惭而还之。后行六年服[5]，丧过乎哀[6]。既而弟子求分财异居[7]，包不能止，乃中分其财，奴婢引其老者，曰：‘与我共事久，若不能使也[8]。’田庐取其荒顿者，曰：‘吾少时所理，意所恋也。’器物取其朽败者，曰：‘我素所服食，身口所安也。’弟子数破其产，还复赈给。建光中[9]，公车特征[10]，至拜侍中。包性恬虚，称疾不起，以死自乞。有诏赐告归也[11]。”

【注释】

[1] 安帝：汉安帝，东汉第六位皇帝。

[2] 薛包：东汉人，字孟尝，汉安帝时有名的孝子。

[3] 笃行：行为淳厚踏实。

[4] 里门：古代同里的人家聚居一处，设有里门。

[5] 六年服：指服丧六年。古时父母去世，子女需服丧三年，薛包服丧六年，超过一般的礼节要求。

[6] 丧过乎哀：办理丧事极为哀痛。

[7] 弟子：弟弟之子。异居：指分开居住、分家。

[8] 若：你。

[9] 建光：汉安帝刘祜的第四个年号。

[10] 公车：汉代负责接待臣民上书和征召的官署名。

[11] 告归：指告老还乡。

治家第五

孔子曰：“奢则不孙[1]，俭则固[2]；与其不孙也，宁固。”又云：“如有周公之才之美，使骄且吝，其余不足观也已。”然则可俭而不可吝也。俭者，省约为礼之谓也；吝者，穷急不恤之谓也[3]。今有施则奢，俭则吝；如能施而不奢，俭而不吝，可矣。

【注释】

[1] 孙：同“逊”，谦逊。

[2] 固：鄙陋。

[3] 恤：同情、怜悯。

生民之本，要当稼穑而食[1]，桑麻以衣。蔬果之畜[2]，园场之所产；鸡豚之善[3]，埘圈之所生[4]。爰及栋宇器械[5]，樵苏脂烛[6]，莫非种殖之物也[7]。至能守其业者，闭门而为生之具以足，但家无盐井耳。今北土风俗[8]，率能躬俭节用[9]，以赡衣食；江南奢侈，多不逮焉。

【注释】

[1] 稼穑：种植与收割，泛指农业劳动。稼，播种谷物。穑，收获谷物。

[2] 畜：同“蓄”，储存、积聚。

[3] 豚（tún）：小猪。善：美味。

[4] 埘（shí）圈：鸡窝和猪圈。埘，古代称墙壁上挖洞做成的鸡窝。

[5] 爰及：至于。栋宇：房屋。器械：泛指用具。

[6] 樵苏：做燃料用的柴草。脂烛：用油脂做的蜡烛。

[7] 殖：通“植”。

[8] 北土：指北部地区。

[9] 率：皆、都。

世间名士，但务宽仁；至于饮食饷馈[1]，僮仆减损；施惠然诺，妻子节量[2]；狎侮宾客，侵耗乡党[3]：此亦为家之巨蠹矣。

【注释】

[1] 饷馈：馈赠。

[2] 节量：限量。

[3] 侵耗：侵吞克扣。乡党：指乡亲。

齐吏部侍郎房文烈，未尝嗔怒，经霖雨绝粮[1]，遣婢籴米[2]，因尔逃窜[3]，三四许日，方复擒之。房徐曰：“举家无食，汝何处来？”竟无捶挞。尝寄人宅，奴婢彻屋为薪略尽[4]，闻之颦蹙[5]，卒无一言。

【注释】

[1] 霖雨：连绵大雨。

[2] 籴（dí）：买米。

[3] 因：趁着。尔：那时。

[4] 彻：通“撤”，拆毁。略：大概、差不多。

[5] 颦蹙：皱着眉头，比喻忧愁不乐。

裴子野有疏亲故属饥寒不能自济者[1]，皆收养之。家素清贫，时逢水旱，二石米为薄粥，仅得遍焉，躬自同之，常无厌色。邺下有一领军，贪积已甚，家童八百，誓满一千；朝夕每人肴膳[2]，以十五钱为率[3]，遇有客旅，更无以兼[4]。后坐事伏法[5]，籍其家产[6]，麻鞋一屋，弊衣数库[7]，其余财宝，不可胜言。

南阳有人，为生奥博[8]，性殊俭吝。冬至后女婿谒之，乃设一铜瓯酒，数脔獐肉[9]，婿恨其单率[10]，一举尽之，主人愕然，俯仰命益[11]，如此者再，退而责其女曰：“某郎好酒，故汝常贫。”及其死后，诸子争财，兄遂杀弟。

【注释】

[1] 裴子野：南朝著名文学家，字几原，为人学识渊博，清高自爱，乐善好施。疏亲故属：远亲和故交。自济：自给自足。济，救济。

[2] 肴膳：饭菜。

[3] 率：标准、规格。

[4] 兼：加倍。

[5] 坐事：因事获罪。

[6] 籍：统计、登记。

[7] 弊衣：破旧的衣服。弊，通“敝”，破旧、破损。

[8] 奥博：积蓄丰厚。

[9] 脔（luán）：小块肉。

[10] 恨：责怪。单率：草率、简单。

[11] 俯仰：周旋、应付。益：这里是添酒加菜的意思。

婚姻素对[1]，靖侯成规[2]。近世嫁娶，遂有卖女纳财，买妇输绢，比量父祖，计较锱铢[3]，责多还少[4]，市井无异。或猥婿在门[5]，或傲妇擅室[6]，贪荣求利，反招羞耻，可不慎欤！

【注释】

[1] 素对：清白的配偶。

[2] 靖侯：指颜之推的九世祖颜含，死后谥号“靖侯”。

[3] 锱铢：比喻极其微小的数量。

[4] 责多还少：讨价还价。责，责求、索取财物。

[5] 猥：鄙陋、下流。

[6] 傲妇：悍妇。擅室：独揽家政。

借人典籍，皆须爱护，先有缺坏，就为补治，此亦士大夫百行之一也。济阳江禄，读书未竟[1]，虽有急速[2]，必待卷束整齐[3]，然后得起，故无损败，人不厌其求假焉[4]。或有狼藉几案，分散部帙[5]，多为童幼婢妾之所点污，风雨虫鼠之所毁伤，实为累德[6]。吾每读圣人之书，未尝不肃敬对之；其故纸有《五经》词义，及贤达姓名，不敢秽用也。

【注释】

[1] 竟：完成、结束。

[2] 急速：急需处理的事情。

[3] 卷束：指书。

[4] 假：借。

[5] 部帙：指书籍的部次卷帙。

[6] 累德：指损害德行。累，累损。

吾家巫觋祷请[1]，绝于言议；符书章醮[2]，亦无祈焉，并汝曹所见也。勿为妖妄之费。

【注释】

[1] 巫觋（xí）：指以装神弄鬼替人祈祷为职业的巫师。古代称女巫为巫，男巫为觋。

[2] 符书章醮：开坛做法，是道教的一种祈祷形式。

风操第六

吾观《礼经》，圣人之教：箕帚匕箸[1]，咳唾唯诺[2]，执烛沃盥[3]，皆有节文[4]，亦为至矣。但既残缺，非复全书；其有所不载，及世事变改者，学达君子[5]，自为节度，相承行之，故世号士大夫风操。而家门颇有不同，所见互称长短；然其阡陌[6]，亦自可知。昔在江南，目能视而见之，耳能听而闻之；蓬生麻中，不劳翰墨[7]。汝曹生于戎马之间，视听之所不晓，故聊记录，以传示子孙。

【注释】

[1] 匕箸：汤匙、筷子之类的取食用具。

[2] 咳唾：咳嗽、吐唾液。唯诺：应答。

[3] 沃盥：浇水洗手。

[4] 节文：礼仪规范。

[5] 学达：博学通达。

[6] 阡陌：本指纵横交错的田间小路，这里指脉络。

[7] 翰墨：绳墨规范。

《礼》云："见似目瞿，闻名心瞿[1]。"有所感触，恻怆心眼[2]；若在从容平常之地[3]，幸须申其情耳。必不可避，亦当忍之；犹如伯叔兄弟，酷类先人[4]，可得终身肠断，与之绝耶？又："临文不讳[5]，庙中不讳[6]，君所无私讳。"益知闻名，须有消息[7]，不必期于颠沛而走也[8]。梁世谢举，甚有声誉，闻讳必哭，为世所讥。又有臧逢世，臧严之子也，笃学修行，不坠门风。孝元经牧江州[9]，遣往建昌督事，郡县民庶，竞修笺书，朝夕辐辏[10]，几案盈积，书有称"严寒"者，必对之流涕，不省取记，多废公事，物情怨骇[11]，竟以不办而还。此并过事也。

【注释】

[1] 见似目瞿，闻名心瞿：指看见与过世父母相似的容貌，听到与过世父母相同的名字时会心跳不安。

[2] 恻怆：哀伤。

[3] 从容平常：指一般情况下。

[4] 先人：指已逝的父母。

[5] 临文：指撰写或抄录文章。

[6] 庙：宗庙，祭祀先祖的地方。

[7] 消息：停止、平息。

[8] 颠沛：指脚步忙乱不稳的狼狈样子。

[9] 孝元：梁元帝。经牧：经略治理，即担任地方长官。

[10] 辐辏：集中、聚集。

[11] 物情怨骇：百姓充满怨恨。物情，指民心。

凡避讳者，皆须得其同训以代换之[1]：桓公名白[2]，博有五皓之称[3]；厉王名长[4]，琴有修短之目。不闻谓布帛为布皓，呼肾肠为肾修也。梁武小名阿练[5]，子孙皆呼练为绢[6]；乃谓销炼物为销绢物，恐乖其义[7]。或有讳云者，呼纷纭为纷烟；有讳桐者，呼梧桐树为白铁树，便似戏笑耳。

【注释】

[1] 同训：指意思相同或相近的词。训，指词义解释。

[2] 桓公：齐桓公，春秋时期齐国国君，名小白。

[3] 博：博戏，古代一种赌输赢、决胜负的游戏。五皓：即五白，是博戏的采名。

[4] 厉王：西汉淮南厉王刘长。

[5] 梁武：梁武帝萧衍，字叔达，小字练儿。

[6] 练：白绢。

[7] 乖：违背。

今人避讳，更急于古。凡名子者，当为孙地[1]。吾亲识中有讳襄、讳友、讳同、讳清、讳和、讳禹[2]，交疏造次[3]，一座百犯，闻者辛苦，无憀赖矣[4]。

【注释】

[1] 当为孙地：指为子孙留有余地，不使子孙在避讳上感到为难。

[2] 亲识：指亲友。

[3] 交疏：指交往不深的人。造次：匆忙、仓促。

[4] 憀（liáo）赖：依赖、依从。

凡与人言，称彼祖父母、世父母、父母及长姑[1]，皆加尊字，自叔父母已下，则加贤字，尊卑之差也。王羲之书，称彼之母与自称己母同，不云尊字，今所非也。

【注释】

[1] 世父母：伯父伯母。长姑：比父亲年长的姑姑。

南人冬至岁首[1]，不诣丧家；若不修书，则过节束带以申慰[2]。北人至岁之日[3]，重行吊礼；礼无明文，则吾不取。南人宾至不迎，相见捧手而不揖[4]，送客下席而已[5]；北人迎送并至门，相见则揖，皆古之道也，吾善其迎揖。

【注释】

[1] 南人：南方人。岁首：新的一年的开始，指正月初一。

[2] 束带：整肃衣冠。

[3] 北人：北方人。

[4] 捧手：拱手，表示敬意。揖：作揖，两手抱拳高拱，身体略弯。

[5] 下席：离开席位，表示恭敬。

昔者，王侯自称孤、寡、不穀[1]，自兹以降，虽孔子圣师，与门人言皆称名也。后虽有臣仆之称，行者盖亦寡焉。江南轻重[2]，各有谓号[3]，具诸《书仪》[4]；北人多称名者，乃古之遗风，吾善其称名焉。

【注释】

[1] 不穀：不善，古代王侯自称的谦词。

[2] 轻重：尊卑贵贱。

[3] 谓号：称号。

[4] 诸：记载。

古人皆呼伯父叔父，而今世多单呼伯叔。从父兄弟姊妹已孤[1]，而对其前，呼其母为伯叔母，此不可避者也。兄弟之子已孤，与他人言，对孤者前，呼为兄子、弟子，颇为不忍；北土人多呼为侄。按：《尔雅》《丧服经》《左传》[2]，侄虽名通男女，并是对姑之称。晋世已来，始呼叔侄；今呼为侄，于理为胜也。

【注释】

[1] 从父：伯父、叔父的统称。孤：幼年时父亲去世为孤。

[2] 按：按语，作者关于某事的主旨和相关情况所作的附加说明。《尔雅》：辞书之祖，是我国最早解释词义的一部专著。

古者，名以正体[1]，字以表德，名终则讳之，字乃可以为孙氏[2]。孔子弟子记事者，皆称仲尼；吕后微时[3]，尝字高祖为季；至汉爰种[4]，字其叔父曰丝；王丹与侯霸子语，字霸为君房；江南至今不讳字也。河北士人全不辨之，名亦呼为字，字固呼为字。尚书王元景兄弟，皆号名人，其父名云，字罗汉，一皆讳之，其余不足怪也。

【注释】

[1] 正体：表明自身。

[2] 氏：秦汉以前，“姓”和“氏”不同，“姓”是一个家族的所有后代的共同称号，而“氏”则是从姓中衍生出来的分支。自秦汉以后，“姓”和“氏”取消区别，合二为一了。

[3] 吕后：汉高祖刘邦的皇后吕雉。微时：卑贱而未显达之时。

[4] 爰种：西汉大臣爰盎（字丝）之侄。

《礼·间传》云：“斩缞之哭[1]，若往而不反[2]；齐缞之哭，若往而反[3]；大功之哭，三曲而偯[4]；小功缌麻，哀容可也，此哀之发于声音也。”《孝经》云：“哭不偯。”皆论哭有轻重质文之声也[5]。礼以哭有言者为号；然则哭亦有辞也。江南丧哭，时有哀诉之言耳；山东重丧，则唯呼苍天，期功以下[6]，则唯呼痛深，便是号而不哭。

【注释】

[1] 斩缞（cuī）："五服"中最重的丧服，服丧三年。"五服"制度是中国礼制中为死去亲属服丧的制度。依据与死者关系亲疏，由亲至疏把亲属分为五等，相应地，丧服由重到轻依次是：斩衰、齐衰、大功、小功、缌麻，丧期也由三年到三个月依次递减。

[2] 往而不反：比喻哭得昏死过去。

[3] 往而反：比喻哭得死去活来。

[4] 三曲而偯（yǐ）：指哭得一波三折，还带有曲折委婉的余音。偯，形容哭的余声曲折悠长。

[5] 质：委婉。文：直接。

[6] 期功：古代大功衰的丧服。期，服丧一年。功，按关系亲疏分大功和小功，大功服丧九月，小功服丧五月。

江南凡遭重丧，若相知者，同在城邑，三日不吊则绝之[1]；除丧[2]，虽相遇则避之，怨其不己悯也。有故及道遥者，致书可也；无书亦如之。北俗则不尔。江南凡吊者，主人之外，不识者不执手[3]；识轻服而不识主人[4]，则不于会所而吊[5]，他日修名诣其家[6]。

【注释】

[1] 绝：绝交，断绝往来。

[2] 除丧：除去丧服。

[3] 执手：拱手。

[4] 轻服：指与死者关系相对疏远、穿程度较轻丧服的人，如大功、小功、缌麻之类较轻的丧服。

[5] 会所：这里指灵堂。

[6] 修名：指置备名帖，向主人通报姓名。

二亲既没，所居斋寝[1]，子与妇弗忍入焉。北朝顿丘李构，母刘氏夫人亡后，所住之堂，终身锁闭，弗忍开入也。夫人，宋广州刺史纂之孙女，故构犹染江南风教。其父奖，为扬州刺史，镇寿春，遇害。构尝与王松年、祖孝徵数人同集谈宴。孝徵善画，遇有纸笔，图写为人[2]。顷之，因割鹿尾，戏截画人以示构，而无他意。构怆然动色，便起就马而去。举坐惊骇，莫测其情。祖君寻悟[3]，方深反侧，当时罕有能感此者。吴郡陆襄，父闲被刑[4]，襄终身布衣蔬饭，虽姜菜有切割，皆不忍食，居家惟以掐摘供厨。江宁姚子笃，母以烧死，终身不忍啖炙[5]。豫章熊康父以醉而为奴所杀，终身不复尝酒。然礼缘人情，恩由义断，亲以噎死，亦当不可绝食也。

【注释】

[1] 斋寝：斋戒时居住的地方。

[2] 图写为人：画了一幅人的肖像。

[3] 寻：一会儿。

[4] 闲：陆闲，陆襄之父，南朝南齐人，因刺史作乱未报，被诛杀。

[5] 啖：吃。炙：烤肉。

《礼经》：父之遗书[1]，母之杯圈[2]，感其手口之泽，不忍读用。政为常所讲习[3]，雠校缮写[4]，及偏加服用[5]，有迹可思者耳。若寻常坟典[6]，为生什物[7]，安可悉废之乎？既不读用，无容散佚，惟当缄保[8]，以留后世耳。

【注释】

[1] 遗书：遗留下来的书籍。

[2] 杯圈：不加雕饰的木制饮器。

[3] 政：通“正”。

[4] 雠校：校对文字。缮写：抄写。

[5] 服用：使用。

[6] 坟典：古代典籍的通称。

[7] 为生：谋生。什物：日常生活用品。

[8] 缄保：封存。

《礼》云：“忌日不乐。”正以感慕罔极[1]，恻怆无聊，故不接外宾，不理众务耳。必能悲惨自居，何限于深藏也[2]？世人或端坐奥室[3]，不妨言笑，盛营甘美，厚供斋食；迫有急卒[4]，密戚至交[5]，尽无相见之理：盖不知礼意乎！

【注释】

[1] 罔极：指子女对父母的无限哀思。

[2] 深藏：这里指闭门不出，深居内室。

[3] 奥室：内室。

[4] 急卒：急需解决的事情。卒，同“猝”，仓促。

[5] 密戚：亲戚、亲属。

魏世王修，母以社日亡[1]。来岁社日，修感念哀甚，邻里闻之，为之罢社。今二亲丧亡，偶值伏腊分至之节[2]，及月小晦后[3]，忌之外，所经此日，犹应感慕，异于余辰[4]，不预饮宴、闻声乐及行游也[5]。

【注释】

[1] 社日：古代祭祀土地神的日子。人们在这一天会举行热闹欢快的庆祝活动，表达良好的祝愿，同时也借此娱乐。

[2] 伏：伏祭。腊：腊祭。分：春分、秋分。至：夏至、冬至。

[3] 晦后：晦后一天，即农历每月初一。晦，农历每月最后一天。古时候农历每月初一为“朔”，每月十五为“望”，每月最后一天为“晦”。

[4] 余辰：其他的日子。

[5] 预：参与。行游：出行、出游。

刘绍、缓、绥，兄弟并为名器[1]，其父名昭，一生不为照字，惟依《尔雅》火旁作召耳。然凡文与正讳相犯[2]，当自可避；其有同音异字，不可悉然。“刘”字之下，即有昭音[3]。吕尚之儿，如不为上；赵壹之子，傥不作一[4]：便是下笔即妨，是书皆触也。

【注释】

[1] 名器：有名望的人。

[2] 正讳：指人的正名。

[3]“刘”字之下，即有昭音：意思是说，这是同音异字，应该避忌。繁体字“劉”，上从“卯”，下从“金刀”，“金刀”音正与“昭”同。

[4] 傥：同“倘”，如果，假如。

人有忧疾，则呼天地父母，自古而然。今世讳避，触途急切[1]。而江东士庶，痛则称祢[2]。祢是父之庙号，父在无容称庙，父殁何容辄呼？《仓颉篇》有“倄”字[3]，《训诂》云[4]：“痛而謼也[5]，音羽罪反[6]。”今北人痛则呼之。《声类》音于耒反[7]，今南人痛或呼之。此二音随其乡俗，并可行也。

【注释】

[1] 触途：各方面、随处。急切：迫切、紧要。

[2] 祢（mí）：古代对已在宗庙中立牌位的亡父的称谓。

[3]《仓颉篇》：秦朝丞相李斯编写，是当时的启蒙识字课本，用来教育学童识字，也作《苍颉篇》。倄：象声词，痛呼声。

[4]《训诂》：解释古汉语中字词意义的书。

[5] 謼：呼喊。

[6] 反：反切，古代注音的术语，用两个字拼合成一个字的音，上字取声，下字取韵合调。

[7]《声类》：古代音韵学书籍，三国时魏国人李登所作。

兵凶战危，非安全之道。古者，天子丧服以临师[1]，将军凿凶门而出[2]。父祖伯叔，若在军阵，贬损自居[3]，不宜奏乐宴会及婚冠吉庆事也。若居围城之中[4]，憔悴容色[5]，除去饰玩[6]，常为临深履薄之状焉[7]。父母疾笃，医虽贱虽少[8]，则涕泣而拜之，以求哀也。梁孝元在江州，尝有不豫[9]；世子方等亲拜中兵参军李猷焉[10]。

【注释】

[1] 临师：视察军队。

[2] 凶门：旧时将军出征时，凿一扇向北的门（一般有丧事时才会打开向

北的门），由此出发，以示必死的决心。

[3] 贬损：指约束、克制。

[4] 居围城之中：指长辈被围困在城邑中。

[5] 憔悴容色：指晚辈应该面容憔悴。

[6] 饰玩：饰品器玩。

[7] 临深履薄：面临万丈深渊，脚踩在很薄的冰上。比喻小心谨慎、唯恐有失的样子。

[8] 少：年纪轻。

[9] 不豫：天子有病的讳称。

[10] 方等：梁元帝萧绎长子萧方等。

四海之人，结为兄弟，亦何容易。必有志均义敌[1]，令终如始者，方可议之。一尔之后，命子拜伏，呼为丈人，申父友之敬；身事彼亲，亦宜加礼。比见北人，甚轻此节，行路相逢，便定昆季[2]，望年观貌，不择是非，至有结父为兄、托子为弟者。

【注释】

[1] 志均义敌：志同道合、意气相投。敌，相当、匹配。

[2] 昆季：兄弟。长为昆，幼为季。

昔者，周公一沐三握发，一饭三吐餐，以接白屋之士[1]，一日所见者七十余人。晋文公以沐辞竖头须[2]，致有图反之诮[3]。门不停宾，古所贵也。失教之家，阍寺无礼[4]，或以主君寝食嗔怒[5]，拒客未通，江南深以为耻。黄门侍郎裴之礼，号善为士大夫，有如此辈，对宾杖之；其门生僮仆[6]，接于他人，折旋俯仰[7]，辞色应对，莫不肃敬，与主无别也。

【注释】

[1] 白屋：指平民或寒士的住屋，因无色彩装饰，故名。

[2] 竖头须：晋文公手下一位名叫竖头须的小臣，负责管理钱财。文公出逃时，他留守国内，曾偷窃仓库的财物来援助文公回国。

[3] 图：谋划、考虑。诮：讽刺。

[4] 阍（hūn）寺：守门人。

[5] 主君：对一家之主的称呼。

[6] 门生：指依附世家豪族，在其门下供役使的人。

[7] 折旋：曲行，古代行礼时的动作。俯仰：举动、举止。

慕贤第七

古人云："千载一圣，犹旦暮也；五百年一贤，犹比髆也[1]。"言圣贤之难得，疏阔如此。傥遭不世明达君子[2]，安可不攀附景仰之乎？吾生于乱世，长于戎马，流离播越[3]，闻见已多；所值名贤，未尝不心醉魂迷向慕之也。人在少年，神情未定[4]，所与款狎[5]，熏渍陶染[6]，言笑举动，无心于学，潜移暗化，自然似之；何况操履艺能[7]，较明易习者也？是以与善人居，如入芝兰之室，久而自芳也；与恶人居，如入鲍鱼之肆[8]，久而自臭也。墨子悲于染丝[9]，是之谓矣。君子必慎交游焉。孔子曰："无友不如己者。"颜、闵之徒[10]，何可世得！但优于我，便足贵之[11]。

【注释】

[1] 比髆：肩膀挨着肩膀，形容靠得紧密。比，紧靠。髆，同"膊"，肩膀。

[2] 傥：同"倘"，如果。不世：世间少有。

[3] 播越：流亡。

[4] 神情：指秉性。

[5] 款狎：关系亲近、交往密切。

[6] 熏渍：熏染浸渍。陶染：陶冶、感染。

[7] 操履：操守德行。艺能：技艺才能。

[8] 肆：店铺。

[9] 悲于染丝：墨子看到有人在染丝时，丝遇到不同的颜料而被染成不同的颜色，墨子感叹人易受习俗影响，因而发出悲叹。

[10] 颜：颜回，孔子最得意的门生。闵：闵损，字子骞，孔子的弟子，在孔门中以德行与颜回并称，以孝行超群而闻名于世。

[11] 贵：崇尚、敬重。

世人多蔽[1]，贵耳贱目，重遥轻近。少长周旋[2]，如有贤哲，每相狎侮[3]，不加礼敬；他乡异县，微藉风声[4]，延颈企踵[5]，甚于饥渴。校其长短，核其精粗，或彼不能如此矣。所以鲁人谓孔子为东家丘[6]，昔虞国宫之奇[7]，少长于君，君狎之，不纳其谏，以至亡国，不可不留心也。

【注释】

[1] 蔽：受蒙蔽，这里引申为偏见。

[2] 少长：从年少到长大。周旋：交往。

[3] 狎侮：轻慢、戏弄。

[4] 藉：凭借。风声：声望。

[5] 延颈企踵：伸长脖子，踮起脚后跟，形容急切仰望的样子。延，伸长。企，踮起脚尖。踵，脚后跟。

[6] 东家丘：指住在东边的孔丘。孔子，名丘，他的西邻不知孔丘才学出众，随便称他为“东家丘”，并无敬意。

[7] 宫之奇：虞国大夫，比虞国国君大几岁，又和他自小相识，因而虞国国君并不尊重他。晋国向虞国国君借道攻打虞国的邻国虢国，宫之奇用“唇亡齿寒”的道理劝谏国君，虞国国君不听劝谏，执意借道给晋国，结果被晋国所灭。

用其言，弃其身，古人所耻。凡有一言一行，取于人者，皆显称之[1]，不可窃人之美[2]，以为己力；虽轻虽贱者，必归功焉。窃人之财，刑辟之所处[3]；窃人之美，鬼神之所责。

【注释】

[1] 显：公开。称：声明。

[2] 美：指名誉功劳。

[3] 刑辟：刑法。

梁孝元前在荆州，有丁觇者，洪亭民耳，颇善属文，殊工草隶[1]。孝元书记[2]，一皆使之。军府轻贱，多未之重，耻令子弟以为楷法[3]，时云：“丁君十纸，不敌王褒数字[4]。”吾雅爱其手迹[5]，常所宝持。孝元尝遣典签惠编送文章示萧祭酒[6]，祭酒问云："君王比赐书翰[7]，及写诗笔[8]，殊为佳手，姓名为谁？那得都无声问[9]？"编以实答。子云叹曰："此人后生无比，遂不为世所称，亦是奇事。"于是闻者稍复刮目。稍仕至尚书仪曹郎，末为晋安王侍读，随王东下。及西台陷殁[10]，简牍湮散[11]，丁亦寻卒于扬州；前所轻者，后思一纸，不可得矣。

【注释】

[1] 殊：特别、很。工：善于。

[2] 书记：指文书抄写。

[3] 楷法：典范、楷模。

[4] 王褒：西汉辞赋家。

[5] 雅：甚、非常。

[6] 典签：古代官职名。惠编：人名。

[7] 比：近来。书翰：书信。

[8] 诗笔：诗词散文。笔，散文。

[9] 声问：声誉、名声。

[10] 西台：指江陵，是南梁王朝的国都。台是台省，南北朝时称中央政府为台省，因梁元帝在江陵称帝，江陵在西，故称西台。陷殁：指梁元帝承圣三年，西魏攻陷江陵，杀元帝，南梁灭亡。

[11] 湮散：湮没散失。

勉学第八

自古明王圣帝犹须勤学，况凡庶乎！此事遍于经史，吾亦不能郑重[1]，聊举近世切要[2]，以启寤汝耳[3]。士大夫子弟，数岁已上，莫不被教[4]，多者或至《礼》《传》，少者不失《诗》《论》。及至冠婚[5]，体性稍定；因此天机，倍须训诱。有志尚者，遂能磨砺，以就素业[6]；无履立者[7]，自兹堕慢，便为凡人。人生在世，会当有业：农民则计量耕稼，商贾则讨论货贿，工巧则致精器用，伎艺则沉思法术，武夫则惯习弓马，文士则讲议经书。多见士大夫耻涉农商，差务工伎，射则不能穿札[8]，笔则才记姓名，饱食醉酒，忽忽无事[9]，以此销日[10]，以此终年。或因家世余绪[11]，得一阶半级，便自为足，全忘修学；及有吉凶大事，议论得失，蒙然张口，如坐云雾；公私宴集，谈古赋诗，塞默低头[12]，欠伸而已[13]。有识旁观，代其入地[14]。何惜数年勤学，长受一生愧辱哉！

【注释】

[1] 郑重：频繁叙述、反复多次。

[2] 聊：略微。切要：要领、纲要。

[3] 启寤：使明白。寤，同“悟”，理解、明白。

[4] 被教：接受教育。被，蒙受。

[5] 冠婚：成年娶亲。

[6] 素业：清白高尚的职业，多指士族所从事的儒业。

[7] 履立：操守。

[8] 札：古代用来写字的小木片，这里指铠甲上的鳞片。

[9] 忽忽：迷糊。

[10] 销日：消磨时日。

[11] 余绪：流传给后世的部分。

[12] 塞默：沉默。

[13] 欠伸：打呵欠。

[14] 入地：钻入地下，形容特别羞惭。

梁朝全盛之时，贵游子弟[1]，多无学术，至于谚云：“上车不落则著作[2]，体中何如则秘书[3]。”无不熏衣剃面，傅粉施朱，驾长檐车[4]，跟高齿屐，坐棋子方褥，凭斑丝隐囊[5]，列器玩于左右，从容出入，望若神仙。明经求第[6]，则顾人答策[7]；三九公宴[8]，则假手赋诗。当尔之时，亦快士也。及离乱之后，朝市迁革[9]，铨衡选举[10]，非复曩者之亲[11]；当路秉权[12]，不见昔时之党。求诸身而无所得，施之世而无所用。被褐而丧珠[13]，失皮而露质[14]，兀若枯木[15]，泊若穷流[16]，鹿独戎马之间[17]，转死沟壑之际。当尔之时，诚驽材也[18]。有学艺者，触地而安。自荒乱以来，诸见俘虏。虽百世小人[19]，知读《论语》《孝经》者，尚为人师；

虽千载冠冕[20]，不晓书记者[21]，莫不耕田养马。以此观之，安可不自勉耶？若能常保数百卷书，千载终不为小人也。

【注释】

[1] 贵游：指没有官职的贵族子弟，泛指贵族子弟。

[2] 落：指摔跤。著作：著作郎，官名，掌管编纂国史，是南朝时期贵族子弟初任之官。

[3] 体中何如：身体如何，古代书信中常见的客套话。秘书：古代掌管图书的职官。

[4] 长檐车：一种用车幔覆盖整个车身的高档马车。

[5] 凭：倚靠。斑丝：杂色丝的织成品。隐囊：一种柔软的靠垫。

[6] 明经求第：参加科考、求取功名。明经，六朝以明经科取士。

[7] 顾：通“雇”，雇用。答策：对策，即士子们在应试时针对“策问”的内容作出回答。策，古代科举考试的一种文体，是殿试考试的主要内容。

[8] 三九公宴：公卿高官的宴会。三九，三公九卿。

[9] 朝市迁革：指改朝换代。朝市，前朝后市，此指朝廷。迁革，变革、变化。

[10] 铨衡选举：考核、选拔人才。

[11] 曩者：先前、以往。

[12] 当路秉权：当朝掌握政权的人。当路，掌握政权。秉，执掌。

[13] 被褐：穿着粗布短袄，比喻处境贫困。被，同“披”，穿着。褐，粗布衣服。

[14] 失皮：失去华丽的外表。露质：露出本来的面目。

[15] 兀：光秃。

[16] 穷流：干涸的河流。

[17] 鹿独：颠沛流离的样子。

[18] 驽材：平庸低劣的蠢材。

[19] 小人：指平民百姓。

[20] 冠冕：古代官员所戴的帽子，比喻做官。

[21] 书记：指读书写字。

夫明“六经”之指[1]，涉百家之书，纵不能增益德行，敦厉风俗[2]，犹为一艺，得以自资[3]。父兄不可常依，乡国不可常保，一旦流离，无人庇荫，当自求诸身耳。谚曰：“积财千万，不如薄伎在身[4]。”伎之易习而可贵者，无过读书也。世人不问愚智，皆欲识人之多，见事之广，而不肯读书，是犹求饱而懒营馔[5]，欲暖而惰裁衣也。夫读书之人，自羲、农已来[6]，宇宙之下，凡识几人[7]，凡见几事，生民之成败好恶，固不足论，天地所不能藏，鬼神所不能隐也。

【注释】

[1] 六经：即《诗》《书》《礼》《乐》《易》《春秋》等六部儒家经典，皆由孔子整理并传授。指：通“旨”，意旨、旨趣。

[2] 敦厉：敦促、劝勉。

[3] 自资：自谋生计。

[4] 伎：通“技”，技艺、本领。

[5] 营馔：准备饭食。

[6] 羲、农：即“三皇”之伏羲氏和神农氏。

[7] 凡：总共。

有客难主人曰[1]：“吾见强弩长戟[2]，诛罪安民，以取公侯者有矣；文义习吏[3]，匡时富国，以取卿相者有矣；学备古今，才兼文武，身无禄位，妻子饥寒者，不可胜数，安足贵学乎？”主人对曰：“夫命之穷达，犹金玉木石也；修以学艺，犹磨莹雕刻也[4]。金玉之磨莹，自美其矿璞[5]，木石之段块，自丑其雕刻；安可言木石之雕刻，乃胜金玉之矿璞哉？不得以有学之贫贱，比于无学之富贵也。且负甲为兵[6]，咋笔为吏[7]，身死名灭者如牛毛，角立杰出者如芝草[8]；握素披黄[9]，吟道咏德，苦辛无益者如日蚀[10]，逸乐名利者如秋荼[11]，岂得同年而语矣。且又闻之：生而知之者上，学而知之者次。所以学者，欲其多知明达耳。必有天才，拔群出类，为将则暗与孙武、吴起同术[12]，执政则悬得管仲、子产之教[13]，虽未读书，吾亦谓之学矣。今子即不能然，不师古之踪迹[14]，犹蒙被而卧耳。”

【注释】

[1] 主人：作者自称。

[2] 弩：古代用来射箭的一种兵器。戟：古代一种合戈、矛为一体的长柄兵器。

[3] 文义习吏：专门研究阐释礼仪法度，做小吏的人。文，文饰，作阐释解。义，礼仪。

[4] 磨莹：打磨光亮。

[5] 矿：未经冶炼的金属矿石。璞：未经雕琢的玉石。

[6] 负甲：身披铠甲。

[7] 咋笔：执笔，古人构思为文时常以口咬笔杆，故称。咋，啃咬。

[8] 角立：像角一样挺立，形容超群出众。芝草：灵芝草，一种菌类植物，古人认为是瑞草，能治百病。

[9] 素：白绢，古代用来书写的丝织品。黄：黄卷，古人用辛辣苦涩的东西染纸以防虫蛀，纸色发黄，故称。素、黄均代指书籍。

[10] 日蚀：日食，比喻少见。

[11] 秋荼：秋天茅草上长的白花，铺天盖地，比喻非常多。

[12] 孙武：春秋时期著名的军事家，被尊称为兵圣。吴起：战国初期军事家，兵家代表人物，在军事上成就极高。

[13] 悬：凭空。与上句的“暗”同指先天拥有、未经后天学习而具备才能。管仲：春秋时期大政治家，辅佐齐桓公创立霸业。子产：春秋时期郑国政治家，在郑国为相数十年，政治上颇多建树。

[14] 师：效法。踪迹：事迹。

人见邻里亲戚有佳快者[1]，使子弟慕而学之，不知使学古人，何其蔽也哉？世人但知跨马被甲，长稍强弓[2]，便云我能为将；不知明乎天道，辨乎地利，比量逆顺，鉴达兴亡之妙也。但知承上接下，积财聚谷，便云我能为相；不知敬鬼事神，移风易俗，调节阴阳，荐举贤圣之至也。但知私财不入，公事夙办[3]，便云我能治民；不知诚己刑物[4]，执辔如组[5]，反风灭火[6]，化鸱为凤之术也[7]。但知抱令守律，早刑晚舍[8]，便云我能平狱[9]；不知同辕观罪[10]，分剑追财[11]，假言而奸露，不问而情得之察也[12]。爰及农商工贾[13]，厮役奴隶[14]，钓鱼屠肉，饭牛牧羊，皆有先达[15]，可为师表，博学求之，无不利于事也。

【注释】

[1] 佳快：优秀。

[2] 矟：同“槊”，长矛。

[3] 夙办：公正、高效办理公事。

[4] 诚己刑物：做人真诚、为人楷模。刑，通“型”，典范、榜样。

[5] 执辔如组：古时一车四马，每马两条缰绳，驾车人熟练地驾驭马匹，就像一排正在编织的丝带一般。这里形容治民有方。辔（pèi），驾驭牲口的嚼子和缰绳。组，用丝编织而成的宽带子。

[6] 反风灭火：指施行德政，改变社会上的不良现象。

[7] 化鸱为凤：比喻能以德化民，变恶为善。鸱（chī），猫头鹰，古人认为它是凶鸟。

[8] 早刑晚舍：惩恶趁早，赦免宜迟。

[9] 平狱：公正判案。

[10] 同辕观罪：与人同乘一车，可以敏锐地察觉身边人的罪行，形容人具有高度敏锐的洞察能力。辕，指车。

[11] 分剑追财：比喻洞察案情背后隐情的高超智慧。这个典故来源于“何武断剑”的故事。西汉时期，沛郡有一富人，他临死前写了一份遗嘱，把全部遗产都留给女儿，但是嘱咐女儿在儿子十五岁时把一把剑交给他。儿子十五岁后，富人的女儿不肯归还这把剑。于是儿子到郡府去申诉。当时何武担任太守，他根据遗书点出了富人遗嘱的深层含义：剑是决断的意思。富翁死前念及儿子年幼，怕他因为继承遗产而遭遇不测，便先让女儿享受温饱，等到儿子成年后给他宝剑，让他来管理和决断家族。因此，何武将遗产全部判给了这位富人的儿子。

[12] 情得：指了解案情。察：指判断案情的能力。

[13] 爰及：至于。

[14] 厮役：指受人驱使的奴仆。

[15] 先达：有德行学问的前辈。

夫所以读书学问，本欲开心明目[1]，利于行耳。未知养亲者[2]，欲其观古人之先意承颜[3]，怡声下气[4]，不惮劬劳[5]，以致甘腝[6]，惕然惭惧[7]，起而行之也；未知事君者，欲其观古人之守职无侵，见危授命，不忘诚谏，以利社稷，恻然自念[8]，思欲效之也；素骄奢者，欲其观古人之恭俭节用，卑以自牧[9]，礼为教本，敬者身基，瞿然自失[10]，敛容抑志也；素鄙吝者[11]，欲其观古人之贵义轻财，少私寡欲，忌盈恶满[12]，赒穷恤匮[13]，赧然悔耻[14]，积而能散也；素暴悍者，欲其观古人之小心黜己[15]，齿弊舌存[16]，含垢藏疾[17]，尊贤容众，苶然沮丧[18]，若不胜衣也[19]；素怯懦者，欲其观古人之达生委命[20]，强毅正直，立言必信，求福不回[21]，勃然奋厉[22]，不可恐慑也：历兹以往，百行皆然。纵不能淳[23]，去泰去甚[24]。学之所知，施无不达。世人读书者，但能言之，不能行之，忠孝无闻，仁义不足；加以断一条讼[25]，不必得其理[26]；宰千户县[27]，不必理其民；问其造屋，不必知楣横而棁竖也[28]；问其为田，不必知稷早而黍迟也[29]；吟啸谈谑，讽咏辞赋，事既优闲，材增迂诞[30]，军国经纶，略无施用，故为武人俗吏所共嗤诋[31]，良由是乎[32]！

【注释】

[1] 开心明目：开通心窍、开阔眼界。

[2] 养亲：奉养父母双亲。

[3] 先意承颜：指孝子领会父母的心意，观察父母的脸色，顺应父母的心意去做事。

[4] 怡声下气：声音柔和、态度恭顺。

[5] 惮：怕。劬劳：劳累、劳苦。

[6] 甘腝（ní）：鲜美柔软的食物。

[7] 惕然：省悟的样子。惭惧：羞愧害怕的样子。

[8] 恻然：悲伤的样子。自念：自我反省。

[9] 自牧：自我约束。

[10] 瞿然：吃惊的样子。

[11] 鄙吝：鄙俗吝啬。

[12] 忌盈恶满：杜绝骄傲自满。

[13] 赒（zhōu）：接济、救济。匮：缺乏。

[14] 赧然：羞愧的样子。悔耻：因知耻而悔恨。

[15] 黜己：克制自己。

[16] 齿弊舌存：牙齿坚硬容易掉落，舌头柔软得以长存。比喻刚者易折，柔者难毁。

[17] 含垢藏疾：形容宽仁大度，拥有包容的器量。

[18] 苶（nié）然沮丧：指精神颓丧。苶然，疲惫的样子。

[19] 不胜衣：谦恭退让的样子。

[20] 达生：通晓生命，不受世事困扰。委命：听任命运支配。

[21] 求福不回：指求福不走邪道。

[22] 勃然奋厉：奋发起来，激励自己。勃然，奋发的样子。

[23] 淳：通“纯”，纯粹，指和古人一样。

[24] 去泰去甚：去除过分的行为。泰，过分。

[25] 断一条讼：审理一个案件。

[26] 不必：未必、不一定能。

[27] 宰：管理。

[28] 楣：房屋的横梁。棁：房屋横梁上的短柱。

[29] 稷：北方称谷子，去皮后叫小米。黍：一年生草本植物，籽实淡黄色，去皮后称黄米，比小米稍大，煮熟后有黏性，可以酿酒、做糕等。

[30] 迂诞：荒诞、不合事理。

[31] 嗤诋：嘲笑辱骂。嗤，讥笑。

[32] 良：确实、果然。

夫学者所以求益耳。见人读数十卷书，便自高大，凌忽长者[1]，轻慢同列[2]；人疾之如仇敌，恶之如鸱枭[3]。如此以学自损，不如无学也。

【注释】

[1] 凌忽：轻慢、欺辱。

[2] 同列：同等地位的人。

[3] 鸱枭：指猫头鹰，古人认为是恶鸟。

古之学者为己，以补不足也；今之学者为人，但能说之也[1]。古之学者为人，行道以利世也[2]；今之学者为己，修身以求进也[3]。夫学者犹种树也，春玩其华[4]，秋登其实[5]；讲论文章，春华也；修身利行[6]，秋实也。

【注释】

[1] 但：仅仅、只是。

[2] 行道：实践自己的主张或所学。

[3] 进：指加官进爵。

[4] 玩：玩赏、欣赏。华：同“花”，花朵。

[5] 登：收获。实：植物结的果。

[6] 修身利行：修身养性，以利于事。

人生小幼[1]，精神专利[2]，长成已后，思虑散逸[3]，固须早教，勿失机也。吾七岁时，诵《灵光殿赋》，至于今日，十年一理，犹不遗忘；二十之外，所诵经书，一月废置，便至荒芜矣[4]。然人有坎壈[5]，失于盛年，犹当晚学，不可自弃。孔子云：“五十以学《易》，可以无大过矣。”魏武、袁遗[6]，老而弥笃[7]，此皆少学而至老不倦也。曾子七十乃学，名闻天下；荀卿五十[8]，始来游学，犹为硕儒[9]；公孙弘四十余[10]，方读《春秋》，以此遂登丞相；朱云亦四十[11]，始学《易》《论语》；皇甫谧二十[12]，始受《孝经》《论语》：皆终成大儒，此并早迷而晚寤也[13]。世人婚冠未学，便称迟暮[14]，因循面墙[15]，亦为愚耳。幼而学者，如日出之光；老而学者，如秉烛夜行，犹贤乎瞑目而无见者也。

【注释】

[1] 小幼：指童年。

[2] 专利：专注而敏锐。利，敏锐。

[3] 散逸：指分散、不专注。

[4] 荒芜：荒疏、废弛。

[5] 坎壈（lǎn）：困顿、不得志。

[6] 魏武：魏武帝曹操。袁遗：字伯业，袁绍堂兄，曾任扬州刺史。

[7] 笃：专注。

[8] 荀卿：荀子，名况，字卿，战国时期思想家，儒家学派的代表人物。

[9] 硕儒：指大儒。

[10] 公孙弘：名弘，字季，西汉名臣，早年家贫，曾在海上放养猪，四十岁时才开始学习《春秋》杂说。后升任丞相，在职期间，关注民生，广招贤士，为儒学的推广做出了不可替代的贡献。

[11] 朱云：字游，汉成帝时官员，年少时做过游侠，到四十多岁才拜师，发奋苦学，从博士白子友学《易经》，又从萧望之学《论语》，官拜槐里令。

[12] 皇甫谧：名静，字士安，自号玄晏先生。自幼贪玩不求上进，二十岁时，仍游荡无度，人以为痴。后经叔母教导，矢志苦学，发奋著述，编撰了《针灸甲乙经》《高士传》《列女传》等书，在医学史和文学史上都负有盛名。

[13] 寤：同“悟”，觉悟。

[14] 迟暮：指时间晚。

[15] 因循：疏懒、闲散。面墙：面对着墙站立，比喻不学习而见识浅薄。

学之兴废，随世轻重。汉时贤俊，皆以一经弘圣人之道，上明天时，下该人事[1]，用此致卿相者多矣。末俗已来不复尔[2]，空守章句，但诵师言，施之世务，殆无一可[3]。故士大夫子弟，皆以博涉为贵[4]，不肯专儒。梁朝皇孙以下，总丱之年[5]，必先入学，观其志尚[6]，出身已后[7]，便从文吏，略无卒业者[8]。冠冕为此者[9]，则有何胤、刘瓛、明山宾、周舍、朱异、周弘正、贺琛、贺革、萧子政、刘绍等，兼通文史，不徒讲说也[10]。洛阳亦闻崔浩、张伟、刘芳，邺下又见邢子才：此四儒者，虽好经术，亦以才博擅名[11]。如此诸贤，故为上品，以外率多田野间人[12]，音辞鄙陋，风操蚩拙[13]，相与专固[14]，无所堪能，问一言辄酬数百[15]，责其指归[16]，或无要会[17]。邺下谚云：“博士买驴[18]，书券三纸，未有驴字。”使汝以此为师，令人气塞。孔子曰：“学也禄在其中矣。”今勤无益之事，恐非业也。夫圣人之书，所以设教，但明练经文[19]，粗通注义，常使言行有得，亦足为人；何必“仲尼居”即须两纸疏义[20]，燕寝讲堂[21]，亦复何在？以此得胜，宁有益乎？光阴可惜，譬诸逝水[22]。当博览机要[23]，以济功业[24]；必能兼美，吾无间焉[25]。

【注释】

[1] 该：同“赅”，完备。

[2] 末俗：末世的习俗。

[3] 殆：大概、几乎。

[4] 博涉：涉猎广博。

[5] 总丱（guàn）：指童年时代。丱，形容儿童束发成两角的样子。

[6] 志尚：志向、理想。

[7] 出身：指出仕、做官。

[8] 略：皆、全。卒业：完成学业、毕业。

[9] 冠冕：做官。冠和冕都是古代官员的帽子。

[10] 不徒：不仅仅、不只是。

[11] 擅名：享有名声。擅，占有、据有。

[12] 率：皆、都。

[13] 蚩拙：愚昧、笨拙。

[14] 相与：互相。专固：固执。

[15] 酬：应对、对答。

[16] 指归：主旨、意向。

[17] 要会：要旨。

[18] 博士：指学术上专通一经或精通一艺、从事教授生徒的官职。

[19] 明练：熟悉、通晓。

[20] 疏义：疏通和阐发文义。

[21] 燕寝：闲居的地方。讲堂：教学的地方。

[22] 譬诸：譬如。

[23] 机要：精义、要旨。

[24] 济：成就。

[25] 必能兼美，吾无间焉：如果能把博学与专精结合起来，我也没什么可说的。

夫老、庄之书，盖全真养性[1]，不肯以物累己也。故藏名柱史[2]，终蹈流沙；匿迹漆园[3]，卒辞楚相，此任纵之徒耳[4]。何晏、王弼[5]，祖述玄宗[6]，递相夸尚[7]，景附草靡[8]，皆以农、黄之化[9]，在乎己身，周、孔之业[10]，弃之度外。而平叔以党曹爽见诛[11]，触死权之网也；辅嗣以多笑人被疾[12]，陷好胜之阱也；山巨源以蓄积取讥[13]，背多藏厚亡之文也[14]；夏侯玄以才望被戮[15]，无支离拥肿之鉴也[16]；荀奉倩丧妻[17]，神伤而卒，非鼓缶之情也[18]；王夷甫悼子[19]，悲不自胜，异东门之达也[20]；嵇叔夜排俗取祸[21]，岂和光同尘之流也[22]；郭子玄以倾动专势[23]，宁后身外己之风也；阮嗣宗沉酒荒迷[24]，乖畏途相诫之譬也[25]；谢幼舆赃贿黜削[26]，违弃其余鱼之旨也[27]：彼诸人者，并其领袖，玄宗所归。其余桎梏尘滓之中[28]，颠仆名利之下者[29]，岂可备言乎！直取其清谈雅论，剖玄析微，宾主往复[30]，娱心悦耳，非济世成俗之要也。洎于梁世[31]，兹风复阐，《庄》《老》《周易》，总谓《三玄》。武皇、简文[32]，躬自讲论。周弘正奉赞大猷[33]，化行都邑[34]，学徒千余，实为盛美。元帝在江、荆间[35]，复所爱习，召置学生，亲为教授，废寝忘食，以夜继朝，至乃倦剧愁愤，辄以讲自释。吾时颇预末筵[36]，亲承音旨，性既顽鲁，亦所不好云。

【注释】

[1] 全真：保全天性。

[2] 藏名柱史：指老子曾经隐姓埋名，在周朝担任过管理图书的柱下史。

[3] 匿迹漆园：庄子曾做过宋国地方的漆园吏。

[4] 任纵：任性放纵、放任自由。

[5] 何晏：字平叔，三国时期魏国玄学家，为魏晋玄学的创始者之一。王弼：字辅嗣，魏晋玄学的主要代表人物之一。

[6] 祖述：阐述、发扬。玄宗：道教的玄学教义。

[7] 递相：相互。夸尚：夸耀推崇。

[8] 景附草靡：像如影子依附身体，草顺风倒伏一般。比喻玄学风行。景，通“影”，影子。靡，顺风倒下。

[9] 农、黄之化：神农氏、黄帝的教化，指玄学。

[10] 周、孔之业：周公、孔子的儒学。

[11] 党：结伙、依附。正始年间，大将军曹爽掌权辅政，何晏依附曹爽，为曹爽心腹，官至吏部尚书，封列侯。后司马懿发动高平陵政变，以谋逆罪

将何晏与曹爽等一同诛灭三族。

[12] 被疾：被厌恶、被憎恨。王弼为人高傲，常仗着自己博学嘲笑他人，招来许多人的怨恨。

[13] 山巨源：山涛，字巨源，魏晋时期名士，“竹林七贤”之一。

[14] 多藏厚亡：财物积聚越多，失去的就越多。藏，积聚。厚，大。亡，失去、损失。

[15] 夏侯玄：三国时期曹魏玄学家，字太初，曾任征西将军、太常。

[16] 支离：庄子作品中的人物，他因为形体残废、毫无用处而得以终其天年。拥肿：庄子作品中的樗树，因为臃肿卷曲、百般无用而免遭砍伐。

[17] 荀奉倩：荀粲，字奉倩，魏晋玄学代表人物，善谈玄理，因妻子去世，悲痛而死，年仅29岁。

[18] 鼓缶：庄子的妻子病死后，庄子不仅不哭泣，而且还盘腿坐地，一边敲打着瓦盆一边唱歌，来为妻子送行，这是一种对待生死的达观态度。

[19] 王夷甫：王衍，字夷甫，西晋著名清谈家，喜好老庄学说。

[20] 东门：东门吴，战国时期秦国人，胸怀豁达，儿子死后他并不悲伤，就像之前没有儿子时一样。

[21] 嵇叔夜：嵇康，字叔夜，“竹林七贤”的精神领袖，他倡导玄学，崇尚老庄，因得罪钟会而被其诬陷处死。

[22] 和光同尘：把光荣和尘浊同样看待，是一种不露锋芒、与世无争的平和处世方法。

[23] 郭子玄：郭象，字子玄，西晋玄学家，好老庄，善清谈，官至黄门侍郎、太傅主簿。

[24] 阮嗣宗：阮籍，字嗣宗，“竹林七贤”之一，喜好饮酒，崇尚老庄之学。

[25] 乖：违背。畏途相诫：险恶的道路上要相互告诫。譬：领悟。

[26] 谢幼舆：谢鲲，字幼舆，两晋名士，喜好《老子》《易经》，官至豫章太守。赃贿：贪赃受贿。黜削：罢免、削除。

[27] 余鱼：指身外之物。

[28] 尘滓：比喻世间烦琐的事务。

[29] 颠仆：跌落。

[30] 往复：应对、问答。

[31] 洎（jì）：到、及。

[32] 武皇：梁武帝萧衍，南北朝时期梁朝政权的建立者。简文：梁简文帝萧纲，南北朝时期梁朝皇帝，梁武帝第三子。

[33] 周弘正：南朝大臣，字思行，善玄言。大猷：道术，这里指治国之道。猷，打算、谋划。

[34] 化行：教化施行。

[35] 元帝：梁元帝萧绎，南北朝时期梁朝皇帝，梁简文帝萧纲之弟。

[36] 末筵：末位。

梁元帝尝为吾说："昔在会稽，年始十二，便已好学。时又患疥[1]，手不得拳，膝不得屈。闲斋张葛帏避蝇独坐[2]，银瓯贮山阴甜酒[3]，时复进之，以自宽痛。率意自读史书[4]，一日二十卷，既未师受，或不识一字，或不解一语，要自重之，不知厌倦。"帝子之尊，童稚之逸[5]，尚能如此，况其庶士[6]，冀以自达者哉？

【注释】

[1] 疥（jiè）：疥疮，一种皮肤病。

[2] 葛帏：葛布制成的帷帐。

[3] 瓯：古代器皿，饮酒或饮茶用，为敞口小碗的形状。

[4] 率意：随意。

[5] 逸：贪玩、无拘束。

[6] 庶士：读书人。

古人勤学，有握锥投斧[1]，照雪聚萤[2]，锄则带经[3]，牧则编简[4]，亦为勤笃。梁世彭城刘绮，交州刺史勃之孙，早孤家贫，灯烛难办，常买荻尺寸折之[5]，然明夜读[6]。孝元初出会稽，精选寮寀[7]，绮以才华，为国常侍兼记室，殊蒙礼遇，终于金紫光禄。义阳朱詹，世居江陵，后出扬都[8]，好学，家贫无资，累日不爨[9]，乃时吞纸以实腹。寒无毡被，抱犬而卧。犬亦饥虚，起行盗食，呼之不至，哀声动邻，犹不废业，卒成学士，官至镇南录事参军，为孝元所礼。此乃不可为之事，亦是勤学之一人。东莞臧逢世，年二十余，欲读班固《汉书》，苦假借不久[10]，乃就姊夫刘缓乞丐客刺书翰纸末[11]，手写一本，军府服其志尚，卒以《汉书》闻。

【注释】

[1] 握锥：战国时期，苏秦因为读书时犯困，就用锥子扎自己的大腿。他学成后游说六国，组建合纵联盟，兼佩六国相印。投斧：指文党将斧子投挂到树上，表明自己到远方求学的决心。

[2] 照雪：晋朝人孙康酷爱学习，因为家贫，没钱买灯油看书，就在冬天的晚上借雪地的反光来看书，后官至御史大夫。聚萤：晋朝人车胤聪颖好学，但家境贫寒，就用布袋收集萤火虫，晚上就借助萤火虫的光来照明读书，自此学识日增。

[3] 锄则带经：汉朝的倪宽家境贫寒，自小为人做短工，下地干活时便把经书挂在锄头把上，休息时就认真诵读，细心研究。后来他精通经学、历法，官至御史大夫。

[4] 牧则编简：西汉路温舒因为家贫，靠为人放羊来维持生计。他在放羊时，采摘宽大的蒲叶制成简，把借来的书抄在蒲叶书上，边放羊边读书，后来成为西汉著名的司法官。

[5] 荻：荻草，燃烧特性好。

[6] 然：同“燃”，燃烧。

[7] 寮寀（shěn）：官舍，引申为官员。

[8] 扬都：即建康、建业，在今江苏南京。

[9] 爨（cuàn）：烧火做饭。

[10] 假：借。

[11] 乞丐：讨要。客刺：名帖。书翰：书札。纸末：纸的边角料。

邺平之后[1]，见徙入关。思鲁尝谓吾曰[2]：“朝无禄位，家无积财，当肆筋力[3]，以申供养。每被课笃[4]，勤劳经史，未知为子，可得安乎？”吾命之曰：“子当以养为心，父当以学为教。使汝弃学徇财[5]，丰吾衣食，食之安得甘？衣之安得暖？若务先王之道，绍家世之业[6]，藜羹缊褐[7]，我自欲之。”

【注释】

[1] 邺平之后：北周军队攻占北齐都城邺城，北齐灭亡，北齐王公以下官员皆降，君臣皆被押送长安。

[2] 思鲁：颜思鲁，字孔归，是颜之推的长子，精于文字音韵。

[3] 肆：竭尽。筋力：体力。

[4] 课笃：督责、督促。笃，通“督”，察视。

[5] 徇财：不惜身以求财。徇，通“殉”，为某种目的而丧命。

[6] 绍：继承。

[7] 藜羹：野菜粥。藜，一种嫩叶可食的野菜。缊：乱麻、旧絮。褐：粗布衣服。

《书》曰：“好问则裕。”《礼》云：“独学而无友，则孤陋而寡闻。”盖须切磋相起明也[1]。见有闭门读书，师心自是[2]，稠人广坐[3]，谬误差失者多矣。《谷梁传》称公子友与莒挐相搏，左右呼曰：“孟劳。”“孟劳”者，鲁之宝刀名，亦见《广雅》。近在齐时，有姜仲岳谓：“‘孟劳’者，公子左右，姓孟名劳，多力之人，为国所宝。”与吾苦诤[4]。时清河郡守邢峙，当世硕儒，助吾证之，赧然而伏[5]。又《三辅决录》云：“灵帝殿柱题曰：‘堂堂乎张，京兆田郎。’”盖引《论语》，偶以四言，目京兆人田凤也[6]。有一才士，乃言：“时张京兆及田郎二人皆堂堂耳[7]。”闻吾此说，初大惊骇，其后寻愧悔焉。江南有一权贵，读误本《蜀都赋》注，解“蹲鸱，芋也”，乃为“羊”字；人馈羊肉，答书云：“损惠蹲鸱[8]。”举朝惊骇，不解事义，久后寻迹，方知如此。元氏之世[9]，在洛京时，有一才学重臣，新得《史记音》，而颇纰缪，误反“颛顼”字，顼当为许录反，错作许缘反，遂谓朝士言：“从来谬音‘专旭’，当音‘专翾’耳。”此人先有高名，翕然信行[10]；期年之后，更有硕儒，苦相究讨，方知误焉。《汉书·王莽赞》云：“紫色蛙声，余分闰位。”[11] 谓以伪乱真耳。昔吾尝共人谈书，言及王莽形状，有一俊士，自许史学，名价甚高，乃云：“王莽非直鸱目虎吻[12]，亦紫色蛙声。”又《礼乐志》云：“给太官挏马酒[13]。”李奇注：“以马乳为酒也，揰挏乃成[14]。”二字并从手[15]。揰挏，此谓撞捣挺挏之，今为酪酒亦然。向学士又以为种桐时，太官酿马酒乃熟。其孤陋遂至于此。

太山羊肃，亦称学问，读潘岳赋："周文弱枝之枣"，为杖策之杖；《世本》："容成造历。"以历为碓磨之磨[16]。

【注释】

[1] 起：同"启"，启发。

[2] 师心自是：以己意为师，自以为是，而不肯接受别人的正确意见。

[3] 稠人广坐：公共场合。稠人，人多。

[4] 苦诤：苦苦争辩。诤，通"争"，争论。

[5] 赧然：羞愧的样子。伏：通"服"，信服。

[6] 目：品评、评价。

[7] 堂堂：这里指相貌堂堂。

[8] 损惠：感谢对方赠送礼物的敬辞。蹲鸱：大芋，因状如蹲伏的鸱，故称。

[9] 元氏之世：北魏，南北朝时期北朝第一个王朝。元氏，北魏皇族的姓氏。北魏皇族原姓拓跋，孝文帝改革时下诏改鲜卑姓氏拓跋为元姓。

[10] 翕然：一致的样子。

[11] 紫色蛙声，余分闰位：王莽虽然称帝，但正如紫色不是正色，蛙声不是正声，岁月之余只能成闰，而不能独立一样，王莽只是以假乱真，为真正的圣王（刘秀）的出现扫清道路而已。

[12] 非：不只是。吻：嘴唇。

[13] 太官：官职名，掌管百官的饮食。

[14] 揰挏（chóng dòng）：上下撞击。

[15] 并从手：偏旁都从手。

[16] 碓（duì）磨：木石做成的捣米器具。磨与历的繁体字"歷"相像。

世中书翰[1]，多称勿勿，相承如此，不知所由，或有妄言此忽忽之残缺耳。案《说文》[2]："勿者，州里所建之旗也，象其柄及三斿之形[3]，所以趣民事[4]。故悤遽者称为勿勿[5]。"

【注释】

[1] 书翰：书信。

[2] 案：同"按"，按照。

[3] 旒：古代旌旗末端或边缘下垂的直幅、飘带之类的装饰物。

[4] 趣：同“促”，督促。

[5] 悤遽：急促。悤，同“匆”。遽，仓促。

吾在益州，与数人同坐，初晴日晃，见地上小光，问左右：“此是何物？”有一蜀竖就视[1]，答云：“是豆逼耳。”相顾愕然，不知所谓。命取将来，乃小豆也。穷访蜀士，呼粒为逼，时莫之解。吾云：“《三苍》《说文》，此字白下为匕[2]，皆训粒[3]，《通俗文》音方力反。”众皆欢悟。

【注释】

[1] 竖：童仆。就：靠近。

[2] 白下为匕：即“皀”字，读作 bī，“粒”的意思。

[3] 训：注解、解释。

校定书籍，亦何容易，自扬雄、刘向[1]，方称此职耳。观天下书未遍，不得妄下雌黄[2]。或彼以为非，此以为是；或本同末异[3]；或两文皆欠[4]，不可偏信一隅也。

【注释】

[1] 扬雄：西汉语言学家，字子云，王莽时任大夫，曾校书天禄阁上。刘向：西汉目录学家，字子政，曾校阅皇家藏书，撰成别录，为我国目录学之祖。

[2] 雌黄：古人用黄纸写字，写错后用雌黄涂抹后改写。

[3] 末：细微的地方。

[4] 欠：欠缺、不足。

文章第九

夫文章者，原出《五经》：诏、命、策、檄[1]，生于《书》者也；序、述、论、议[2]，生于《易》者也；歌、咏、赋、颂[3]，生于《诗》者也；祭、祀、哀、诔[4]，生于《礼》者也；书、奏、箴、铭[5]，生于《春秋》者也。朝廷宪章[6]，军旅誓诰[7]，敷显仁义[8]，发明功德[9]，牧民建国[10]，施用多途。至于陶冶性灵，从容讽谏，入其滋味，亦乐事也。行有余力，则可习之。然而自古文人，多陷轻薄[11]：屈原露才扬己，显暴君过；宋玉体貌容冶[12]，见遇俳优[13]；东方曼倩[14]，滑稽不雅；司马长卿[15]，窃赀无操[16]；王褒过章《僮约》[17]；扬雄德败《美新》[18]；李陵降辱夷虏；刘歆反覆莽世[19]；傅毅党附权门[20]；班固盗窃父史；赵元叔抗竦过度[21]；冯敬通浮华摈压[22]；马季长佞媚获诮[23]；蔡伯喈同恶受诛[24]；吴质诋忤乡里[25]；曹植悖慢犯法；杜笃乞假无厌[26]；路粹隘狭已甚；陈琳实号粗疏；繁钦性无检格[27]；刘桢屈强输作[28]；王粲率躁见嫌；孔融、祢衡诞傲致殒；杨修、丁廙扇动取毙[29]；阮籍无礼败俗；嵇康凌物凶终；傅玄忿斗免官；孙楚矜夸凌上[30]；陆机犯顺履险；潘岳干没取危[31]；颜延年负气摧黜[32]；谢灵运空疏乱纪[33]；王元长凶贼自诒[34]；谢玄晖侮慢见及[35]。凡此诸人，皆其翘秀者，不能悉记，大较如此。至于帝王，亦或未免。自昔天子而有才华者，唯汉武、魏太祖、文帝、明帝、宋孝武帝，皆负世议，非懿德之君也。自子游、子夏、荀况、孟轲、枚乘、贾谊、苏武、张衡、左思之俦[36]，有盛名而免过患者，时复闻之，但其损败居多耳。每尝思之，原其所积，文章之体，标举兴会[37]，发引性灵，使人矜伐[38]，故忽于持操，果于进取。今世文士，此患弥切[39]，一事惬当[40]，一句清巧，神厉九霄，志凌千载，自吟自赏，不觉更有傍人。加以砂砾所伤，惨于矛戟；讽刺之祸，速乎风尘，深宜防虑，以保元吉。

【注释】

[1] 诏：皇帝颁发、下达臣民的命令文体。命：上级向下级下达的指示文体。策：古代君主对臣下封土、授爵、免官或发布其他敕令的文件。檄：古代官府用以晓谕、征召、声讨的文书。

[2] 序：又称序言、引言，是具有较大文学或史料价值的一种应用文体，在古代多放在书的后面。述：泛指叙述的文字。论：一种分析阐明事物道理的论文文体。议：一种用来论事说理或陈述意见的文体。

[3] 歌：一种入乐的文辞，是歌词在文艺学分类上的名称。咏：指诗歌等韵文作品。赋：我国古代一种有韵文体，讲求文采、韵律，兼具诗歌和散文的性质。颂：以颂扬为内容的诗文文体，常以情调激扬、风格精炼、诗行长

短不一、诗节形式复杂为标志。

[4] 祭：在对死者表示追悼的仪式上所用的文体。祀：向神明表达敬意的文辞。哀：对过世很久的死者表示悼念的文辞。诔（lěi）：叙述死者生平，表达哀思的文体，多用于尊对卑，魏晋以后趋于繁荣。

[5] 书：来往书信。奏：臣子对皇帝陈述意见或说明事情的文书。箴：一种以告诫规劝为主的韵文文体。铭：一种刻在器物上用来警戒自己、称述功德的韵文文体，文辞简练、构思精巧、义理深邃，与格言颇为相似。

[6] 宪章：典章制度。

[7] 誓：告诫。诰：帝王任命或封赠的文书。

[8] 敷显：传布显扬。敷，宣布、公布。

[9] 发明：宣扬。

[10] 牧民：治理百姓。牧，治理。

[11] 轻薄：轻狂傲慢。

[12] 容冶：容貌美艳。冶，艳丽。

[13] 俳优：古代以歌舞谐戏为业的艺人。

[14] 东方曼倩：东方朔，字曼倩，性格诙谐，滑稽多智，常在武帝面前谈笑取乐。

[15] 司马长卿：司马相如，字长卿，西汉辞赋家。

[16] 赀：资财。

[17] 王褒：字子渊，西汉著名辞赋家。章：通“彰”，彰显。

[18] 扬雄：字子云，西汉学者，长于辞赋。

[19] 刘歆：西汉经学家，刘向之子。

[20] 傅毅：西汉辞赋家。

[21] 赵元叔：赵壹，东汉辞赋家，字元叔，为人恃才傲物，举止独特。抗竦（sǒng）：高傲。

[22] 冯敬通：冯衍，字敬通，东汉辞赋家。摈压：被排斥。

[23] 马季长：马融，字季长，东汉儒家学者，屈于权贵，为大将军梁冀效力。诮：嘲讽、耻笑。

[24] 蔡伯喈：蔡邕，字伯喈，东汉文学家，善辞赋，董卓当政时期担任左中郎将。后董卓被王允除掉，蔡邕为其叹气而被王允杀害。

[25] 诋忤：冒犯。诋，通“抵”。

[26] 乞假：即请托，通过“拉关系”“通关节”等手段干预公权，满足私欲。

[27] 繁钦：东汉人，曾任曹操主簿，以善写文章闻名。检格：检正约束。

[28] 刘桢：字公干，“建安七子”之一，文学成就颇高。他生性狂傲，不拘礼法，因在曹丕席上平视丕妻甄氏，被曹操治以不敬之罪，罚为苦役，终身未再受到重用。屈强：倔强。输作：因犯罪罚作劳役。

[29] 杨修、丁廙（yì）扇动取毙：杨修、丁廙均因参与曹丕与曹植的立储之争而被杀。扇动，煽动、鼓动。

[30] 孙楚：西晋文学家。

[31] 潘岳：西晋文学家。干没（gān mò）：侵吞他人财物。

[32] 颜延年：颜延之，字延年，南朝宋文学家。

[33] 空疏：放纵散漫。

[34] 王元长：王融，字元长，南朝齐文学家，因参与王子帝位之争而被杀。凶贼：凶狠暴虐。自诒：自我取祸。

[35] 谢玄晖：谢朓，字玄晖，南朝萧齐文学家。及：连累。

[36] 俦（chóu）：同类、辈。

[37] 标举：揭示、标明。兴会：兴致、体会。

[38] 矜伐：夸耀。

[39] 切：严重、急切。

[40] 事：典故、故事。惬当：恰当、适当。

学问有利钝[1]，文章有巧拙。钝学累功[2]，不妨精熟；拙文研思，终归蚩鄙[3]。但成学士，自足为人。必乏天才，勿强操笔。吾见世人，至无才思，自谓清华[4]，流布丑拙，亦以众矣，江南号为诊痴符[5]。近在并州，有一士族，好为可笑诗赋，誂擎邢、魏诸公[6]，众共嘲弄，虚相赞说，便击牛釃酒[7]，招延声誉。其妻，明鉴妇人也[8]，泣而谏之。此人叹曰：“才华不为妻子所容，何况行路[9]！”至死不觉。自见之谓明，此诚难也。

【注释】

[1] 利：敏捷。钝：迟钝。

[2] 累功：坚持用功。累，积聚。

[3] 蚩（chī）鄙：粗俗、拙劣。

[4] 清华：清丽华美。

[5] 诊（líng）痴符：江南方言，指文笔拙劣而好刻书流传于外的人。

[6] 诋（tiǎo）擎：嘲笑。邢：邢邵，北朝文学家，字子才。他博览群书，文采出众，文章独步当时，广为流传。魏：魏收，字伯起，南北朝时期史学家、文学家，以文采扬名，主编《魏书》，与温子升、邢邵并称“北地三才子”。

[7] 酾（shī）酒：斟酒。

[8] 明鉴：有见识。

[9] 行路：指不相干的人。

不屈二姓[1]，夷、齐之节也[2]；何事非君，伊、箕之义也[3]。自春秋已来，家有奔亡，国有吞灭，君臣固无常分矣；然而君子之交绝无恶声，一旦屈膝而事人，岂以存亡而改虑？陈孔璋居袁裁书[4]，则呼操为豺狼；在魏制檄，则目绍为蛇虺[5]。在时君所命，不得自专，然亦文人之巨患也[6]，当务从容消息之[7]。

【注释】

[1] 二姓：这里指第二个朝代。

[2] 夷、齐：指伯夷、叔齐，为商朝孤竹君的两个儿子。周武王灭商后，他们发誓不再吃周朝的粮食，最终饿死在首阳山之上。

[3] 伊：伊尹，商朝初年宰相。曾经五次求见夏桀，不得重用。后又五次求见商汤，受到商汤重用，辅助商汤灭夏，为商朝立下汗马功劳。箕：箕子，商纣王的叔父。周武王灭商后，封箕子于朝鲜，建立了箕子朝鲜侯国。

[4] 陈孔璋：陈琳，字孔璋，东汉末年文学家，原为大将军何进的主簿，何进被杀后，为避难依附于袁绍。袁绍失败后又跟随曹操。裁书：草写檄文。

[5] 蛇虺（huǐ）：泛指蛇类，比喻凶残狠毒之人。

[6] 巨患：大毛病。

[7] 消息：斟酌。

凡为文章，犹人乘骐骥[1]，虽有逸气[2]，当以衔勒制之[3]，勿使流乱轨躅[4]，放意填坑岸也[5]。

【注释】

[1] 骐骥：骏马。

[2] 逸气：俊逸奔放的气概。

[3] 衔勒：马嚼子和马络头，可用来控制马的行进方向和速度。

[4] 轨躅（zhú）：足迹。

[5] 放意：纵情、任意。

文章当以理致为心肾[1]，气调为筋骨[2]，事义为皮肤[3]，华丽为冠冕。今世相承，趋末弃本，率多浮艳[4]。辞与理竞，辞胜而理伏；事与才争，事繁而才损。放逸者流宕而忘归[5]，穿凿者补缀而不足[6]。时俗如此，安能独违？但务去泰去甚耳[7]。必有盛才重誉[8]，改革体裁者[9]，实吾所希。

【注释】

[1] 理致：义理和情致。

[2] 气调：气韵和格调。

[3] 事义：指典故的意义。

[4] 浮艳：指文辞华而不实。

[5] 放逸：奔放飘逸。流宕（dàng）：放荡、不受约束。归：旨归、主旨。

[6] 穿凿：牵强附会。补缀：指拼凑成文。

[7] 去泰去甚：指不可过分，而应适可而止。泰，过分。

[8] 必：如果、假如。

[9] 体裁：指诗文的结构和文风词藻。

沈隐侯曰[1]：“文章当从三易：易见事，一也；易识字，二也；易读诵，三也。”邢子才常曰[2]：“沈侯文章，用事不使人觉，若胸臆语也。”深以此服之。祖孝徵亦尝谓吾曰[3]：“沈诗云：‘崖倾护石髓。’此岂似用事邪[4]？”

【注释】

[1] 沈隐侯：沈约，字休文，南朝梁文学家，封建昌县侯，谥号为“隐”，

亦称“隐侯”。

[2] 邢子才：邢邵，字子才。

[3] 祖孝徵：祖珽，字孝徵，北齐诗人。

[4] 用事：指写作时引用典故。

邢子才、魏收俱有重名[1]，时俗准的[2]，以为师匠。邢赏服沈约而轻任昉[3]，魏爱慕任昉而毁沈约，每于谈宴，辞色以之。邺下纷纭，各有朋党。祖孝徵尝谓吾曰：“任、沈之是非，乃邢、魏之优劣也。”

【注释】

[1] 重名：盛名，指名望高、名气大。

[2] 准的：作为准则和标准。

[3] 任昉：字彦升，南朝著名文学家。

挽歌辞者[1]，或云古者《虞殡》之歌，或云出自田横之客[2]，皆为生者悼往告哀之意。陆平原多为死人自叹之言[3]，诗格既无此例，又乖制作本意。

【注释】

[1] 挽歌辞：悼念死者的文章。

[2] 田横：秦末群雄之一，原为齐国贵族，后反秦自立为齐王。刘邦统一天下后，田横不肯向汉称臣，在距洛阳三十里的地方自杀。

[3] 陆平原：陆机，字士衡，西晋著名文学家，曾任平原内史，故称。

文章地理，必须惬当[1]。梁简文《雁门太守行》乃云：“鹅军攻日逐[2]，燕骑荡康居，大宛归善马，小月送降书。”萧子晖《陇头水》云：“天寒陇水急[3]，散漫俱分泻，北注徂黄龙[4]，东流会白马。”此亦明珠之颣[5]，美玉之瑕，宜慎之。

【注释】

[1] 惬当：恰当、适当。

[2] 鹎：古时候阵名。日逐：与下文的康居、大宛、小月都是古西域国名。而简文帝的诗描写的是燕和宋的军队，和这些地名没有关系，因此作者觉得运用失当。

[3] 陇水：河流名，源出陇山，与下文的黄龙、白马都是水域名，三者不在同一个流域内，所以作者认为此处运用不恰当。

[4] 徂（cú）：往。

[5] 颣（lèi）：毛病、缺点。

王籍《入若耶溪》诗云[1]：“蝉噪林逾静，鸟鸣山更幽。”江南以为文外断绝，物无异议。简文吟咏，不能忘之，孝元讽味[2]，以为不可复得，至《怀旧志》载于《王籍传》。范阳卢询祖[3]，邺下才俊，乃言：“此不成语，何事于能？”魏收亦然其论。《诗》云：“萧萧马鸣，悠悠旆旌[4]。”《毛传》曰：“言不喧哗也。”吾每叹此解有情致，籍诗生于此耳。

【注释】

[1] 王籍：字文海，南朝梁诗人，因其《入若耶溪》一诗而享誉诗史。

[2] 讽味：诵读玩味。

[3] 卢询祖：北齐人，卢恭道之子，有才学，文章华美。

[4] 旆（pèi）旌：旗帜的统称。

何逊诗实为清巧[1]，多形似之言[2]；扬都论者[3]，恨其每病苦辛，饶贫寒气[4]，不及刘孝绰之雍容也[5]。虽然，刘甚忌之，平生诵何诗，常云：“‘蘧车响北阙’[6]，愐愐不道车[7]。”又撰《诗苑》，止取何两篇，时人讥其不广。刘孝绰当时既有重名，无所与让；唯服谢朓[8]，常以谢诗置几案间，动静辄讽味。简文爱陶渊明文，亦复如此。江南语曰：“梁有三何，子朗最多。”三何者，逊及思澄、子朗也。子朗信饶清巧。思澄游庐山，每有佳篇，亦为冠绝[9]。

【注释】

[1] 何逊：字仲言，出身贫寒，南朝梁诗人，其诗长于写景及炼字。

[2] 形似：指描绘或表达生动神妙。

[3] 扬都：即建康，南朝梁的都城，位于今南京市。

[4] 饶：多。

[5] 刘孝绰：南朝梁文学家。

[6] 蘧车：指人知礼而又贤能。

[7] 愐（huà）愐：乖戾而没有礼节的样子。

[8] 谢朓：字玄晖，谢灵运的族侄，南齐重要的山水诗人，“永明体”的代表作家，在诗文上成就很高。

[9] 冠绝：出类拔萃。

名实第十

名之与实，犹形之与影也。德艺周厚[1]，则名必善焉；容色姝丽[2]，则影必美焉。今不修身而求令名于世者，犹貌甚恶而责妍影于镜也[3]。上士忘名，中士立名，下士窃名。忘名者，体道合德，享鬼神之福佑，非所以求名也；立名者，修身慎行，惧荣观之不显[4]，非所以让名也；窃名者，厚貌深奸[5]，干浮华之虚称[6]，非所以得名也。

【注释】

[1] 德艺：德行技艺。

[2] 姝：美好。

[3] 责：苛责、苛求。妍：美丽。

[4] 荣观：荣誉、名声。

[5] 深：内心。

[6] 干：追求、求取。

吾见世人，清名登而金贝入[1]，信誉显而然诺亏[2]，不知后之矛戟，毁前之干橹也[3]。虙子贱云[4]：“诚于此者形于彼。”人之虚实真伪在乎心，无不见乎迹，但察之未熟耳。一为察之所鉴，巧伪不如拙诚，承之以羞大矣。伯石让卿[5]，王莽辞政[6]，当于尔时，自以巧密；后人书之，留传万代，可为骨寒毛竖也。近有大贵，以孝著声，前后居丧，哀毁逾制[7]，亦足以高于人矣。而尝于苫块之中[8]，以巴豆涂脸，遂使成疮，表哭泣之过。左右童竖[9]，不能掩之，益使外人谓其居处饮食，皆为不信。以一伪丧百诚者，乃贪名不已故也。

【注释】

[1] 金贝：指金钱财货。

[2] 然诺：许诺、答应。

[3] 干橹：指盾牌。干，小盾牌。橹，大盾牌。

[4] 虙（fú）子贱：又作“宓子贱”，春秋末期鲁国人，字不齐，孔子的弟子，“孔门七十二贤”之一。

[5] 伯石：春秋时期郑国大夫，性格自私虚伪，郑君让太史命令伯石做公卿，伯石装作谦虚，假意推辞了三次才接受。

[6] 王莽辞政：指东汉末年，王莽假意推辞大司马一职。

[7] 哀毁：居丧时因悲伤过度而损害身体。后常用作居丧尽礼之词。

[8] 苫（shān）块：指居丧期间。古人守丧期间，孝子以草垫为席，以土块为枕头，表达哀思之意。苫，草垫子。块，土块。

[9] 童竖：家童和仆人。

有一士族，读书不过二三百卷，天才钝拙[1]，而家世殷厚，雅自矜持[2]，多以酒犊珍玩[3]，交诸名士，甘其饵者[4]，递共吹嘘。朝廷以为文华，亦尝出境聘。东莱王韩晋明笃好文学，疑彼制作，多非机杼[5]，遂设宴言，面相讨试。竟日欢谐，辞人满席，属音赋韵，命笔为诗，彼造次即成[6]，了非向韵[7]。众客各自沉吟，遂无觉者。韩退叹曰：“果如所量[8]！”韩又尝问曰：“玉珽杼上终葵首[9]，当作何形？”乃答云：“珽头曲圜[10]，势如葵叶耳。”韩既有学，忍笑为吾说之。

【注释】

[1] 天才：天资。

[2] 矜持：自负。

[3] 酒犊：酒肉。

[4] 饵：利诱。

[5] 机杼：指诗文创作中的构思、布局。

[6] 造次：片刻。

[7] 了非向韵：根本没有原来拿出来的作品的韵味。

[8] 所量：预料。

[9] 玉珽(tǐng)：玉笏，古代臣子上朝时所持的玉制手板。终葵：合音为“椎”。本意为巫师在傩戏时所戴的面具。

[10] 曲圜（huán）：弯而圆。

治点子弟文章[1]，以为声价[2]，大弊事也。一则不可常继，终露其情；二则学者有凭，益不精励。

【注释】

[1] 治点：修改润色。

[2] 声价：名声和地位。

或问曰：“夫神灭形消，遗声余价[1]，亦犹蝉壳蛇皮，兽远鸟迹耳[2]，何预于死者，而圣人以为名教乎？”对曰：“劝也[3]，劝其立名，则获其实。且劝一伯夷[4]，而千万人立清风矣；劝一季札[5]，而千万人立仁风矣；劝一柳下惠[6]，而千万人立贞风矣；劝一史鱼[7]，而千万人立直风矣。故圣人欲其鱼鳞凤翼[8]，杂沓参差[9]，不绝于世，岂不弘哉？四海悠悠，皆慕名者，盖因其情而致其善耳。抑又论之，祖考之嘉名美誉[10]，亦子孙之冕服墙宇也[11]，自古及今，获其庇荫者亦众矣。夫修善立名者，亦犹筑室树果，生则获其利，死则遗其泽。世之汲汲者[12]，不达此意，若其与魂爽俱升[13]，松柏偕茂者，惑矣哉！”

【注释】

[1] 余价：指人死后世人的评价。

[2] 远（háng）：鸟兽的脚印。

[3] 劝：劝勉、勉励。

[4] 伯夷：商末孤竹君长子，曾经辞让君位，后来他与弟弟叔齐发誓不吃周朝的粮食，饿死在首阳山。

[5] 季札：春秋时期吴王寿梦第四子，品德高尚，多次推让君位给哥哥，以仁义著称。

[6] 柳下惠：春秋时期鲁国大夫，生性耿直，不事逢迎，始终坚持做人的原则。

[7] 史鱼：春秋时期卫国大夫，直言敢谏。

[8] 鱼鳞凤翼：形容数量众多。

[9] 杂沓参差：众多杂乱的样子，指众人天资禀赋各不相同。

[10] 祖考：祖先。

[11] 冕服墙宇：帽子、衣服、房屋，指先辈留下的遗产。

[12] 汲汲：心情急切的样子。

[13] 魂爽：魂魄、精神。

涉务第十一

士君子之处世，贵能有益于物耳，不徒高谈虚论，左琴右书，以费人君禄位也。国之用材，大较不过六事[1]：一则朝廷之臣，取其鉴达治体[2]，经纶博雅；二则文史之臣，取其著述宪章[3]，不忘前古；三则军旅之臣，取其断决有谋，强干习事[4]；四则藩屏之臣[5]，取其明练风俗[6]，清白爱民；五则使命之臣，取其识变从宜，不辱君命；六则兴造之臣，取其程功节费[7]，开略有术[8]，此则皆勤学守行者所能办也。人性有长短，岂责具美于六涂哉[9]？但当皆晓指趣，能守一职，便无愧耳。

【注释】

[1] 大较：大略、大致。

[2] 鉴达：通晓、洞彻。治体：政治法度。

[3] 宪章：典章制度。

[4] 强干习事：精明强干，了解事理。习事，熟谙事理。

[5] 藩屏：屏障，代指边境。

[6] 明练：通晓、明白。

[7] 程功：估量工程的进度、开销。程，估量、考核。

[8] 开略：开创经营。

[9] 涂：同“途”，职位。

吾见世中文学之士，品藻古今[1]，若指诸掌，及有试用，多无所堪。居承平之世[2]，不知有丧乱之祸；处庙堂之下，不知有战陈之急[3]；保俸禄之资，不知有耕稼之苦；肆吏民之上，不知有劳役之勤，故难可以应世经务也。晋朝南渡，优借士族[4]；故江南冠带[5]，有才干者，擢为令仆已下尚书郎中书舍人已上，典掌机要[6]。其余文义之士，多迂诞浮华[7]，不涉世务；纤微过失，又惜行捶楚，所以处于清高，盖护其短也。至于台阁令史，主书监帅，诸王签省，并晓习吏用[8]，济办时须[9]，纵有小人之态，皆可鞭杖肃督，故多见委使，盖用其长也。人每不自量，举世怨梁武帝父子爱小人而疏士大夫，此亦眼不能见其睫耳。

【注释】

[1] 品藻：品评、评说。

[2] 承平：太平。

[3] 战陈：同“战阵”，战场、阵地。

[4] 优借：优待。

[5] 冠带：指士族的穿着，这里代指士族。

[6] 典章：朝廷的法令制度。

[7] 迂诞：迂腐荒诞。

[8] 吏用：指当官为政。

[9] 济办：办妥事情。

梁世士大夫，皆尚褒衣博带[1]，大冠高履[2]，出则车舆，入则扶侍，郊郭之内，无乘马者。周弘正为宣城王所爱[3]，给一果下马[4]，常服御之，举朝以为放达。至乃尚书郎乘马，则纠劾之。及侯景之乱[5]，肤脆骨柔，不堪行步，体羸气弱，不耐寒暑，坐死仓猝者，往往而然。建康令王复性既儒雅，未尝乘骑，见马嘶歕陆梁[6]，莫不震慑，乃谓人曰：“正是虎，何故名为马乎？”其风俗至此。

【注释】

[1] 褒衣博带：宽大的袍子和衣带，这是魏晋时期文人、士族十分崇尚的服饰样式。褒，形容宽大的样子。

[2] 高履：高齿的木屐。

[3] 周弘正：字思行，梁陈之际著名学者、诗人，在当时有较大影响，号为“梁末玄宗之冠”。宣城王：梁简文帝萧纲的嫡长子萧大器，封宣城郡王，故称。

[4] 果下马：在当时视为珍品的良马，因身材矮小，骑着它能穿行于果树下，因此得名。

[5] 侯景之乱：梁武帝太清二年，被梁武帝萧衍收留的东魏叛将侯景因对梁朝与东魏通好心怀不满，以清君侧为名义起兵叛乱，攻破梁朝都城建康，将梁武帝活活饿死，掌控了梁朝军政大权。

[6] 嘶歕（pēn）：马边嘘气边嘶叫。陆梁：形容马跳跃的样子。

古人欲知稼穑之艰难[1]，斯盖贵谷务本之道也。夫食为民天，民非食不生矣，三日不粒，父子不能相存。耕种之，薅锄之[2]，刈获之，载积之[3]，打拂之[4]，簸扬之，凡几涉手，而入仓廪，安可轻农事而贵末业哉？江南朝士[5]，因晋中兴[6]，南渡江，卒为羁旅，至今八九世，未有力田，悉资俸禄而食耳。假令有者，皆信僮仆为之，未尝目观起一坺土[7]，耘一株苗；不知几月当下，几月当收，安识世间余务乎？故治官则不了，营家则不办，皆优闲之过也。

【注释】

[1] 稼穑：种植与收割，泛指农业劳动。

[2] 薅（hāo）：给庄稼除草。

[3] 载积：囤积。

[4] 打拂：舂打。

[5] 朝士：指朝中的官员。

[6] 中兴：西晋灭亡后，司马睿南渡长江，在建康重建晋朝政权，史称“东晋”，实现了晋室中兴。

[7] 坺（fá）：耕地时翻起来的土块。

省事第十二

铭金人云[1]：“无多言，多言多败；无多事，多事多患。”至哉斯戒也！能走者夺其翼，善飞者减其指，有角者无上齿，丰后者无前足，盖天道不使物有兼焉也。古人云：“多为少善，不如执一；鼫鼠五能[2]，不成伎术。”近世有两人，朗悟士也[3]，性多营综[4]，略无成名。经不足以待问，史不足以讨论，文章无可传于集录，书迹未堪以留爱玩，卜筮射六得三，医药治十差五，音乐在数十人下，弓矢在千百人中，天文、画绘、棋博，鲜卑语、胡书、煎胡桃油、炼锡为银，如此之类，略得梗概，皆不通熟。惜乎，以彼神明，若省其异端[5]，当精妙也。

【注释】

[1] 铭金人：指雕刻在铜人背后的字。铭，雕刻在器物上的文字。

[2] 鼫（shí）鼠：传说这种老鼠有五种技能，但是都不擅长。

[3] 朗悟：天资聪颖。

[4] 营综：从事研治。

[5] 异端：指无关紧要的事物。

君子当守道崇德，蓄价待时[1]，爵禄不登，信由天命。须求趋竞，不顾羞惭，比较材能，斟量功伐[2]，厉色扬声，东怨西怒；或有劫持宰相瑕疵，而获酬谢，或有喧聒时人视听[3]，求见发遣；以此得官，谓为才力，何异盗食致饱，窃衣取温哉！世见躁竞得官者[4]，便谓“弗索何获”；不知时运之来，不求亦至也。见静退未遇者，便谓“弗为胡成”[5]；不知风云不与[6]，徒求无益也。凡不求而自得，求而不得者，焉可胜算乎[7]！

【注释】

[1] 蓄价：增强能力。

[2] 斟量：估量、比较。功伐：功劳。

[3] 喧聒：扰乱。聒，吵闹。

[4] 躁竞：急于进取而与别人竞争。

[5] 胡：怎么、如何。

[6] 风云：际遇、时运。

[7] 焉可胜算：不可胜算，形容数量极多。胜，尽。

王子晋云[1]："佐饔得尝[2]，佐斗得伤。"此言为善则预，为恶则去，不欲党人非义之事也。凡损于物，皆无与焉。然而穷鸟入怀[3]，仁人所悯；况死士归我，当弃之乎？伍员之托渔舟，季布之入广柳[4]，孔融之藏张俭[5]，孙嵩之匿赵岐[6]，前代之所贵，而吾之所行也，以此得罪，甘心瞑目。至如郭解之代人报仇，灌夫之横怒求地[7]，游侠之徒，非君子之所为也。如有逆乱之行，得罪于君亲者，又不足恤焉。亲友之迫危难也，家财己力，当无所吝；若横生图计，无理请谒，非吾教也。墨翟之徒，世谓热腹，杨朱之侣[8]，世谓冷肠；肠不可冷，腹不可热，当以仁义为节文尔[9]。

【注释】

[1] 王子晋：王子乔，东周时期周灵王之子，自幼聪慧，胆识过人，传说死后成仙。

[2] 佐饔（yōng）：帮忙做饭。饔，做饭。

[3] 穷鸟：走投无路的小鸟。

[4] 季布之入广柳：季布是楚人，项羽败亡后，刘邦以千金求购季布，季布在周氏的建议下藏于广柳车中。广柳，泛指载货大车。

[5] 孔融之藏张俭：孔融十六岁时，名士张俭被朝廷下令通缉，四处流亡，因张俭与孔融兄长孔褒是好友，便投奔孔褒，当时孔褒不在家，孔融便收留了他。

[6] 孙嵩之匿赵岐：孙嵩，字宾硕，是三国时期北海郡的名士。当年，赵岐因得罪宦官，逃到北海，得到孙嵩救助。后赵岐脱险，举荐他为青州刺史。

[7] 灌夫之横怒求地：西汉时期，田蚡向窦婴索地，灌夫打抱不平，怒责田蚡。

[8] 杨朱：战国时期杨朱学派的创始人，从个人本位出发，提倡"贵己""为我"的思想。侣：一类人。

[9] 节文：标准。

止足第十三

《礼》云："欲不可纵，志不可满。"宇宙可臻其极，情性不知其穷，唯在少欲知足，为立涯限尔[1]。先祖靖侯戒子侄曰[2]："汝家书生门户，世无富贵；自今仕宦不可过二千石，婚姻勿贪势家。"吾终身服膺[3]，以为名言也。

【注释】

[1] 涯限：边界、限度。

[2] 靖侯：指颜之推九世祖含，谥号"靖侯"。

[3] 服膺：牢记在心。

天地鬼神之道[1]，皆恶满盈。谦虚冲损[2]，可以免害。人生衣趣以覆寒露[3]，食趣以塞饥乏耳。形骸之内，尚不得奢靡，己身之外，而欲穷骄泰邪？周穆王、秦始皇、汉武帝，富有四海，贵为天子，不知纪极[4]，犹自败累，况士庶乎？常以为二十口家，奴婢盛多，不可出二十人，良田十顷，堂室才蔽风雨，车马仅代杖策[5]，蓄财数万，以拟吉凶急速[6]，不啻此者[7]，以义散之；不至此者，勿非道求之。

【注释】

[1] 天地鬼神之道：指自然界的规律。

[2] 冲损：淡泊谦让。

[3] 趣以：用来。

[4] 纪极：终极、限度。

[5] 杖策：拄杖。

[6] 吉凶：婚事丧事。急速：应急。

[7] 不啻：不仅仅。

仕宦称泰[1]，不过处在中品，前望五十人，后顾五十人，足以免耻辱，无倾危也。高此者，便当罢谢，偃仰私庭[2]。吾近为黄门郎，已可收退；当时羁旅，惧罹谤讟[3]，思为此计，仅未暇尔。自丧乱已来，见因托风云[4]，侥幸富贵，旦执机权，夜填坑谷[5]，朔欢卓、郑[6]，晦泣颜、原者[7]，非十人五人也。慎之哉！慎之哉！

【注释】

[1] 泰：平安、安稳。

[2] 偃仰：俯仰，这里指安居。

[3] 谤讟：诽谤、怨恨。

[4] 风云：际遇。

[5] 夜填坑谷：晚上尸填坑谷。

[6] 卓：蜀地卓氏，战国时期人，靠冶铁致富，富比王侯。郑：程郑，经营冶铸业，财富与卓氏相等。

[7] 晦：农历每月最后一天，与前面的“朔”相对。朔即每月的第一天。颜：颜回，字子渊，孔子最得意的弟子，家境贫寒。原：原宪，字子思，孔子的弟子，出身贫寒，生活极为清苦。

诫兵第十四

国之兴亡，兵之胜败，博学所至，幸讨论之。入帷幄之中，参庙堂之上，不能为主尽规以谋社稷，君子所耻也。然而每见文士，颇读兵书[1]，微有经略。若居承平之世，睥睨宫闱[2]，幸灾乐祸，首为逆乱，诖误善良[3]；如在兵革之时，构扇反复[4]，纵横说诱，不识存亡，强相扶戴：此皆陷身灭族之本也。诫之哉！诫之哉！

【注释】

[1] 颇：稍稍、略微。

[2] 宫阃（kǔn）：朝廷。阃，门槛。

[3] 诖（guà）误：连累。

[4] 构扇：挑拨煽动。

养生第十五

夫生不可不惜，不可苟惜[1]。涉险畏之途，干祸难之事，贪欲以伤生，谗慝而致死[2]，此君子之所惜哉；行诚孝而见贼[3]，履仁义而得罪，丧身以全家，泯躯而济国[4]，君子不咎也。自乱离已来，吾见名臣贤士，临难求生，终为不救，徒取窘辱，令人愤懑。侯景之乱，王公将相，多被戮辱，妃主姬妾，略无全者[5]。唯吴郡太守张嵊[6]，建义不捷[7]，为贼所害，辞色不挠；及鄱阳王世子谢夫人，登屋诟怒，见射而毙。夫人，谢遵女也。何贤智操行若此之难？婢妾引决若此之易[8]？悲夫！

【注释】

[1] 苟惜：不该爱惜而爱惜。

[2] 谗慝（tè）：邪恶奸佞。

[3] 贼：指杀害。

[4] 泯（mǐn）躯：捐躯。泯，消失。

[5] 略：全、皆。

[6] 张嵊（shèng）：字四山，南朝梁武帝太清二年（548）“侯景之乱”中，张嵊据守城郡，坚贞不屈，城破后被杀，谥号“忠贞”。

[7] 捷：战胜。

[8] 引决：自杀。

归心第十六

儒家君子，尚离庖厨，见其生不忍其死，闻其声不食其肉。高柴、折像[1]，未知内教[2]，皆能不杀，此乃仁者自然用心。含生之徒[3]，莫不爱命；去杀之事，必勉行之。好杀之人，临死报验，子孙殃祸，其数甚多，不能悉录耳，且示数条于末。

【注释】

[1] 高柴：字子羔，孔子的弟子，为人憨厚正直，有仁爱之心。折像：东汉人，年幼时就有仁心，不杀昆虫，不折萌芽。

[2] 内教：指佛教。

[3] 含生：一切有生命的生物。

书证第十七

《诗》云："参差荇菜。"《尔雅》云："荇，接余也。"字或为莕。先儒解释皆云："水草，圆叶细茎，随水浅深。今是水悉有之，黄花似莼，江南俗亦呼为'猪莼'，或呼为'荇菜'。"刘芳具有注释[1]。而河北俗人多不识之，博士皆以参差者是苋菜[2]，呼人苋为人荇[3]，亦可笑之甚。

【注释】

[1] 刘芳：字伯文，北魏人，曾撰写《毛诗笺音义证》十卷。

[2] 博士：博通古今的人。

[3] 人苋（xiàn）：苋的一种。

《左传》曰："齐侯痎[1]，遂痁[2]。"《说文》云："痎，二日一发之疟[3]。痁，有热疟也。"案：齐侯之病，本是间日一发，渐加重乎故，为诸侯忧也。今北方犹呼"痎疟"，音"皆"。而世间传本多以痎为疥[4]，杜征南亦无解释[5]，徐仙民音"介"，俗儒就为通云[6]："病疥，令人恶寒，变而成疟。"此臆说也[7]。疥癣小疾，何足可论，宁有患疥转作疟乎？

【注释】

[1] 齐侯：齐景公，春秋时期齐国君主。痎（jiē）：两日一发的疟疾。

[2] 痁（shān）：疟病。

[3] 疟（nüè）：一种按时发冷发烧的急性传染病。

[4] 疥：一种传染性皮肤病，非常刺痒，是疥虫寄生而引起的，又称"疥疮"。

[5] 杜征南：杜预，字元凯，西晋时期著名军事家和学者，曾任镇南大将军，死后追赠征南大将军，著有《春秋左氏经传集解》及《春秋释例》等。

[6] 俗儒：浅陋迂腐的儒士。

[7] 臆说：完全凭个人想象做判断。

《尚书》曰："惟影响[1]。"《周礼》云："土圭测影[2]，影朝影夕。"《孟子》曰："图影失形[3]。"《庄子》云："罔两问影[4]。"如此等字，皆当为"光景"之"景"[5]。凡阴景者，因光而生，故即谓为"景"。《淮南子》呼为景柱[6]，《广雅》云："晷柱挂景[7]。"并是也。至晋世葛洪《字苑》傍始加"彡"，音于景反。而世间辄改治《尚书》《周礼》《庄》《孟》从葛洪字，甚为失矣。

【注释】

[1] 影响：影子和回声。

[2] 土圭：古代玉器，是一种用来测量日影、时间和土地的器具。

[3] 图影：画面上的景物。

[4] 罔两：影子边缘的淡薄阴影。

[5] 光景：光影。景，同"影"。

[6] 景柱：影柱，古代测日影、定时刻的表柱。

[7] 晷柱：晷表，日晷上测量日影的标竿。晷，日晷，古代通过测量日影移动变化来确定时间的器具。

《古乐府》歌百里奚词曰[1]："百里奚，五羊皮。忆别时，烹伏雌[2]，吹扊扅[3]；今日富贵忘我为！""吹"当作"炊煮"之"炊"。案：蔡邕《月令章句》曰："键，关牡也，所以止扉，或谓之剡移。"然则当时贫困，并以门牡木作薪炊耳。《声类》作"扊"，又或作"扂"。

【注释】

[1] 百里奚：春秋时期，秦穆公用五张黑色公羊皮从楚国民间换回的一代名相。

[2] 伏雌：母鸡。

[3] 扊扅（yǎn yí）：与下文"关牡""止扉""门牡"同义，均指门闩。

或问："《山海经》，夏禹及益所记[1]，而有长沙、零陵、桂阳、诸暨，如此郡县不少，以为何也？"答曰："史之阙文[2]，为日久矣；加复秦人灭学，董卓焚书，典籍错乱，非止于此。譬犹《本草》神农所述[3]，而有豫章、朱崖、赵国、常山、奉高、真定、临淄、冯翊等郡县名，出诸药物；《尔雅》周公所作，而云‘张仲孝友’[4]；仲尼修《春秋》，而《经》书孔丘卒；《世本》左丘明所书，而有燕王喜、汉高祖；《汲冢琐语》[5]，乃载秦望碑[6]；《苍颉篇》李斯所造，而云‘汉兼天下，海内并厕[7]，豨黥韩覆[8]，畔讨灭残’[9]；《列仙传》刘向所造，而《赞》云‘七十四人出佛经’；《列女传》亦向所造，其子歆又作《颂》，终于赵悼后[10]，而传有更始韩夫人、明德马后及梁夫人嫕[11]：皆由后人所羼[12]，非本文也。”

【注释】

[1] 益：伯益，黄帝第五代孙，皋陶之子。

[2] 阙：通“缺”，错误、缺点。

[3] 譬犹：比如。

[4] 张仲：字忠嗣，周宣王时大臣，以孝顺父母、友爱兄弟著称。

[5]《汲冢琐语》：战国中后期魏王墓“汲冢书”的一种，该书以叙事为体，主要记载战国时期各国卜梦妖怪之事，被称为“纪异之祖”和“小说之祖”。

[6] 秦望碑：秦始皇东游秦望山时所立的碑，碑文中颂扬了秦朝的功德。

[7] 海内并厕：海内一统。厕，参与。

[8] 豨：陈豨，刘邦部将，后起兵反叛，被樊哙军队杀死于灵丘。黥，古代一种肉刑，在人脸上刺字并涂墨之刑。韩：韩信。

[9] 畔：通“叛”，反叛。

[10] 赵悼后：战国时期赵悼襄王赵偃的王后。

[11] 韩夫人：汉更始帝刘玄的宠姬韩夫人。明德马后：东汉汉明帝刘庄的皇后，死后谥号明德。梁夫人嫕（yì）：东汉文学家梁竦之女，汉和帝之姨。

[12] 羼（chàn）：掺杂、混杂。

或问：“一夜何故五更？更何所训[1]？”答曰：“汉、魏以来，谓为甲夜、乙夜、丙夜、丁夜、戊夜，又云鼓，一鼓、二鼓、三鼓、四鼓、五鼓，亦云一更、二更、三更、四更、五更，皆以五为节。《西都赋》亦云：‘卫以严更之署。’所以尔者，假令正月建寅[2]，斗柄夕则指寅，晓则指午矣；自寅至午，凡历五辰。冬夏之月，虽复长短参差，然辰间辽阔，盈不过六，缩不至四，进退常在五者之间。更，历也，经也，故曰五更尔。”

【注释】

[1] 训：解说、注释。

[2] 建寅：古代以北斗星斗柄的运转计算月份，斗柄指向十二辰中的寅即为夏历正月。

河间邢芳语吾云：“《贾谊传》云：‘日中必熭[1]。’注：‘熭，暴也。’曾见人解云：‘此是暴疾之意[2]，正言日中不须臾，卒然便昃耳[3]。’此释为当乎？”吾谓邢曰：“此语本出太公《六韬》，案字书，古者‘暴晒’字与‘暴疾’字相似，唯下少异，后人专辄加傍“日”耳[4]。言日中时，必须暴晒，不尔者，失其时也。晋灼已有详释[5]。”芳笑服而退。

【注释】

[1] 熭（wèi）：曝晒。

[2] 暴疾：迅猛。

[3] 昃（zè）：太阳偏向西方。

[4] 专辄：专断、擅自。傍：汉字的偏旁。

[5] 晋灼：晋代音韵学家，官至尚书郎，著有《汉书音义》，对先秦至汉朝以来的诸多汉字的渊源、读音、释义等有精辟的解释。

音辞第十八

夫九州之人，言语不同，生民已来，固常然矣。自《春秋》标齐言之传，《离骚》目楚词之经，此盖其较明之初也。后有扬雄著《方言》，其言大备。然皆考名物之同异[1]，不显声读之是非也[2]。逮郑玄注《六经》，高诱解《吕览》《淮南》，许慎造《说文》，刘熹制《释名》，始有譬况假借以证音字耳[3]。而古语与今殊别，其间轻重清浊，犹未可晓；加以内言、外言、急言、徐言、读若之类[4]，益使人疑。孙叔言创《尔雅音义》，是汉末人独知反语[5]。至于魏世，此事大行。高贵乡公不解反语[6]，以为怪异。自兹厥后，音韵锋出，各有土风，递相非笑[7]，指马之谕[8]，未知孰是。共以帝王都邑，参校方俗，考核古今，为之折衷。榷而量之，独金陵与洛下耳[9]。南方水土和柔，其音清举而切诣[10]，失在浮浅，其辞多鄙俗。北方山川深厚，其音沉浊而鈋钝[11]，得其质直，其辞多古语。然冠冕君子，南方为优；闾里小人，北方为愈。易服而与之谈，南方士庶，数言可辩；隔垣而听其语，北方朝野[12]，终日难分。而南染吴、越，北杂夷虏，皆有深弊，不可具论。其谬失轻微者，则南人以“钱”为“涎”，以“石”为“射”，以“贱”为“羡”，以“是”为“舐”；北人以“庶”为“戍”，以“如”为“儒”，以“紫”为“姊”，以“洽”为“狎”。如此之例，两失甚多。至邺已来，唯见崔子约、崔瞻叔侄，李祖仁、李蔚兄弟，颇事言词，少为切正[13]。李季节著《音韵决疑》，时有错失；阳休之造《切韵》，殊为疏野[14]。吾家儿女，虽在孩稚，便渐督正之；一言讹替[15]，以为己罪矣。云为品物[16]，未考书记者，不敢辄名，汝曹所知也。

【注释】

[1] 名物：对事物的称谓。

[2] 声读：声音读法。

[3] 譬况：古代汉字标音的一种方法，即用描写性的语言来说明某一个汉字的发音状况。假借：汉字的造字方法之一，指借用已有的形近、音同的字，表示不同意义的词。

[4] 内言、外言、急言、徐言、读若：均为古代注音用语。

[5] 反语：反切的注音方法，就是用两个汉字拼出另一个汉字的读音，上字取声母，下字取韵母和声调。

[6] 高贵乡公：曹髦，三国时期曹魏第四位皇帝，即位前为高贵乡公。

[7] 非笑：讥笑。

[8] 指马：争辩是非、差别。

[9] 洛下：洛阳。

[10] 清举：声音清脆而悠扬。切诣：发音短促。

[11] 鈋钝：浑厚。

[12] 朝野：这里指读书人和普通百姓。

[13] 切正：切磋校正。

[14] 疏野：粗略草率。

[15] 讹替：差误。

[16] 品物：物品、东西。

杂艺第十九

《家语》曰："君子不博[1]，为其兼行恶道故也。"《论语》云："不有博弈者乎？为之，犹贤乎已。"然则圣人不用博弈为教；但以学者不可常精，有时疲倦，则傥为之，犹胜饱食昏睡，兀然端坐耳[2]。至如吴太子以为无益，命韦昭论之；王肃、葛洪、陶侃之徒，不许目观手执，此并勤笃之志也。能尔为佳。古为大博则六箸[3]，小博则二焭[4]，今无晓者。比世所行，一焭十二棋，数术浅短，不足可玩。围棋有手谈、坐隐之目，颇为雅戏；但令人耽愦[5]，废丧实多，不可常也。

【注释】

[1] 博：博戏，古代民间的一种赌输赢、决胜负的游戏。

[2] 兀然：无知的样子。

[3] 六箸：六根算筹。箸，博戏时所用竹棍。

[4] 二焭（qióng）：两个骰子。焭，通"琼"，骰子，古代博戏的一种用具。

[5] 耽愦（kuì）：耽误正事。

终制第二十

今年老疾侵，傥然奄忽[1]，岂求备礼乎？一日放臂[2]，沐浴而已，不劳复魄，殓以常衣。先夫人弃背之时[3]，属世荒馑，家涂空迫[4]，兄弟幼弱，棺器率薄，藏内无砖[5]。吾当松棺二寸，衣帽已外，一不得自随，床上唯施七星板[6]；至如蜡弩牙、玉豚、锡人之属[7]，并须停省，粮罂明器[8]，故不得营，碑志旒旐[9]，弥在言外[10]。载以鳖甲车[11]，衬土而下，平地无坟；若惧拜扫不知兆域[12]，当筑一堵低墙于左右前后，随为私记耳。灵筵勿设枕几，朔望祥禫[13]，唯下白粥清水干枣，不得有酒肉饼果之祭。

亲友来醊酹者[14]，一皆拒之。汝曹若违吾心，有加先妣[15]，则陷父不孝，在汝安乎？其内典功德[16]，随力所至，勿刳竭生资[17]，使冻馁也。四时祭祀，周、孔所教，欲人勿死其亲，不忘孝道也。求诸内典，则无益焉。杀生为之，翻增罪累[18]。若报罔极之德[19]，霜露之悲，有时斋供，及七月半盂兰盆[20]，望于汝也。

【注释】

[1] 傥然：倘若。奄忽：死亡。

[2] 放臂：死去。

[3] 弃背：死亡的委婉说法，多用于双亲。

[4] 家涂：家道，指家庭境况。

[5] 藏：墓穴、坟墓。

[6] 七星板：古时候停尸床上及棺内放置的木板。

[7] 蜡弩牙：蜡制的弩弓。玉豚：古代亡者手中放置的猪形玉器。锡人：古代用锡铸造的人像，用来随葬。

[8] 粮罂（yīng）：盛粮的陶器，大肚小口，古人墓葬中的随葬品。明器：又称冥器，指的是专门为随葬而制作的器物。

[9] 旒旐（liú zhào）：古代丧俗，人死后，按死者生前等级身份，用绛色帛制一面旗幡，上书写死者官阶、称呼，用竹竿挑起，竖在灵前右方，称为旒旐。

[10] 弥在言外：更不用提了。

[11] 鳖甲车：灵车。

[12] 兆域：墓地四周的疆界。

[13] 朔：朔日，农历每月初一。望：望日，农历每月十五。祥禫：丧祭名。

[14] 醊酹（zhuì lèi）：把酒洒在地上，表示祭奠。

[15] 有加先妣：超过了对我母亲的葬祭。

[16] 内典：指佛经。

[17] 刳（kū）竭：耗尽。生资：赖以生活的资财。

[18] 翻：同“反”，反而。

[19] 罔极：指人子对父母的无穷哀思。

[20] 盂兰盆：即“盂兰盆节”，又称“中元节”，在每年农历七月十五。

《帝范》

唐太宗李世民（598—649），是唐朝的第二位皇帝，他吸取隋亡的教训，政治上励精图治、从谏如流；经济上轻徭薄赋、发展生产；文化上复兴文教、广纳贤才，君臣一心，共同开创了传诵千古的“贞观之治”，奠定了大唐盛世的基础。

《帝范》是唐太宗讲述为君之道的一部政治文献，成书于太宗晚年（648），是其一生治国理政的经验总结，太宗借此书来教导太子李治，同时自评一生功过。《帝范》共 12 篇，书中对为政者的个人修养，选任和统御下属的学问，乃至经济民生、教育军事等家国事务都作了透彻的论述，涵盖了古代帝王治国理政的各个方面，是中国帝王家训的集大成之作。

序

序曰：朕闻大德曰生，大宝曰位[1]。辨其上下，树之君臣，所以抚育黎元[2]，钧陶庶类[3]。自非克明克哲[4]，允武允文[5]，皇天眷命，历数在躬[6]，安可以滥握灵图[7]，叨临神器[8]？是以翠妫荐唐尧之德[9]，元圭赐夏禹之功[10]。丹字呈祥[11]，周开八百之祚[12]；素灵表瑞[13]，汉启重世之基[14]。由此观之，帝王之业，非可以力争者矣[15]。

【注释】

[1] 大德曰生，大宝曰位：天地最大的德行是生成万物，君主最宝贵的东西是他的地位。

[2] 黎元：黎民百姓。

[3] 钧陶庶类：教化百姓。钧，做陶器用的转轮。庶类，万物，这里指百姓。

[4] 克明克哲：能做到聪明睿智。克，能。

[5] 允武允文：能文能武。

[6] 历数：指帝王继承的次序。躬：自身。

[7] 灵图：指《河图》，汉代谶纬家认为是帝王受命于天的祥瑞之兆，借

指天子位。

[8] 叨：承受。神器：指帝位。

[9] 翠妫: 翠妫川,相传在唐尧盛世,有神龟从翠妫川中浮出,向唐尧献上《河图》，以表彰他的圣德。

[10] 元圭：上天赐给大禹的宝物，用来嘉奖大禹治水成功。

[11] 丹字呈祥：周朝兴起时，有赤色的鸟口衔丹书飞到岐山，向文王宣喻天命，这是周朝将要兴盛的吉兆。丹字，丹书。

[12] 祚：国运。

[13] 素灵表瑞：白蛇的精灵，传说汉高祖刘邦曾经拔剑斩杀一条白蛇，又遇上一位老妇人啼哭，说赤帝之子杀了自己化为蛇的白帝之子，这被视为刘邦发迹的祥瑞之兆。

[14] 重世：指汉朝经历了西汉和东汉两个阶段。

[15] 力争：以力相争。

昔隋季版荡[1]，海内分崩。先皇以神武之姿[2]，当经纶之会[3]，斩灵蛇而定王业，启金镜而握天枢[4]。然由五岳含气[5]，三光戢曜[6]，豺狼尚梗[7]，风尘未宁。朕以弱冠之年，怀慷慨之志，思靖大难，以济苍生。躬擐甲胄[8]，亲当矢石。夕对鱼鳞之阵，朝临鹤翼之围[9]，敌无大而不摧，兵何坚而不碎，剪长鲸而清四海[10]，扫欃枪而廓八纮[11]。乘庆天潢[12]，登晖璇极[13]，袭重光之永业[14]，继大宝之隆基[15]。战战兢兢，若临深而御朽[16]；日慎一日，思善始而令终。

【注释】

[1] 季：末年。版荡：动乱不安。

[2] 先皇：指唐高祖李渊。

[3] 经纶之会：指天造草昧之时。

[4] 金镜：比喻显明的正道。握天枢：指唐高祖李渊应天命而登帝位。

[5] 五岳：古代帝王把五岳看成是神的象征。

[6] 三光戢曜：天日暗淡。三光，指日、月、星。戢，停止。曜，闪耀、明亮。

[7] 梗：强横凶暴。

[8] 躬：亲自。擐：穿、披。

[9] 鱼鳞、鹤翼：均指陈兵之形势。

[10] 长鲸：比喻凶残之人。

[11] 欃（chán）枪：彗星，古人以为灾难之星。廓：肃清。八纮：指天下。

[12] 天潢：指皇室。

[13] 晖：显。璇极：指天子之位。

[14] 重光：比喻累世盛德，辉光相承。

[15] 隆基：大业、帝王的事业。

[16] 御朽：用腐烂的绳索驾驭奔驰的马，含戒惧之意。

汝以幼年，偏钟慈爱[1]，义方多阙[2]，庭训有乖[3]。擢自维城之居[4]，属以少阳之任[5]，未辨君臣之礼节，不知稼穑之艰难。朕每思此为忧，未尝不废寝忘食。自轩昊以降[6]，迄至周隋，以经天纬地之君[7]，纂业承基之主[8]，兴亡治乱，其道焕焉。所以披镜前踪[9]，博览史籍，聚其要言，以为近诫云耳。

【注释】

[1] 钟：聚集、专一。

[2] 义方多阙：言行不合义理。义方，行事应遵守的规范和道理。阙，通“缺”缺点、错误。

[3] 庭训：指父亲的训诫。乖：背离。

[4] 擢：提升。维城：借指皇子。唐高宗李治是李世民嫡三子，初封晋王，后立为皇太子。

[5] 少阳：东宫，指太子。

[6] 轩：轩辕，即黄帝，号轩辕氏。昊：少昊，黄帝之子，古代圣王。

[7] 经天纬地：形容有治理天下的经世之才。

[8] 纂（zuǎn）业：继承大业。纂，继承。

[9] 披镜：阅读、借鉴。

君体第一

夫人者国之先，国者君之本。人主之体，如山岳焉，高峻而不动；如日月焉，贞明而普照[1]。兆庶之所瞻仰[2]，天下之所归往。宽大其志，足以兼包；平正其心，足以制断[3]。非威德无以致远，非慈厚无以怀人。抚九族以仁，接大臣以礼。奉先思孝[4]，处位思恭。倾己勤劳[5]，以行德义，此乃君之体也。

【注释】

[1] 贞明：指日月的光辉。

[2] 兆庶：万民、百姓。

[3] 制断：决断、裁决。

[4] 奉先：事奉长辈。

[5] 倾己：降低自己的身份，形容态度真诚恭敬。

建亲第二

夫六合旷道[1]，大宝重任。旷道不可偏制[2]，故与人共理之；重任不可独居，故与人共守之。是以封建亲戚[3]，以为藩卫[4]，安危同力，盛衰一心。远近相持，亲疏两用。并兼路塞，逆节不生[5]。昔周之兴也，割裂山河，分王宗族。内有晋郑之辅，外有鲁卫之虞[6]。故卜祚灵长，历年数百。秦之季也，弃淳于之策[7]，纳李斯之谋。不亲其亲，独智其智[8]，颠覆莫恃，二世而亡。斯岂非枝叶不疏，则根柢难拔[9]；股肱既殒[10]，则心腹无依者哉！汉初定关中，戒亡秦之失策，广封懿亲[11]，过于古制。大则专都偶国，小则跨郡连州。末大则危，尾大难掉。六王怀叛逆之志，七国受铁钺之诛[12]。此皆地广兵强积势之所致也。魏武创业，暗于远图[13]。子弟无封户之人，宗室无立锥之地。外无维城以自固[14]，内无盘石以为基[15]。遂乃大器保于他人[16]，社稷亡于异姓。语曰："流尽其源竭，条落则根枯。"此之谓也。

【注释】

[1] 六合：泛指天下和宇宙。

[2] 偏制：独自治理。

[3] 封建：封邦建国。

[4] 藩卫：屏障。

[5] 逆节：叛逆。

[6] 虞：准备、防范。

[7] 淳于：指儒生淳于越，曾建议秦始皇实行分封，意见不被采纳。

[8] 独智其智：只相信自己的智慧。

[9] 柢（dǐ）：根。

[10] 股肱：大腿和胳膊。

[11] 懿亲：皇室宗亲。

[12] 铁钺（fǔ yuè）：指刑戮。

[13] 远图：深远的谋划。

[14] 维城：指皇室宗族。

[15] 盘石：指封藩宗室。

[16] 大器：政权。

夫封之太强，则为噬脐之患[1]；致之太弱，则无固本之基。由此而言，莫若众建宗亲而少力。使轻重相镇[2]，忧乐是同。则上无猜忌之心，下无侵冤之虑[3]。此封建之鉴也。斯二者，安国之基。

【注释】

[1] 噬脐：自咬腹脐却够不着，比喻后悔不及。

[2] 相镇：相互牵制。

[3] 侵冤：侵凌，使受冤屈。

君德之宏，唯资博达[1]。设分县教[2]，以术化人[3]。应务适时，以道制物。

【注释】

[1] 博达：博学通达。

[2] 设分：张设名分。分，名分。县教：悬示教令。县，通“悬”，悬示。

[3] 术：法律。

术以神隐为妙[1]，道以光大为功[2]。括苍旻以体心[3]，则人仰之而不测；包厚地以为量[4]，则人循之而无端[5]。荡荡难名[6]，宜其宏远。且敦穆九族[7]，放勋流美于前[8]；克谐烝乂[9]，重华垂誉于后[10]。无以奸破义，无以疏间亲[11]。察之以德，则邦家俱泰，骨肉无虞[12]，良为美矣。

【注释】

[1] 术：指处理事情的方式方法。

[2] 道：指为人处世应当坚守的原则。

[3] 苍旻（mín）：苍天。

[4] 量：度量。

[5] 端：端倪。

[6] 难名：不可名状，指不能用言语形容。

[7] 敦穆：亲善和睦。

[8] 放勋：尧的名字。

[9] 克：能。谐：和谐。烝：进。乂（yì）：善良。

[10] 重华：舜的名字。

[11] 以疏间亲：关系疏远的人离间关系亲近的人。

[12] 虞：疑虑。

求贤第三

夫国之匡辅，必待忠良。任使得人[1]，天下自治。故尧命四岳，舜举八元，以成恭己之隆[2]，用赞钦明之道[3]。士之居世，贤之立身，莫不戢翼隐鳞[4]，待风云之会；怀奇蕴异，思会遇之秋。是明君旁求俊乂[5]，博访英贤，搜扬侧陋[6]。不以卑而不用，不以辱而不尊。昔伊尹，有莘之媵臣[7]；吕望[8]，渭滨之贱老。夷吾困于缧绁[9]；韩信弊于逃亡。商汤不以鼎俎为羞[10]，姬文不以屠钓为耻[11]，终能献规景亳[12]，光启殷朝；执旌牧野，会昌周室。齐成一匡之业，实资仲父之谋[13]；汉以六合为家，是赖淮阴之策[14]。

【注释】

[1] 任使：任用。

[2] 恭己：垂拱而治。

[3] 赞：辅助。钦明：敬肃明察。

[4] 戢（jí）翼隐鳞：凤收敛翅膀，龙隐藏鳞甲，比喻贤者隐居起来等待时机到来。戢，收敛。

[5] 俊乂：杰出贤能的人才。

[6] 搜扬侧陋：寻找和荐举地位低微的贤能之士。

[7] 有莘：古国名。媵（yìng）臣：古代陪嫁的臣仆。

[8] 吕望：即姜子牙，姜姓，吕氏，名望，字子牙，也称吕尚。

[9] 夷吾：管仲，名夷吾，管仲曾辅佐齐国的公子纠，后来公子小白继承了君位，公子纠被杀，管仲也被关进了监狱。缧绁（léi xiè）：捆绑犯人的绳索，借指监狱。

[10] 鼎俎：割烹的用具，这里指伊尹曾在厨房为奴。

[11] 姬文：指周文王姬昌。屠钓：屠夫和钓鱼，旧时被视为低贱的职业。姜太公曾经隐身于朝歌，以宰牛卖酒为生，又曾在渭水之滨垂钓。

[12] 献规景亳：指伊尹为商汤出谋划策。

[13] 资：采用。仲父：齐桓公对管仲的尊称。

[14] 淮阴：指韩信，曾封淮阴侯。

故舟航之绝海也[1]，必假桡楫之功[2]；鸿鹄之凌云也，必因羽翮之用[3]；帝王之为国也，必藉匡辅之资[4]。故求之斯劳，任之斯逸。照车十二，黄金累千，岂如多士之隆，一贤之重。此乃求贤之贵也。

【注释】

[1] 绝海：渡海。绝，横渡。

[2] 假：借助。桡（ráo）楫：船桨。

[3] 因：依靠、凭借。羽翮（hé）：鸟的翅膀。

[4] 藉：借。

审官第四

夫设官分职，所以阐化宣风[1]。故明主之任人，如巧匠之制木，直者以为辕，曲者以为轮；长者以为栋梁，短者以为栱角[2]。无曲直长短，各有所施。明主之任人，亦由是也。智者取其谋，愚者取其力；勇者取其威，怯者取其慎，无智、愚、勇、怯，兼而用之。故良匠无弃材，明主无弃士。不以一恶忘其善，勿以小瑕掩其功。割政分机[3]，尽其所有。然则函牛之鼎[4]，不可处以烹鸡；捕鼠之狸，不可使以搏兽；一钧之器[5]，不能容以江汉之流；百石之车[6]，不可满以斗筲之粟[7]。何则？大非小之量，轻非重之宜。今人智有短长，能有巨细。或蕴百而尚少，或统一而为多。有轻才者，不可委以重任；有小力者，不可赖以成职。委任责成，不劳而化，此设官之当也。斯二者治乱之源。

【注释】

[1] 阐化宣风：阐扬德化，宣布风教。

[2] 栱角：拱角，斗拱椽木。

[3] 割政分机：设官分职。

[4] 函牛之鼎：能容纳一头牛的大鼎。函，包含、容纳。

[5] 钧：古代重量单位，三十斤为一钧。

[6] 石：容量单位，一百二十斤为一石。

[7] 斗筲（shāo）：指很小的容器。筲，一种竹器，仅容一斗二升。斗，可容十升的容器。

立国制人，资股肱以合德；宣风道俗，俟明贤而寄心[1]。列宿腾天[2]，助阴光之夕照[3]；百川决地，添溟渤之深源[4]。海月之深朗，犹假物而为大。君人御下，统极理时[5]，独运方寸之心，以括九区之内，不资众力，何以成功？必须明职审贤，择材分禄。得其人则风行化洽，失其用则亏教伤人。故云则哲惟难[6]，良可慎也！

【注释】

[1] 俟：等待。

[2] 列宿腾天：众星宿列布于天空。

[3] 阴光：月光。

[4] 溟渤：溟海和渤海，泛指大海。

[5] 统极理时：总揽三极，循理四时。

[6] 则哲：知人识人。

纳谏第五

夫王者，高居深视，亏听阻明[1]。恐有过而不闻，惧有阙而莫补。所以设鞀树木[2]，思献替之谋[3]；倾耳虚心，伫忠正之说[4]。言之而是，虽在仆隶刍荛[5]，犹不可弃也；言之而非，虽在王侯卿相，未必可容。其义可观，不责其辩；其理可用，不责其文。至若折槛坏疏[6]，标之以作戒；引裾却坐[7]，显之以自非。故云忠者沥其心[8]，智者尽其策。臣无隔情于上[9]，君能遍照于下。昏主则不然，说者拒之以威，劝者穷之以罪。大臣惜禄而莫谏，小臣畏诛而不言。恣暴虐之心，极荒淫之志。其为雍塞[10]，无由自知。以为德超三皇，材过五帝。至于身亡国灭，岂不悲哉！此拒谏之恶也。

【注释】

[1] 亏听阻明：指听不到人民的呼声，看不到人民的生活现状。

[2] 鞀（táo）：通“鼗”，供百姓申诉的鼓。树：树立。木：指诽谤木，供百姓写谏言的柱子。

[3] 献替：指对君主进谏，劝善规过。

[4] 伫：等待。

[5] 刍荛（ráo）：割草打柴的百姓。

[6] 折槛：汉代朱云因向成帝进谏而获罪，成帝命令侍卫将他问斩，朱云被侍卫拖出殿门时用力攀住大殿上的栏杆不放，将栏杆折断了。经大臣劝解后成帝赦免了朱云。后修槛时，成帝命保留折槛原貌，以表彰直谏之臣。坏疏：战国时期魏国乐师师经为了劝谏魏文侯，拿琴撞坏了他帽子上的玉珠串，魏文侯也不修补玉串，以此来警诫自己。疏，疑为“旒”之误。

[7] 引裾：拉住衣襟。三国曹魏时期，辛毗劝谏魏文帝，拉扯文帝衣襟不让他离去。却坐：西汉的袁盎为了维护礼制，令内侍把汉文帝宠妃慎夫人的座位从与皇后对等的上席撤至下席。

[8] 沥：竭尽。

[9] 隔情：掩盖真情。

[10] 壅塞：堵塞。

去谗第六

夫谗佞之徒，国之蟊贼也[1]。争荣华于旦夕，竞势利于市朝[2]。以其谄谀之姿，恶忠贤之在己上；奸邪之志，恐富贵之不我先。朋党相持，无深而不入；比周相习[3]，无高而不升。令色巧言，以亲于上；先意承旨[4]，以悦于君。朝有千臣，昭公去国而不悟[5]；弓无九石[6]，宣王终身而不知。

【注释】

[1] 蟊（máo）贼：吃禾苗的两种害虫，比喻危害国家的人。

[2] 市朝：朝廷。

[3] 比周：结党营私。相习：互相沿袭。

[4] 先意承旨：指揣摩上级意图，极力奉承。

[5] 昭公：鲁昭公。鲁昭公攻伐季氏时，不采纳大臣的劝谏，结果遭到季孙氏、叔孙氏和孟孙氏的共同攻伐，被迫出逃。

[6] 弓无九石：《吕氏春秋》记载，战国时期的齐宣王喜欢别人称赞自己能用强弓。他只能将三石之弓拉到满月的程度，大臣们迎合他，奉承他使用的是九石强弓，导致齐宣王一生都认为自己拥有拉开九石之弓的神力。石，弓的强度单位，一石相当于现在的 50 至 60 公斤。

以疏间亲[1]，宋有伊戾之祸[2]；以邪败正，楚有郤宛之诛[3]。斯乃暗主庸君之所迷惑，忠臣孝子之可泣冤。

【注释】

[1] 以疏间亲：关系疏远的人离间关系亲近的人。

[2] 伊戾（lì）之祸：春秋时期，惠墙伊戾作宋平公太子痤的内师而不受宠信，便伺机陷害太子痤，他伪造楚国使者与太子的盟书，称太子准备作乱，平公信以为真，囚禁了太子痤，太子痤最终冤死在牢中。

[3] 郤（xì）宛之诛：春秋时期，郤宛担任楚国左尹，为人正直，很得人心，遭到费无极的嫉恨。费无极便诬陷郤宛要诛杀令尹子常，子常听信谗言，攻打郤宛，诛杀郤氏一族。

故藂兰欲茂[1]，秋风败之；王者欲明，谗人蔽之。此奸佞之危也。斯二者，危国之本。

【注释】

[1] 藂（cóng）兰：丛生的兰草。藂，同“丛”。

砥躬砺行，莫尚于忠言；败德败正，莫逾于谗佞。今人颜貌同于目际[1]，犹不自瞻，况是非在于无形，奚能自睹？何则？饰其容者，皆解窥于明镜[2]；修其德者，不知访于哲人。讵自庸愚[3]，何迷之甚！良由逆耳之辞难受，顺心之说易从。彼难受者，药石之苦喉也；此易从者，鸩毒之甘口也。明王纳谏，病就苦而能消；暗主从谀，命因甘而致殒。可不诫哉！可不诫哉！

【注释】

[1] 目际：眼睛旁边。际，旁边。

[2] 解窥于明镜：从明镜中了解、通过明镜看到。

[3] 讵（jù）：岂。

诫盈第七

夫君者，俭以养性，静以修身。俭则人不劳[1]，静则下不扰。人劳则怨起，下扰则政乖。人主好奇伎淫声、鸷鸟猛兽[2]，游幸无度，田猎不时。如此则徭役烦[3]，徭役烦则人力竭，人力竭则农桑废焉。人主好高台深池，雕琢刻镂，珠玉珍玩，黼黻絺绤[4]。如此则赋敛重，赋敛重则人财遗，人财遗则饥寒之患生焉。乱世之君，极其骄奢，恣其嗜欲。土木衣缇绣[5]，而人短褐不全[6]；犬马厌刍豢[7]，而人糟糠不足[8]。故人神怨愤，上下乖离，佚乐未终[9]，倾危已至。此骄奢之忌也。

【注释】

[1] 人：百姓。唐代避太宗李世民讳，称民为人。

[2] 鸷鸟：凶猛的鸟。鸷，凶猛。

[3] 烦：繁重。

[4] 黼黻（fǔ fú）：绣有华美花纹的礼服。絺绤（chī xì）：葛服。

[5] 绨（tí）绣：赤缯与文绣，泛指华贵的丝织品。

[6] 短褐：粗布短衣。褐，粗布衣服。

[7] 厌：满足，这里指饱食。刍豢（huàn）：精致饲料。

[8] 糟糠：穷人用来充饥的酒渣、米糠等粗劣食物。

[9] 佚乐：悠闲安乐。

崇俭第八

夫圣世之君，存乎节俭。富贵广大，守之以约；睿智聪明，守之以愚。不以身尊而骄人，不以德厚而矜物[1]。茅茨不剪[2]，采椽不斫[3]，舟车不饰，衣服无文[4]，土阶不崇，大羹不和[5]。非憎荣而恶味，乃处薄而行俭。

【注释】

[1] 矜物：傲物。矜，骄傲、自大。

[2] 茅茨不剪：用茅草覆盖屋顶，而且没有修剪整齐。茅茨，用茅草覆盖屋顶。

[3] 采椽不斫（zhuó）：以柞木作屋椽，也不砍削得光滑一些。相传上古帝王俭约，宫室即以此构建。采，柞木。斫，砍削。

[4] 文：通“纹”，花纹。

[5] 大羹：不加任何调料的肉汁。和：调和。

故风淳俗朴，比屋可封[1]。斯二者，荣辱之端。奢俭由人，安危在己。五关近闭[2]，则嘉命远盈；千欲内攻，则凶源外发。是以丹桂抱蠹[3]，终摧荣耀之芳；朱火含烟[4]，遂郁凌云之焰[5]。以是知骄出于志，不节则志倾；欲生于心，不遏则身丧。故桀纣肆情而祸结，尧舜约己而福延，可不务乎？

【注释】

[1] 比屋可封：每家都有可受封爵的德行。比屋，家家户户。

[2] 五关近闭：形容清心寡欲。

[3] 丹桂抱蠹：丹桂树生出蛀虫。丹桂，名贵树木，因香味浓重，常常引来众多蠹虫，将丹桂吸食而死。蠹，蠹虫，蛀蚀器物的虫子。

[4] 朱火含烟：红亮的火苗被细微的烟尘遮挡。朱火，红色的火焰。

[5] 郁：阻滞。

赏罚第九

夫天之育物，犹君之御众。天以寒暑为德，君以仁爱为心。寒暑既调，则时无疾疫；风雨不节，则岁有饥寒。仁爱下施，则人不凋弊；教令失度，则政有乖违。防其害源，开其利本。显罚以威之，明赏以化之。威立则恶者惧，化行则善者劝。适己而妨于道[1]，不加禄焉；逆己而便于国[2]，不施刑焉。故赏者不德君[3]，功之所致也；罚者不怨上，罪之所当也。故《书》曰：无偏无党[4]，王道荡荡。此赏罚之权也。

【注释】

[1] 适己：迎合自己。

[2] 逆己：违背自己。

[3] 德：感激。

[4] 无偏无党：形容处事公正，没有偏向。党，偏私、偏袒。

务农第十

夫食为人天，农为政本。仓廪实则知礼节，衣食足则知廉耻。故躬耕东郊，敬授人时[1]。国无九岁之储，不足备水旱；家无一年之服，不足御寒暑。然而莫不带犊佩牛[2]，弃坚就伪[3]。求什一之利[4]，废农桑之基。以一人耕而百人食，其为害也，甚于秋螟[5]。莫若禁绝浮华，劝课耕织[6]，使人还其本，俗反其真，则竞怀仁义之心[7]，永绝贪残之路，此务农之本也。

斯二者，制俗之机[8]。

【注释】

[1] 敬授人时：颁布历书，使百姓知道时令变化，不误农时。

[2] 带犊佩牛：西汉时渤海郡农民因饥荒而骚乱。龚遂前往治理，不用暴力，只是劝说，见带刀持剑者就说："何不带牛佩犊？"让他们卖掉刀剑，购买牛犊，改业归农。

[3] 弃坚就伪：放弃本业而从事虚华不实的事业。

[4] 什一：十分之一。

[5] 螟：螟蛾的幼虫，主要生活在稻茎中，蛀食稻心，危害很大。

[6] 劝课：鼓励与督责。

[7] 竞：争相。

[8] 制俗：纠正风俗。制，纠正。机：关键。

子育黎黔[1]，惟资威惠[2]。惠可怀也[3]，则殊俗归风[4]，若披霜而照春日；威可惧也，则中华慑轨[5]，如履刃而戴雷霆[6]。必须威惠并驰，刚柔两用，画刑不犯[7]，移木无欺[8]。赏罚既明，则善恶斯别；仁信普著，则遐迩宅心[9]。劝穑务农，则饥寒之患塞；遏奢禁丽，则丰厚之利兴。且君之化下，如风偃草[10]，上不节心，则下多逸志[11]；君不约己，而禁人为非，是犹恶火之燃，添薪望其止焰；忿池之浊，挠浪欲止其流，不可得也。莫若先正其身，则人不言而化矣。

【注释】

[1] 子育：抚爱、养育如己子。黎黔：黎民百姓。

[2] 资：给予。威惠：威严和恩惠。

[3] 怀：安抚。

[4] 殊俗归风：指使风俗变纯正。

[5] 慑轨（yuè）：如牛马惧伏于轨。轨，车辕。

[6] 履刃：脚踏刀刃。

[7] 画刑不犯：相传上古时刑律宽缓，在地上画圈，令罪人立圈中以示惩罚。即使他身边空无一人，这个人也决不会提前走出圈子半步。

[8] 移木无欺：商鞅变法时，为使自己的变法主张获得人心，不惜用搬移圆木获得奖赏的办法使天下人信服自己。

[9] 遐迩：远近。宅心：归心。

[10] 如风偃草：指君主推行教化就如同风吹草倒一样，容易推行下去。偃：倒。

[11] 逸志：纵欲放荡之志。

阅武第十一

夫兵甲者，国之凶器也[1]。土地虽广，好战则人彫[2]；邦国虽安，亟战则人殆[3]。彫非保全之术，殆非拟寇之方[4]。不可以全除，不可以常用。故农隙讲武[5]，习威仪也。是以勾践轼蛙[6]，卒成霸业；徐偃弃武[7]，遂以丧邦。何则？越习其威，徐忘其备。孔子曰："不教人战，是谓弃之。"故知弧矢之威[8]，以利天下。此用兵之机也。

【注释】

[1] 凶器：兵器。

[2] 彫：通"凋"，凋敝。

[3] 亟：屡次。

[4] 拟寇：抵御贼寇。

[5] 农隙：农事闲暇的时候。

[6] 勾践轼蛙：越王勾践偶尔在路上遇到一只青蛙在前方胀腹而怒，认为它勇气可嘉，因而让自己的车避让，扶着横木行轼礼，向这只青蛙致敬，借此鼓舞将士的勇气。

[7] 徐偃弃武：西周周穆王时，徐国国君徐偃王一心行仁义之道，废弛军事，终因武备松弛而被楚国攻灭。

[8] 弧矢：弓箭。

崇文第十二

夫功成设乐，治定制礼。礼乐之兴，以儒为本。宏风导俗，莫尚于文；

敷教训人[1]，莫善于学。因文而隆道，假学以光身[2]。不临深溪，不知地之厚；不游文翰[3]，不识智之源。然则质蕴吴竿[4]，非筈羽不美[5]；性怀辨慧，非积学不成。是以建明堂[6]，立辟雍[7]，博览百家，精研六艺，端拱而知天下[8]，无为而鉴古今。飞英声，腾茂实[9]，光于不朽者，其唯学乎？此文术也[10]。斯二者，递为国用[11]。

【注释】

[1] 敷教：布施教化。敷，布施。

[2] 假：借助。光身：显耀自身。

[3] 文翰：文章。

[4] 吴竿：吴地出产的竹竿品质好，端直质劲，可作为良箭杆。

[5] 筈（kuò）：箭尾，射箭时搭在弓弦上的部分。

[6] 明堂：古代帝王宣明政教、举行朝会、祭祀、庆赏、选士、养老、教学等大典的地方。

[7] 辟雍：古代的一种学官，贵族子弟在里面学习礼仪、音乐、舞蹈、诵诗、写作、射箭、骑马、驾车等各种技艺。

[8] 端拱：闲适自得。

[9] 茂实：盛美的德业。

[10] 文术：文教儒术。

[11] 递：交替。

至若长气亘地[1]，成败定乎锋端；巨浪滔天，兴亡决乎一阵。当此之际，则贵干戈而贱庠序[2]。及乎海岳既晏[3]，波尘已清，偃七德之余威[4]，敷九功之大化[5]。当此之际，则轻甲胄而重诗书。是知文武二途，舍一不可；与时优劣，各有其宜。武士儒人，焉可废也。

【注释】

[1] 亘地：遍地。

[2] 庠序：学校，代指教育。

[3] 晏：安定、安乐。

[4] 偃：停止、停息。七德：指武之七德，包括禁暴、戢兵、保人、定功、

安民、和众、丰财。

[5] 敷：传播。九功：即六府三事之功。六府指金木水火土谷，三事指正德、利用、厚生。

此十二条者，帝王之大纲也。安危兴废，咸在兹焉。

人有云，非知之难，惟行之不易；行之可勉，惟终实难。是以暴乱之君，非独明于恶路；圣哲之主，非独见于善途。良由大道远而难遵，邪径近而易践。小人俯从其易，不得力行其难，故祸败及之；君子劳处其难，不能力居其易，故福庆流之。故知祸福无门，惟人所召。欲悔非于既往，惟慎祸于将来。当择圣主为师。毋以吾为前鉴。取法于上，仅得为中；取法于中，故为其下。自非上德，不可效焉。吾在位以来，所制多矣。奇丽服玩，锦绣珠玉，不绝于前，此非防欲也；雕楹刻桷[1]，高台深池，每兴其役，此非俭志也；犬马鹰鹘[2]，无远必致，此非节心也；数有行幸[3]，以亟劳人，此非屈己也。斯事者，吾之深过，勿以兹为是而后法焉。但我济育苍生其益多，平定寰宇其功大，益多损少，人不怨；功大过微，德未亏。然犹之尽美之踪，于焉多愧；尽善之道，顾此怀惭。况汝无纤毫之功，直缘基而履庆[4]？若崇善以广德，则业泰身安；若肆情以从非，则业倾身丧。且成迟败速者，国基也；失易得难者，天位也。可不惜哉？

【注释】

[1] 雕楹刻桷（jué）：形容建筑精巧华丽。楹，房屋的柱子。桷，方形的椽子。

[2] 鹰鹘：鹰与鹘，驯养后可助田猎。

[3] 行幸：指皇帝出行。

[4] 缘基：沿着基垫。履庆：登上天子之位。履，登位。

《温公家范》

司马光（1019—1086），字君实，号迂叟，陕州夏县人。北宋政治家、史学家、文学家。历仕仁宗、英宗、神宗、哲宗四朝。宋神宗时，因反对王安石变法，离开朝廷十五年，主持编纂了中国历史上第一部编年体通史《资治通鉴》。为人处世温良谦恭、刚正不阿，历来受人景仰。

司马光的《温公家范》以修身、治家为纲领，援引《周易》《诗经》《大学》《孝经》《礼记》《内则》等其他史传所述道德准则与相关事迹，具体阐述了个人的自我修养与在家族中应该如何处理各种不同伦理关系的原则，得出家正而天下定、礼为治家之本的中心思想。全书分上下两册，共10卷19篇。书中反映出的司马光的家庭教育思想，譬如和睦家庭、早期教育、树立榜样、不要娇惯溺爱、要遗之以德义等主张，是很有积极意义的，是值得认真借鉴的。该书可以说是继《颜氏家训》之后的又一部影响深远家庭教育著作。

《大学》曰："古之欲明明德于天下者[1]，先治其国；欲治其国者，先齐其家[2]；欲齐其家者，先修其身；欲修其身者，先正其心；欲正其心者，先诚其意；欲诚其意者，先致其知；致知在格物[3]。物格而后知至，知至而后意诚，意诚而后心正，心正而后身修，身修而后家齐，家齐而后国治，国治而后天下平。自天子以至于庶人，一是皆以修身为本。其本乱而末治者，否矣。其所厚者薄，而其所薄者厚[4]，未之有也！"此谓知本，此谓知之至也。所谓治国必先齐其家者，其家不可教而能教人者，无之。故君子不出家而成教于国。孝者所以事君也，弟者所以事长也[5]，慈爱者所以使众也。《诗》云："桃之夭夭，其叶蓁蓁。之子于归，宜其家人。"宜其家人，而后可以教国人。《诗》云："宜兄宜弟。"宜兄宜弟，而后可以教国人。《诗》云："其仪不忒，正是四国。"其为父子，兄弟足法，而后民法之也。此谓治国在齐其家。

【注释】

[1] 明明德：弘扬光明正大的品德。明，弘扬、彰明。明德，光明正大的品德。

[2] 齐其家：整治、治理他的家族。

[3] 格物：探究事物的道理。格，至、到。物，事物。

[4] 其所厚者薄，而其所薄者厚：忽略了应当重视的地方，重视了可以忽略的地方。喻指做事情不分轻重缓急、本末倒置。

[5] 弟：同“悌”，指对兄长恭敬。

《孝经》曰：闺门之内具礼矣乎[1]！严父，严兄。妻子臣妾，犹百姓徒役也[2]。

昔四岳荐舜于尧[3]，曰：“瞽子，父顽、母嚚、象傲[4]。克谐以孝，烝烝乂[5]，不格奸。”帝曰：“我其试哉！女于时[6]，观厥刑于二女[7]。”厘降二女于妫汭[8]，嫔于虞[9]。帝曰：“钦哉！”

《诗》称文王之德曰：“刑于寡妻[10]，至于兄弟，以御于家邦。”此皆圣人正家以正天下者也。降及后世，爰自卿士以至匹夫，亦有家行隆美可为人法者，今采集以为《家范》。

【注释】

[1] 闺门：指家门、家中。

[2] 百姓：指贵族。我国奴隶社会中只有贵族才有姓氏，因此统称为百姓。

[3] 四岳：四方的诸侯长。荐：推荐。

[4] 父顽、母嚚（yín）、象傲：舜的父亲顽固、继母奸诈、弟弟象傲慢。

[5] 烝（zhēng）烝：形容孝德厚美的样子。乂（ài）：治理，这里指有秩序。

[6] 女于时：指把女儿嫁给他。时，通“是”。

[7] 刑：通“型”，作为楷模。

[8] 厘降：指二女由上天赐命而来。妫汭：舜所居之地。

[9] 嫔于虞：嫁给虞舜做妻子。

[10] 寡妻：嫡妻、正妻。

治家

齐晏婴曰[1]：“君令臣共[2]、父慈子孝、兄爱弟敬、夫和妻柔、姑慈妇听[3]，礼也。”君令而不违，臣共而不二，父慈而教，子孝而箴，兄爱而友，弟敬而顺，夫和而义，妻柔而正，姑慈而从，妇听而婉，礼之善物也[4]。

【注释】

[1] 齐晏婴：春秋时期齐国的国相晏子。

[2] 令：美好，善。共：通“恭”，恭敬。

[3] 姑：婆婆。

[4] 善物：善事、好事。

夫治家莫如礼。男女之别，礼之大节也，故治家者必以为先。《礼》：男女不杂坐，不同椸枷[1]，不同巾栉[2]，不亲授受[3]；嫂叔不通问[4]，诸母不漱裳[5]；外言不入于阃，内言不出于阃；女子许嫁，缨[6]。非有大故不入其门。姑姊妹、女子子，已嫁而反，兄弟弗与同席而坐，弗与同器而食。男女非有行媒不相知名[7]，非受币不交不亲[8]，故日月以告君[9]，斋戒以告鬼神，为酒食以召乡党僚友，以厚其别也。

又，男女非祭非丧，不相授器。其相授，则女受以篚[10]；其无篚，则皆坐奠之，而后取之。外内不共井，不共湢浴[11]，不通寝席，不通乞假[12]。

男子入内，不啸不指[13]；夜行以烛，无烛则止。女子出门，必拥蔽其面；夜行以烛，无烛则止。道路，男子由右，女子由左。

又，子生七年，男女不同席[14]，不共食。男子十年，出就外傅，居宿于外[15]。女子十年不出。

又，妇人送迎不出门，见兄弟不逾阈[16]。

又，国君夫人，父母在，则有归宁。没，则使卿宁[17]。

【注释】

[1] 椸枷（yí jiā）：也作“椸架”，是古代的一种衣架。

[2] 巾栉：毛巾和梳子，泛指各种洗漱用具。

[3] 不亲授受：古代伦理规范的一种，指男女之间不能亲手传递东西。

[4] 通问：指像普通人一样相互问候。

[5] 诸母：父亲的妾，庶母。女子的诸位姨娘。漱裳：清洗内衣。

[6] 缨：女子出嫁时佩戴的香囊，用以提醒自己时刻保持自重。

[7] 行媒：指在男女双方之间传递消息的媒人。

[8] 非受币不交不亲：指男女双方在交接聘礼之前，不能有交往和接触。

[9] 日月：这里指确定下来的婚期。

[10] 篚（fěi）：古代一种圆形的竹制盛物容器。

[11] 不共湢（bì）浴：不共用一个浴室洗浴。湢，浴室。

[12] 乞假：借东西。

[13] 不啸不指：古代对男子的行为规范，不允许男子在进入内室时大声喧哗或指指点点。

[14] 男女不同席：指男女不被允许坐在同一张席子上。

[15] 出就外傅，居宿于外：古代男子满十岁后，就会被仆人带到外院居住，由仆人照顾日常起居。

[16] 逾阈（yù）：跨过门槛。阈，门限。

[17] 使卿宁：让卿大夫代替自己回娘家。

鲁公父文伯之母如季氏[1]，康子在其朝，与之言，弗应；从之及寝门，弗应而入。康子辞于朝而入见，曰："肥也不得闻命[2]，无乃罪乎？"曰："寝门之内，妇人治其业焉，上下同之。夫外朝，子将业君之官职焉[3]；内朝[4]，子将庀季氏之政焉[5]，皆非吾所敢言也。"

公父文伯之母，季康子之从祖叔母也。康子往焉，门而与之言，皆不逾阈。仲尼闻之，以为别于男女之礼矣。

【注释】

[1] 如：造访、拜访。

[2] 肥：季孙肥，春秋时期鲁哀公的正卿，谥号"康"，史称"季康子"。

[3] 业：以……为业，履行……的职责。

[4] 内朝：即家朝，是古代卿大夫处理其封邑内日常事务的场所。

[5] 庀（pǐ）：治理、整顿。

宋昭公将去群公子[1]，乐豫曰："不可。公族，公室之枝叶也。若去之则本根无所庇荫矣。葛藟犹能庇其根本，故君子以为比，况国君乎！此谚所谓'庇焉而纵寻斧焉'者也[2]，必不可，君其图之。亲之以德，皆股肱也。谁敢携贰[3]！若之何去之？”昭公不听，果及于乱。

华亥欲代其兄合比为右师，谮于平公而逐之。左师曰：“汝亥也，必亡。汝丧而宗室[4]，于人何有？人亦于汝何有？”既而，华亥果亡。

孔子曰：“不爱其亲而爱他人者，谓之悖德；不敬其亲而敬他人者，谓之悖礼。以顺则逆[5]，民无则焉，不在于善，而皆在于凶。德虽得之，君子不贵也。故欲爱其身而弃其宗族，乌在其能爱身也[6]？”

孔子曰：“均无贫，和无寡，安无倾。”善为家者，尽其所有而均之，虽粝食不饱[7]，敝衣不完，人无怨矣。夫怨之所生，生于自私及有厚薄也。

汉世谚曰：“一尺布尚可缝，一斗粟尚可舂。”言尺布可缝而共衣，斗粟可舂而共食，讥文帝以天下之富，不能容其弟也[8]。

梁中书侍郎裴子野，家贫，妻子常苦饥寒。中表贫乏者，皆收养之。时逢水旱，以二石米为薄粥，仅得遍焉，躬自同之，曾无厌色[9]。此得睦族之道者也。

【注释】

[1] 去：驱逐。

[2] 庇焉而纵寻斧焉：受到它的保护却任由别人用斧子砍掉它。

[3] 携贰：指有二心。

[4] 丧而宗室：破坏、丧失自己的宗室、家族。

[5] 则：效法。

[6] 乌：怎么。

[7] 粝（lì）食：指粗糙的饮食。

[8] 讥文帝以天下之富，不能容其弟也：汉文帝的异母弟淮南王刘长骄横跋扈，不遵皇帝的法令，后来因图谋叛乱事泄被拘，汉文帝赦免他的死罪，废除他的王号，将他发配到蜀郡严道邛邮（今四川雅安），途中刘长绝食而死。后世认为是汉文帝为了天下而诛杀了自己的异母弟刘长。

[9] 曾：一直、最终。

祖

为人祖者，莫不思利其后世。然果能利之者，鲜矣。何以言之？今之为后世谋者，不过广营生计以遗之。田畴连阡陌，邸肆跨坊曲[1]，粟麦盈囷仓[2]，金帛充箧笥[3]，慊慊然求之犹未足[4]，施施然自以为子子孙孙累世用之莫能尽也[5]。然不知以义方训其子，以礼法齐其家。自于数十年中勤身苦体以聚之，而子孙于时岁之间奢靡游荡以散之，反笑其祖考之愚不知自娱，又怨其吝啬，无恩于我，而厉虐之也。始则欺绐攘窃[6]，以充其欲；不足，则立券举债于人，俟其死而偿之[7]。观其意，惟患其考之寿也。甚者至于有疾不疗，阴行鸩毒[8]，亦有之矣。然则向之所以利后世者，适足以长子孙之恶而为身祸也。顷尝有士大夫，其先亦国朝名臣也，家甚富而尤吝啬，斗升之粟、尺寸之帛，必身自出纳[9]，锁而封之。昼而佩钥于身，夜则置钥于枕下，病甚，困绝不知人[10]，子孙窃其钥，开藏室，发箧笥，取其财。其人后苏，即扪枕下，求钥不得，愤怒遂卒。其子孙不哭，相与争匿其财，遂致斗讼。其处女蒙首执牒[11]，自讦于府庭[12]，以争嫁资，为乡党笑。盖由子孙自幼及长，惟知有利，不知有义故也。夫生生之资，固人所不能无，然勿求多余，多余希不为累矣。使其子孙果贤耶，岂蔬粝布褐不能自营，至死于道路乎？若其不贤耶，虽积金满堂，奚益哉？多藏以遗子孙，吾见其愚之甚也。然则贤圣皆不顾子孙之匮乏邪？

曰：何为其然也？昔者圣人遗子孙以德以礼，贤人遗子孙以廉以俭。舜自侧微积德至于为帝，子孙保之，享国百世而不绝。周自后稷、公刘、太王、王季、文王，积德累功，至于武王而有天下。其《诗》曰："诒厥孙谋，以燕翼子[13]。"言丰德泽，明礼法，以遗后世而安固之也。故能子孙承统八百余年，其支庶犹为天下之显，诸侯棋布于海内。其为利岂不大哉！

【注释】

[1] 邸肆跨坊曲：指房屋店铺横跨街道。

[2] 囷（qūn）仓：圆形粮仓。

[3] 箧笥（qiè sì）：一种藏物的竹器（多指箱和笼）。

[4] 慊（qiàn）慊然：形容内心没有得到满足的样子。

[5] 施施然：形容喜悦自得的样子。

[6] 欺绐（dài）攘窃：欺骗盗取家中财物。绐，同“诒”，欺诈。

[7] 俟：等待。

[8] 阴行鸩毒：背地里毒害。

[9] 出纳：支出、收入。

[10] 困绝：指陷入昏迷。

[11] 其处女蒙首执牒：他没出嫁的女儿蒙着脸拿着诉讼书。

[12] 讦：揭发别人的隐私、缺点。

[13] 诒厥孙谋，以燕翼子：把谋略留给他的子孙，让他们能够宴乐、保卫自己。诒，遗留。厥：其，他的。燕，古同“宴”，安闲，安乐。翼，帮助，辅佐。

汉相国萧何，买田宅必居穷僻处，为家不治垣屋[1]，曰：“今后世贤，师吾俭；不贤，无为势家所夺[2]。”

【注释】

[1] 垣屋：有围墙的房屋。

[2] 势家：有势力的人家。

父

曾子曰：“君子之于子，爱之而勿面[1]，使之而勿貌[2]，遵之以道而勿强言；心虽爱之不形于外，常以严庄莅之，不以辞色悦之也。不遵之以道，是弃之也。然强之，或伤恩，故以日月渐摩之也[3]。”

【注释】

[1] 勿面：不表现在脸上。

[2] 貌：通“藐”，藐视，轻视。

[3] 渐摩：慢慢地磨炼。

石碏谏卫庄公曰：“臣闻爱子教之以义方，弗纳于邪。骄奢淫逸，所自邪也。四者之来[1]，宠禄过也[2]。”自古知爱子不知教，使至于危辱乱亡者，可胜数哉！夫爱之，当教之使成人。爱之而使陷于危辱乱亡，乌在其能爱子也？人之爱其子者多曰：“儿幼，未有知耳，俟其长而教之。”是犹养恶木之萌芽，曰‘俟其合抱而伐之’，其用力顾不多哉？又如开笼放鸟而捕之，解缰放马而逐之，曷若勿纵勿解之为易也！

《曲礼》：“幼子常视毋诳[3]。”

“立必正方，不倾听[4]。”

“长者与之提携[5]，则两手奉长者之手。负剑辟咡诏之，则掩口而对[6]。”

【注释】

[1] 来：由来。

[2] 宠禄：给予宠爱和富贵。

[3] 幼子常视毋诳：小孩子要经常予以关注教导，不要让他学会说假话和诳骗。

[4] 立必正方，不倾听：对于孩子从小要教导他站立的时候一定要中正，站有站相，倾听时要毕恭毕敬，不要斜着身子。

[5] 提携：握手、牵手。

[6] 负剑辟咡（èr）诏之，则掩口而对：指古代长辈俯下身与晚辈说话时，晚辈要用手掩着嘴与长辈说话。负，指长者从童子背后俯身言语时，就像童子背负着长者一样。剑，指长者将童子抱在腋下时就像挂着剑一样。辟，侧身。咡，耳边低语。

母

孟轲之母，其舍近墓，孟子之少也，嬉戏为墓间之事，踊跃筑埋。孟母曰：“此非所以居之也。”乃去。舍市傍，其嬉戏为衒卖之事[1]。孟母又曰：“此非所以居之也。”乃徙。舍学宫之傍，其嬉戏乃设俎豆揖让进退[2]。孟母曰：“此真可以居子矣！”遂居之。孟子幼时问东家杀猪何为，母曰：“欲啖汝。”既而悔曰：“吾闻古有胎教，今适有知而欺之，是教之不信。”乃买猪肉食。既长就学，遂成大儒。彼其子尚幼也，固已慎其所习，况已长乎！

【注释】

[1] 衒（xuàn）卖：指商家叫卖或商贩沿街叫卖。

[2] 俎（zǔ）豆：古代祭祀中，用于盛放祭品的两种容器。

齐相田稷子受下吏金百镒[1]，以遗其母。母曰："夫为人臣不忠，是为人子不孝也。不义之财，非吾有也。不孝之子，非吾子也。子起矣[2]。"稷子遂惭而出，反其金而自归于宣王[3]，请就诛。宣王悦其母之义，遂赦稷子之罪，复其位，而以公金赐母。

【注释】

[1] 镒（yì）：古代的重量单位，一说约合今二十两，一说约合今二十四两。后来成为秦汉时期的一种通用货币的名称。

[2] 起：离开原来的位置，这里指田稷子被母亲赶走。

[3] 反：通"返"，返还。

子

《礼》："子事父母，鸡初鸣而起，左右佩服以适父母之所。及所，下气怡声，问衣燠寒[1]，疾痛疴痒，而敬抑搔之。出入则或先或后，而敬扶持之。进盥，少者奉槃[2]，长者奉水，请沃盥，卒，授巾。问所欲而敬进之，柔色以温之。"父母之命，勿逆勿怠。若饮之食之，虽不嗜，必尝而待；加之衣服，虽不欲，必服而待。

又，"子妇无私货，无私畜，无私器[3]。不敢私假，不敢私与。"

又，为人子之礼，冬温而夏凊[4]，昏定而晨省，在丑夷不争[5]。

【注释】

[1] 燠（yù）寒：冷暖。

[2] 槃（pán）：古代用来接水的器具，通"盘"。

[3] 私器：指私人所用的器具。

[4] 冬温而夏凊（qìng）：冬天使父母温暖，夏天使父母凉爽。凊，清凉。

[5] 丑夷：泛指众多平辈人。丑，众。夷，平，指平辈人。

汉谏议大夫江革，少失父，独与母居。遭天下乱，盗贼并起，革负母逃难，备经险阻，常采拾以为养，遂得俱全于难。革转客下邳[1]，贫穷裸跣行[2]，佣以供母，便身之物，莫不毕给。建武末年，与母归乡里，每至岁时，县当案比[3]，革以老母不欲摇动，自在辕中挽车，不用牛马。由是乡里称之曰“江巨孝”。

【注释】

[1] 下邳（pī）：即今江苏睢宁古邳镇。

[2] 跣（xiǎn）：光着脚。

[3] 县当案比：县里清理户口。案比，指汉代的户口登记与核查，是户籍管理的基础。

《礼》：父母有疾，冠者不栉，行不翔[1]，言不惰，琴瑟不御。食肉不至变味，饮酒不至变貌，笑不至矧[2]，怒不詈[3]，疾止复故。

文王之为世子，朝于王季，日三[4]。鸡初鸣而衣服，至于寝门外，问内竖之御者曰[5]：“今日安否？何如？”内竖曰：“安。”文王乃喜。及日中，又至，亦如之。及莫[6]，又至，亦如之。其有不安节，则内竖以告文王。文王色忧，行不能正履。王季复膳，然后亦复初。武王帅而行之[7]，不敢有加焉。文王有疾，武王不脱冠带而养。文王一饭亦一饭，文王再饭亦再饭。旬有二日，乃间[8]。

汉文帝为代王时，薄太后常病。三年，文帝目不交睫[9]，衣不解带，汤药非口所尝弗进。

【注释】

[1] 翔：形容悠闲的样子。

[2] 矧（shěn）：齿龈。

[3] 詈（lì）：斥责、责骂。

[4] 日三：一日三次。

[5] 内竖之御者：宫廷之内负责侍候皇帝起居的人。

[6] 及莫：快到天黑的时候，即傍晚时分。

[7] 帅：效仿。

[8] 间：病愈、痊愈。

[9] 交睫：眼睛的上下睫毛交合到一起，即睡觉。

古之祭礼详矣，不可遍举。孔子曰：“祭如在[1]。”君子事死如事生，事亡如事存。斋三日，乃见其所为斋者。祭之日，乐与哀半，飨之必乐，已至必哀。外尽物，内尽志；入室，僾然必有见乎其位[2]；周还出户，肃然必有闻乎其容声。出户而听，忾然必有闻乎其叹息之声[3]。是故先王之孝也，色不忘乎目，声不绝乎耳，心志嗜欲不忘乎心。致爱则存，致悫则著[4]，著存不忘乎心，夫安得不敬乎！齐齐乎其敬也，愉愉乎其忠也[5]，勿勿乎其欲飨之也。《诗》曰：“神之格思，不可度思，矧可射思[6]。”此其大略也。

【注释】

[1] 祭如在：指祭祀时就像祭祀的对象在跟前一样，态度上要保持庄重肃穆。

[2] 僾（ài）然：仿佛、隐约的样子。

[3] 忾（kài）然：感叹、叹息的样子。

[4] 悫（què）：淳朴谨慎的样子。

[5] 愉愉：形容和顺、和悦的样子。

[6] 神之格思，不可度思，矧可射思：神灵降临是不可预测的事情，怎么可以懈怠不敬重呢？格，来临、降临。思，语气词。矧，况且。射，神情厌倦、态度懈怠。

或曰：“子孝矣而父母不爱，如之何？”曰：“责己而已。昔舜父顽、母嚚、象傲[1]，日以杀舜为事。舜往于田，日号泣于旻天[2]。于父母负罪引慝[3]，祗载见瞽瞍[4]，夔夔斋栗[5]，瞽瞍亦允[6]。若诚之至也，如瞽瞍者犹信而顺之，况不至是者乎？”

【注释】

[1] 嚚（yín）：指人愚蠢而顽固不化的样子。

[2] 旻（mín）天：古代人在秋天时对上天的称呼。

[3] 负罪引慝（tè）：指引咎自责。慝，罪恶。

[4] 祇（zhī）：指恭敬的样子。

[5] 夔夔斋栗：形容因害怕而惶恐不安、战战兢兢的样子。

[6] 允：接纳，指瞽瞍与舜父子和好。

女

汉文帝时，有人上书，齐太仓令淳于意有罪，当刑，诏狱逮系长安。意有五女，随而泣。意怒，骂曰："生女不生男，缓急无可使者。"于是少女缇萦伤父之言，乃随父西，上书曰："妾父为吏，齐中称其廉平，今坐法当刑。妾切痛死者不可复生，而刑者不可复属，虽欲改过自新，其道莫由，终不可得。妾愿入身为官婢，以赎父刑罪，便得改行自新也。"书闻，上悲其意。此岁中亦除肉刑法[1]。缇萦一言而善，天下蒙其泽，后世赖其福，所及远哉。

【注释】

[1] 肉刑：有广义和狭义之分，广义上泛指古代施加于罪犯或犯过错者肉体的各种刑罚，狭义上则主要指黥、劓、刖、宫、大辟五种刑罚。汉文帝之后，狭义上的前三种刑罚被彻底废除。

兄弟

吴太伯及弟仲雍，皆周太王之子，而王季历之兄也。季历贤，而有圣子昌，太王欲立季历以及昌。于是太伯、仲雍二人乃奔荆蛮，文身断发，示不可用[1]，以避季历。季历果立，是为王季，而昌为文王。太伯之奔荆蛮，自号句吴[2]。荆蛮义之，从而归之千余家，立为吴太伯。子曰："太伯，其可谓至德也已矣，三以天下让，民无得而称焉。"

伯夷、叔齐，孤竹君之二子也。父欲立叔齐。及父卒，叔齐让伯夷。伯夷曰："父命也。"遂逃去。叔齐亦不肯立而逃之。国人立其中子[3]。

【注释】

[1] 示不可用：表示自己已伤残了发肤，不能再即君位。

[2] 句（gōu）吴：指吴太伯在归从先吴族群起，至被拥立为吴君前的自封称号，使用时间很短。

[3] 中子：古代兄弟排行按“伯、仲、叔、季”的次序排列，“中子”即指排行第二的男子。

夫妻

夫妇之道，天地之大义，风化之本原也，可不重欤[1]！《易》：“艮下兑上，咸。彖曰：止而说[2]，男下女，故取女吉也。巽下震上，恒。彖曰：刚上而柔下，雷风相与。”盖久常之道也。是故礼，婿冕而亲迎，御轮三周，所以下之也。既而婿乘车先行，妇车从之，反尊卑之正也。《家人》：“初九，闲有家，悔亡。”正家之道，靡不在初。初而骄之，至于狼犺[3]，浸不可制[4]，非一朝一夕之所致也。昔舜为匹夫，耕渔于田泽之中，妻天子之二女[5]，使之行妇道于翁姑，非身率以礼义，能如是乎？

【注释】

[1] 重：重视。

[2] 止而说：这里是指咸卦的卦象，咸卦上兑下艮，艮代表山，有“止息”的意思，兑代表水泽、湖泊，有“喜悦”的意思。说，通“悦”，喜悦、高兴。

[3] 狼犺（kàng）：指行为像野兽一样。

[4] 浸不可制：指行为上放纵日久，难以约束。

[5] 妻：娶妻。

《礼》，自天子至于命士[1]，媵妾皆有数[2]，惟庶人无之，谓之匹夫匹妇[3]。是故《关雎》美后妃[4]，乐得淑女以配君子，慕窈窕，思贤才，而无伤淫之心。至于《樛木》《螽斯》《桃夭》《芣苢》《小星》，皆美其无妒忌之行。文母十子[5]，众妾百斯男，此周之所以兴也。诗人美之。然则妇人之美，无如不妒矣。

【注释】

[1] 命士：古代称受有爵命的士。

[2] 媵（yìng）妾：泛指妻妾。

[3] 匹夫匹妇：泛指平民男女。

[4] 美：以……为美。

[5] 文：指周文王。

晋文公避骊姬之难[1]，适齐。齐桓公妻之，有马二十乘，公子安之。从者以为不可，将行，谋于桑下，蚕妾在其上[2]，以告姜氏。姜氏杀之，而谓公子曰："子有四方之志？其闻之者，吾杀之矣！"公子曰："无之。"姜曰："行也，怀与安[3]，实败名。公子不可。"姜与子犯谋[4]，醉而遣之，卒成霸功。

【注释】

[1] 骊姬之难：晋献公的宠姬骊姬为了让自己的儿子奚齐继承君位，设计逼死太子申生，又设计迫使夷吾、重耳流亡，由此引发了长达数十年的动乱，史称"骊姬之乱"，也称"骊姬之难"。

[2] 蚕妾：古代宫廷中负责采摘桑叶养蚕的侍女。

[3] 怀与安：指男子眷恋家室、贪图安逸而胸无大志的样子。

[4] 子犯：即狐偃，春秋时期晋国大夫，重耳的舅舅，曾跟随重耳一起逃亡。

《袁氏世范》

袁采，衢州人，南宋孝宗隆兴元年（1163）进士，后官至监登闻鼓院，掌管军民上书鸣冤等事宜，即负责受理民间人士的上诉、举告、请愿、自荐、议论军国大事等方面给朝廷的进状。他自幼受儒家影响，人品才德俱佳。进入仕途以后，袁采以儒家之道理政，以廉明刚直著称于世，而且很重视教化一方。在任温州乐清县县令时，他感慨当年子思在百姓中宣传中庸之道的做法，于是撰写《袁氏世范》一书用来践行伦理教育，美化风俗习惯。

《袁氏世范》分《睦亲》《处己》《治家》3 篇。《睦亲》共 60 则，对如何处理父子、兄弟、夫妇、妯娌、子侄等各种家庭成员关系作了剖析，解释了家人不和的原因以及由此会引发的危害，阐明了怎样解决家人亲戚间的矛盾而和睦相处的多个准则。《处己》有 55 则，言及立身、处世、言行、交游之道。《治家》共 72 则，讲述的是持家兴业的一些经验。

一 睦亲篇

性不可以强合

人之至亲，莫过于父子兄弟。而父子兄弟有不和者，父子或因于责善[1]，兄弟或因于争财。有不因责善、争财而不和者，世人见其不和，或就其中分别是非而莫名其由。盖人之性，或宽缓，或褊急[2]；或刚暴，或柔懦；或严重，或轻薄；或持检，或放纵；或喜闲静，或喜纷拏[3]；或所见者小，或所见者大，所禀自是不同。父必欲子之性合于己，子之性未必然；兄必欲弟之性合于己，弟之性未必然。其性不可得而合，则其言行亦不可得而合。此父子兄弟不和之根源也。况凡临事之际，一以为是，一以为非；一以为当先，一以为当后；一以为宜急，一以为宜缓，其不齐如此。若互欲同于己，必致于争论，争论不胜，至于再三，至于十数，则不和之情自兹而启[4]，或至于终身失欢。若悉悟此理，为父兄者通情于子弟，而不责子弟之同于己；为子弟者，仰承于父兄，而不望父兄惟己之听，则处事之际，必相和协，无乖争之患。孔子曰：“事父母，几谏[5]，见志不从，又敬不违，劳而不怨。”此圣人教人和家之要术也，宜孰思之。

【注释】

[1] 责善：要求从善。

[2] 褊急：偏激急躁。

[3] 拏（ná）：纷争。

[4] 兹：通“滋”，滋生。

[5] 几谏：委婉而和气地劝说。

人必贵于反思

人之父子，或不思各尽其道，而互相责备者，尤启不和之渐也。若各能反思，则无事矣。为父者曰：“吾今日为人之父，盖前日尝为人之子矣。凡吾前日事亲之道，每事尽善，则为子者得于见闻，不待教诏而知效。倘吾前日事亲之道有所未善，将以责其子，得不有愧于心！”为子者曰：“吾今日为人之子，则他日亦当为人之父。今吾父之抚育我者如此，畀付我者如此[1]，亦云厚矣。他日吾之待其子，不异于吾之父，则可以俯仰无愧。若或不及，非惟有负于其子，亦何颜以见其父？”然世之善为人子者，常善为人父，不能孝其亲者，常欲虐其子。此无他，贤者能自反[2]，则无往而不善；不贤者不能自反，为人子则多怨，为人父则多暴。然则自反之说，惟贤者可以语此。

【注释】

[1] 畀付：赐予、给予。

[2] 自反：自己反省。

父子贵慈孝

慈父固多败子，子孝而父或不察。盖中人之性，遇强则避，遇弱则肆[1]。

父严而子知所畏，则不敢为非；父宽则子玩易[2]，而恣其所行矣。子之不肖，父多优容；子之愿悫[3]，父或责备之无已。惟贤智之人即无此患。至于兄友而弟或不恭，弟恭而兄或不友；夫正而妇或不顺，妇顺而夫或不正，亦由此强即彼弱，此弱即彼强，积渐而致之[4]。为人父者，能以他人之不肖子喻己子；为人子者，能以他人之不贤父喻己父[5]，则父慈而子愈孝，子孝而父益慈，无偏胜之患矣[6]。至于兄弟、夫妇，亦各能以他人之不及者喻之，则何患不友、恭、正、顺者哉！

【注释】

[1] 肆：放肆、放纵。

[2] 玩易：没有约束。

[3] 愿悫（què）：朴实、诚实。

[4] 积渐：渐渐积累。

[5] 喻：将两者加以比较。

[6] 偏胜：指一方超过另一方。

宽忍处家

自古人伦，贤否相杂。或父子不能皆贤；或兄弟不能皆令[1]；或夫流荡，或妻悍暴；少有一家之中无此患者，虽圣贤亦无如之何。譬如身有疮痍疣赘[2]，虽甚可恶，不可决去，惟当宽怀处之。能知此理，则胸中泰然矣。古人所以谓父子、兄弟、夫妇之间人所难言者如此。

【注释】

[1] 令：美好和睦。

[2] 疣：指痈疽疮毒，一种皮肤病。

人贵能处忍

人言居家久和者，本于能忍。然知忍而不知处忍之道，其失尤多。盖忍或有藏蓄之意。人之犯我，藏蓄而不发，不过一再而已。积之既多，其发也，如洪流之决，不可遏矣。不若随而解之[1]，不置胸次[2]。曰：此其不思尔。曰：此其无知尔。曰：此其失误尔。曰：此其所见者小尔。曰：此其利害宁几何。不使之入于吾心，虽日犯我者十数，亦不至形于言而见于色，然后见忍之功效为甚大，此所谓善处忍者。

【注释】

[1] 随而解之：即时化解。

[2] 次：中间。

亲戚不可失欢

骨肉之失欢，有本于至微而终至不可解者。止由失欢之后，各自负气，不肯先下尔。朝夕群居，不能无相失。相失之后[1]，有一人能先下气，与之话言，则彼此酬复[2]，遂如平时矣。宜深思之。

【注释】

[1] 失：错误，这里指矛盾。

[2] 酬复：应答，形容关系和睦。

顺适老人意

年高之人，作事有如婴孺，喜得钱财微利；喜受饮食、果实小惠；喜与孩童玩狎[1]。为子弟者，能知此而顺适其意，则尽其欢矣。

【注释】

[1] 玩狎：玩耍。

孝行贵诚笃

人之孝行，根于诚笃[1]。虽繁文末节不至，亦可以动天地、感鬼神。

尝见世人有事亲不务诚笃，乃以声音笑貌缪为恭敬者，其不为天地鬼神所诛则幸矣，况望其世世笃孝而门户昌隆者乎！苟能知此，则自此而往，与物应接，皆不可不诚。有识君子，试以诚与不诚者较其久远，效验孰多？

【注释】

[1] 诚笃：诚实厚道。

人不可不孝

人当婴孺之时，爱恋父母至切。父母于其子婴孺之时，爱念尤厚，抚育无所不至。盖由气血初分，相去未远，而婴孺声音笑貌自能取爱于人。亦造物者设为自然之理，使之生生不穷。虽飞走微物亦然[1]，方其子初脱胎卵之际，乳饮哺啄必极其爱。有伤其子，则护之不顾其身。然人于既长之后，分稍严而情稍疏。父母方求尽其慈，子方求尽其孝。飞走之属稍长则母子不相识认，此人之所以异于飞走也。然父母于其子幼之时，爱念抚育，有不可以言尽者。子虽终身承颜致养，极尽孝道，终不能报其少小爱念抚育之恩，况孝道有不尽者。凡人之不能尽孝道者，请观人之抚育婴孺，其情爱如何，终当自悟。亦犹天地生育之道，所以及人者至广至大，而人之报天地者何在？有对虚空焚香跪拜，或召羽流斋醮上帝[2]，则以为能报天地，果足以报其万分之一乎？况又有怨咨乎天地者[3]，皆不能反思之罪也。

【注释】

[1] 飞走微物：飞禽走兽和昆虫等小动物。

[2] 羽流：指道士。斋醮：俗称“道场”，是道教祭告神灵、祈求消灾赐福的一种仪式。

[3] 怨咨：怨恨叹息。

父母不应宠溺子女

人之有子，多于婴孺之时爱忘其丑。恣其所求，恣其所为。无故叫号，不知禁止，而以罪保母。陵轹同辈[1]，不知戒约，而以咎他人。或言其不然，则曰小未可责。日渐月渍，养成其恶，此父母曲爱之过也。及其年齿渐长，爱心渐疏，微有疵失，遂成憎怒，摭其小疵以为大恶[2]。如遇亲故，装饰巧辞，历历陈数，断然以大不孝之名加之。而其子实无他罪，此父母妄憎之过也。爱憎之私，多先于母氏，其父若不知此理，则徇其母氏之说，牢不可解。为父者须详察此。子幼必待以严，子壮无薄其爱。

【注释】

[1] 陵轹：欺负，欺压。

[2] 摭（zhí）：拾取，摘取。

子弟须使有业

人之有子，须使有业。贫贱而有业，则不至于饥寒；富贵而有业，则不至于为非。凡富贵之子弟，耽酒色，好博弈，异衣服，饰舆马，与群小为伍，以至破家者，非其本心之不肖，由无业以度日，遂起为非之心。小人赞其为非，则有餔啜钱财之利[1]，常乘间而翼成之[2]。子弟痛宜省悟。

【注释】

[1] 餔：各种美食。

[2] 翼成：助成，助长。

子弟不可废学

大抵富贵之家教子弟读书，固欲其取科第及深究圣贤言行之精微。然命有穷达，性有昏明，不可责其必到，尤不可因其不到而使之废学。盖子弟知书，自有所谓无用之用者存焉。史传载故事，文集妙词章，与夫阴阳、卜筮、方技、小说[1]，亦有可喜之谈，篇卷浩博，非岁月可竟。子弟朝夕于其间，自有资益，不暇他务。又必有朋旧业儒者，相与往还谈论，何至饱食终日，无所用心，而与小人为非也。

【注释】

[1] 方技：有关医药养生的知识。

教子当在幼

人有数子，饮食、衣服之爱不可不均一；长幼尊卑之分，不可不严谨；贤否是非之迹，不可不分别。幼而示之以均一，则长无争财之患；幼而责之以严谨，则长无悖慢之患[1]；幼而教之以是非分别，则长无为恶之患。今人之于子，喜者其爱厚，而恶者其爱薄。初不均平，何以保其他日无争？少或犯长，而长或陵少，初不训责，何以保其他日不悖？贤者或见恶，而不肖者或见爱，初不允当，何以保其他日不为恶？

【注释】

[1] 悖慢：违逆不敬，背理傲慢。

父母爱子贵均

人之兄弟不和而至于破家者，或由于父母憎爱之偏，衣服饮食，言语动静，必厚于所爱而薄于所憎。见爱者意气日横[1]，见憎者心不能平。积久之后，遂成深仇。所谓爱之，适所以害之也。苟父母均其所爱，兄弟自相和睦，可以两全，岂不甚善！

【注释】

[1] 横：骄横。

父母常念子贫

父母见诸子中有独贫者，往往念之，常加怜恤，饮食衣服之分或有所偏私，子之富者或有所献，则转以与之。此乃父母均一之心。而子之富者或以为怨，此殆未之思也[1]，若使我贫，父母必移此心于我矣。

【注释】

[1] 殆：大概，几乎。

父母多爱幼子

同母之子，而长者或为父母所憎，幼者或为父母所爱，此理殆不可晓。窃尝细思其由，盖人生一二岁，举动笑语自得人怜，虽他人犹爱之，况父母乎？才三四岁至五六岁，恣性啼号，多端乖劣，或损动器用，冒犯危险，凡举动言语皆人之所恶。又多痴顽，不受训诫，故虽父母亦深恶之。方其长者可恶之时，正值幼者可爱之日，父母移其爱长者之心而更爱幼者，其憎爱之心从此而分，遂成迤逦[1]。最幼者当可恶之时，下无可爱之者，父母爱无所移，遂终爱之，其势或如此。为人子者，当知父母爱之所在，长者宜少让，幼者宜自抑。为父母者又须觉悟，稍稍回转，不可任意而行，使长者怀怨而幼者纵欲，以致破家可也。

【注释】

[1] 迤逦：曲折连绵。

舅姑当奉承

凡人之子，性行不相远，而有后母者，独不为父所喜。父无正室而有宠婢者亦然。此固父之昵于私爱，然为子者要当一意承顺，则天理久而自协。凡人之妇，性行不相远，而有小姑者独不为舅姑所喜[1]。此固舅姑之爱偏，然为儿妇者要当一意承顺，则尊长久而自悟。或父或舅姑终于不察，则为子为妇无可奈何，加敬之外，任之而已。

【注释】

[1] 小姑：丈夫的妹妹。舅姑：指公公和婆婆。

同居贵怀公心

兄弟子侄同居至于不和，本非大有所争。由其中有一人设心不公，为己稍重，虽是毫末，必独取于众，或众有所分，在己必欲多得。其他心不能平，遂启争端，破荡家产。驯小得而致大患[1]。若知此理，各怀公心，取于私则皆取于私，取于公则皆取于公。众有所分，虽果实之属，直不数十文，亦必均平，则亦何争之有！

【注释】

[1] 驯小得：贪图小便宜。

同居长幼贵和

兄弟子侄同居，长者或恃其长，陵轹卑幼。专用其财，自取温饱，因而成私。簿书出入不令幼者预知[1]，幼者至不免饥寒，必启争端。或长者处事至公，幼者不能承顺，盗取其财，以为不肖之资，尤不能和。若长者总持大纲，幼者分干细务，长必幼谋，幼必长听，各尽公心，自然无争。

【注释】

[1] 簿书：账簿。

分析财产贵公当

朝廷立法，于分析一事非不委曲详悉[1]，然有果是窃众营私，却于典卖契中，称系妻财置到[2]，或诡名置产[3]，官中不能尽行根究。又有果是起于贫寒，不因父祖资产自能奋立，营置财业。或虽有祖宗财产，不因于众，别自殖立私产，其同宗之人必求分析。至于经县、经州、经所在官府累十数年，各至破荡而后已。若富者能反思，果是因众成私，不分与贫者，于心岂无所慊[4]！果是自置财产，分与贫者，明则为高义，幽则为阴德，又岂不胜如连年争讼，妨废家务，及资备裹粮，资绝证佐，与嘱托吏胥，贿赂官员之徒废耶？贫者亦宜自思，彼实窃众，亦由辛苦营运以至增置[5]，岂可悉分有之？况实彼之私财，而吾欲受之，宁不自愧？苟能知此，则所分虽微，必无争讼之费也。

【注释】

[1] 分析：指分配资产。

[2] 妻财置到：妻子的私产。

[3] 诡名：化名。

[4] 慊：心存愧疚。

[5] 增置：增添，添设。这里指增值。

同居不必私藏金宝

人有兄弟子侄同居，而私财独厚，虑有分析之患者，则买金银之属而深藏之，此为大愚。若以百千金银计之，用以买产，岁收必十千。十余年后，所谓百千者，我已取之，其分与者，皆其息也，况百千又有息焉！用以典质营运，三年而其息一倍[1]，则所谓百千者，我已取之，其分与者皆其息也，况又三年再倍，不知其多少，何为而藏之箧笥[2]，不假此收息以利众也[3]！余见世人有将私财假于众，使之营家而止取其本者，其家富厚，均及兄弟子侄，绵绵不绝，此善处心之报也。

亦有窃盗众财，或寄妻家，或寄内外姻亲之家，终为其人用过，不敢取索及取索而不得者多矣。亦有作妻家、姻亲之家置产，为其人所掩有者多矣。亦有作妻名置产，身死而妻改嫁，举以自随者亦多矣。

凡百君子，幸详鉴此，止须存心。

【注释】

[1] 息：利息。

[2] 箧笥：藏物的竹器（多指箱子和笼子），在古代一般是用来收藏文书或衣物的器具。

[3] 假：利用。

兄弟贵相爱

兄弟义居[1]，固世之美事。然其间有一人早亡，诸父与子侄其爱稍疏，其心未必均齐。为长而欺瞒其幼者有之，为幼而悖慢其长者有之。顾见义居而交争者，其相疾有甚于路人。前日之美事，乃甚不美矣。故兄弟当分，宜早有所定。兄弟相爱，虽异居异财，亦不害为孝义。一有交争，则孝义何在？

【注释】

[1] 义居：旧时专指孝义之家世代同居。

同居相处贵宽

同居之人，有不贤者，非理以相扰，若间或一再，尚可与辩。至于百无一是，且朝夕以此相临，极为难处。同乡及同官亦或有此，当宽其怀抱[1]，以无可奈何处之。

【注释】

[1] 宽：开阔。

友爱弟侄

父之兄弟，谓之伯父、叔父；其妻，谓之伯母、叔母。服制减于父母一等者[1]，盖谓其抚字教育有父母之道[2]，与亲父母不相远。而兄弟之子谓之犹子[3]，亦谓其奉承报孝，有子之道，与亲子不相远。故幼而无父母者，苟有伯叔父母，则不至无所养；老而无子孙者，苟有犹子，则不至于无所归。此圣王制礼立法之本意。

今人或不然，自爱其子，而不顾兄弟之子。又有因其无父母，欲兼其财，百端以扰害之，何以责其犹子之孝？故犹子亦视其伯叔父母如仇雠矣。

【注释】

[1] 服制：古代按身份等级制定的丧服制度。

[2] 抚字：抚养，抚育。

[3] 犹子：指侄子侄女。

和兄弟教子善

人有数子，无所不爱，而于兄弟则相视如仇雠。往往其子因父之意遂不礼于伯父、叔父者。殊不知己之兄弟即父之诸子，己之诸子，即他日之兄弟。我于兄弟不和，则我之诸子更相视效，能禁其不乖戾否[1]？

子不礼于伯叔父，则不孝于父亦其渐也。故欲吾之诸子和同，须以吾之处兄弟者示之。欲吾子之孝于己，须以其善事伯叔父者先之。

【注释】

[1] 乖戾：乖僻暴戾。

背后之言不可听

凡人之家，有子弟及妇女，好传递言语，则虽圣贤同居，亦不能不争。且人之做事不能皆是，不能皆合他人之意，宁免其背后评议？背后之言，人不传递，则彼不闻知，宁有忿争[1]？惟此言彼闻，则积成怨恨。况两递其言，又从而增易之，两家之怨至于牢不可解。惟高明之人有言不听，则此辈自不能离间其所亲。

【注释】

[1] 忿争：纷争。

亲戚不宜频假贷

房族亲戚邻居，其贫者财有所阙[1]，必请假焉[2]。虽米、盐、酒、醋计钱不多，然朝夕频频，令人厌烦。如假借衣服、器用，既为损污，又因以质钱[3]。借之者历历在心，日望其偿；其借者非惟不偿，又行常自若，且语人曰："我未尝有纤毫假贷于他。"此言一达，岂不招怨怒。

【注释】

[1] 阙：缺失。

[2] 假：借用。

[3] 质钱：典当东西来换钱。

亲旧贫者随力周济

应亲戚故旧有所假贷，不若随力给与之。言借，则我望其还，不免有所索。索之既频，而负偿"冤主"反怒曰："我欲偿之，以其不当频索，则姑已之[1]。"方其不索，则又曰："彼不下气问我，我何为而强还之？"故索亦不偿，不索亦不偿，终于交怨而后已。

盖贫人之假贷，初无肯偿之意，纵有肯偿之意，亦由何得偿？或假贷作经营，又多以命穷计绌而折阅[2]。方其始借之时，礼甚恭，言甚逊，其感恩之心可指日以为誓。至他日责偿之时，恨不以兵刃相加。凡亲戚故旧，因财成怨者多矣。

俗谓："不孝怨父母，欠债怨财主。"不若念其贫，随吾力之厚薄，举以与之。则我无责偿之念[3]，彼亦无怨于我。

【注释】

[1] 姑：姑且、暂时。

[2] 折阅：赔本。

[3] 责：通"债"，债务。

子弟常宜关防

子弟有过，为父祖者多不自知，贵宦尤甚。盖子孙有过[1]，多掩蔽父祖之耳目。外人知之，窃笑而已，不使其父祖知之。至于乡曲贵宦[2]，人之进见有时，称道盛德之不暇，岂敢言其子孙之非！况又自以子孙为贤，而以人言为诬，故子孙有弥天之过而父祖不知也。间有家训稍严，而母氏犹有庇其子之恶，不使其父知之。

【注释】

[1] 盖：大概，表原因。

[2] 乡曲：乡里之部曲。

子弟贪缪勿使仕宦

子弟有愚缪贪污者[1]，自不可使之仕宦。古人谓治狱多阴德[2]，子孙当有兴者，谓利人而人不知所自则得福。今其愚缪，必以狱讼事悉委胥辈[3]，改易事情，庇恶陷善，岂不与阴德相反！古人又谓我多阴谋，道家所忌，谓害人而人不知所自，则得祸。今其贪污，必与胥辈同谋，货鬻公事[4]，以曲为直，人受其冤无所告诉，岂不谓之阴谋！士大夫试历数乡曲三十年前宦族，今能自存者仅有几家？皆前事所致也。有远识者必信此言。

【注释】

[1] 愚缪：愚笨、笨拙。

[2] 治狱：审理案件。

[3] 胥辈：小官吏。

[4] 货鬻：出售货物。

家业兴替系子弟

同居父兄子弟善恶贤否相半[1]，若顽很刻薄不惜家业之人先死，则其家兴盛未易量也；若慈善长厚勤谨之人先死，则其家不可救矣。谚云：“莫言家未成，成家子未生；莫言家未破，破家子未大。”亦此意也。

【注释】

[1] 否：指不贤。

男女不可幼议婚

人之男女，不可于幼小之时便议婚姻。大抵女欲得托，男欲得偶，若论目前，悔必在后。盖富贵盛衰，更迭不常；男女之贤否，须年长乃可见。若早议婚姻，事无变易，固为甚善，或昔富而今贫，或昔贵而今贱，或所议之婿流荡不肖[1]，或所议之女很戾不检[2]。从其前约则难保家，背其前约则为薄义，而争讼由之以兴，可不戒哉！

【注释】

[1] 流荡：放荡，不受约束。

[2] 很戾不检：乖戾且不检点。很，通“狠”。

议亲贵人物相品

男女议亲，不可贪其阀阅之高[1]，资产之厚。苟人物不相当，则子女终身抱恨，况又不和而生他事者乎！

【注释】

[1] 阀阅：门第、家世。

媒妁之言不可信

古人谓周人恶媒，以其言语反复。给女家则曰男富[1]，给男家则曰女美，近世尤甚。给女家则曰男家不求备礼，且助出嫁遣之资；给男家则厚许其所迁之贿[2]，且虚指数目。若轻信其言而成婚，则责恨见欺，夫妻反目，至于仳离者有之[3]。大抵嫁娶固不可无媒，而媒者之言不可尽信。如此，宜谨察于始。

【注释】

[1] 绐：古同“诒”，欺骗。

[2] 所迁之贿：指嫁资。

[3] 仳（pǐ）离：分离，离散。

分给财产务均平

父祖高年，怠于管干[1]，多将财产均给子孙。若父祖出于公心，初无偏曲[2]，子孙各能戮力[3]，不事游荡，则均给之后，既无争讼，必致兴隆。若父祖缘有过房之子[4]，缘有前母后母之子，缘有子亡而不爱其孙，又有虽是一等子孙，自有憎爱，凡衣食财物所及，必有厚薄，致令子孙力求均给，其父、祖又于其中暗有轻重，安得不起他日争端。

【注释】

[1] 管干：管理。

[2] 偏曲：偏向一方。

[3] 戮力：竭尽所能。

[4] 过房：过继。无子而以兄弟或同宗之子为后嗣。

遗嘱公平维后患[1]

遗嘱之文皆贤明之人为身后之虑。然亦须公平，乃可以保家。如劫于悍妻黠妾[2]，因于后妻爱子中有偏曲厚薄，或妄立嗣，或妄逐子，不近人情之事，不可胜数，皆所以兴讼破家也[3]。

【注释】

[1] 维：考虑。

[2] 悍妻黠妾：剽悍又狡猾的妻妾。

[3] 兴讼：发生诉讼、打官司。

遗嘱之文宜预为

父祖有虑子孙争讼者，常欲预为遗嘱之文，而不知风烛不常[1]，因循不决[2]，至于疾病危笃，虽心中尚了然，而口不能言，手不能动，饮恨而死者多矣。况有神识昏乱者乎！

【注释】

[1] 风烛：比喻快要死的人。

[2] 因循：拖延。

三 处己篇

人之智识有高下

人之智识固有高下，又有高下殊绝者。高之见下，如登高望远，无不尽见；下之视高，如在墙外欲窥墙里。若高下相去差近犹可与语；若相去远甚，不如勿告，徒费口颊尔[1]。譬如弈棋，若高低止较三五着，尚可对弈，国手与未识筹局之人对弈[2]，果何如哉？

【注释】

[1] 口颊：口舌。

[2] 筹局：棋局。

处富贵不宜骄傲

富贵乃命分偶然，岂宜以此骄傲乡曲！若本自贫窭[1]，身致富厚，本自寒素，身致通显，此虽人之所谓贤，亦不可以此取尤于乡曲[2]。若因父祖之遗资而坐享肥浓[3]，因父祖之保任而驯致通显[4]，此何以异于常人！其间有欲以此骄傲乡曲，不亦羞而可怜哉！

【注释】

[1] 贫窭：贫穷，穷苦。

[2] 取尤：招致怨恨。

[3] 肥浓：优越的生活。

[4] 驯致：逐渐达到。驯，逐渐。通显：形容官位高、名声大。

礼不可因人分轻重

世有无知之人，不能一概礼待乡曲。而因人之富贵贫贱设为高下等级。见有资财有官职者则礼恭而心敬。资财愈多，官职愈高，则恭敬又加焉。至视贫者、贱者，则礼傲而心慢，曾不少顾恤。殊不知彼之富贵，非我之荣，彼之贫贱，非我之辱，何用高下分别如此！长厚有识君子必不然也[1]。

【注释】

[1] 长厚：恭谨宽厚。

穷达自两途

操履与升沉[1]，自是两途。不可谓操履之正，自宜荣贵，操履不正，自宜困厄。若如此，则孔、颜应为宰辅，而古今宰辅达官，不复小人矣。盖操履自是吾人当行之事，不可以此责效于外物[2]。责效不效，则操履必怠，而所守或变，遂为小人之归矣。今世间多有愚蠢而享富贵，智慧而居贫寒者，皆自有一定之分，不可致诘[3]。若知此理，安而处之，岂不省事。

【注释】

[1] 操履：操守。升沉：官职的升降。

[2] 责效：求取成效。

[3] 致诘：追究，推究。

世事更变皆天理

世事多更变，乃天理如此。今世人往往见目前稍稍荣盛，以为此生无足虑，不旋踵而破坏者多矣[1]。大抵天序十年一换甲[2]，则世事一变。今不须广论久远，只以乡曲十年前、二十年前比论目前，其成败兴衰何尝有定势！世人无远识，凡见他人兴进及有如意事则怀妒，见他人衰退及有不如意事则讥笑。同居及同乡人最多此患。若知事无定势，则自虑之不暇，何暇妒人笑人哉！

【注释】

[1] 旋踵：掉转脚跟，形容时间非常短。

[2] 天序：天干。甲：天干的第一位。

人生劳逸常相若

应高年飨富贵之人[1]，必须少壮之时尝尽艰难，受尽辛苦，不曾有自少壮飨富贵安逸至老者。早年登科及早年受奏补之人[2]，必于中年龃龉不如意[3]，却于暮年方得荣达。或仕宦无龃龉，必其生事窘薄，忧饥寒，虑婚嫁。若早年宦达，不历艰难辛苦，及承父祖生事之厚，更无不如意者，多不获高寿。造物乘除之理类多如此。其间亦有始终飨富贵者，乃是有大福之人，亦千万人中间有之，非可常也。今人往往机心巧谋，皆欲不受辛苦，即飨富贵至终身。盖不知此理，而又非理计较，欲其子孙自小安然飨大富贵，尤其蔽惑也，终于人力不能胜天。

【注释】

[1] 飨：享受，享用。

[2] 奏补：即奏荫，宋代祖父为高官，可以上奏请求朝廷授予儿孙官职，称为“奏荫”。

[3] 龃龉（jǔ yǔ）：不顺。

忧患顺受则少安

人生世间，自有知识以来，即有忧患不如意事。小儿叫号，皆其意有不平者。自幼至少至壮至老，如意之事常少，不如意之事常多。虽大富贵之人，天下之所仰羡以为神仙，而其不如意处各自有之，与贫贱人无异，特其所忧虑之事异尔。故谓之缺陷世界，以人生世间无足心满意者[1]。能达此理而顺受之，则可少安。

【注释】

[1] 足心：满足之心。

谋事难成则永久

凡人谋事，虽日用至微者[1]，亦须龃龉而难成，或几成而败，既败而复成。然后，其成也永久平宁，无复后患。若偶然易成，后必有不如意者。造物微机不可测度如此，静思之则见此理，可以宽怀。

【注释】

[1] 日用至微：日常生活中很微小的事情。

性有所偏在救失

人之德性出于天资者，各有所偏。君子知其有所偏，故以其所习为而补之，则为全德之人。常人不自知其偏，以其所偏而直情径行[1]，故多失。《书》言九德[2]，所谓宽、柔、愿、乱、扰、直、简、刚、强者，天资也；所谓栗、立、恭、敬、毅、温、廉、塞、义者，习为也。此圣贤之所以为圣贤也。后世有以性急而佩韦[3]、性缓而佩弦者，亦近此类。虽然，己之所谓偏者，苦不自觉，须询之他人乃知。

【注释】

[1] 直情：由着自己的性子来，为所欲为。

[2]《书》：指《尚书》。

[3] 佩韦：佩戴韦皮。韦，指熟皮，其质柔韧，性情急躁的人佩戴在身上，用以自戒。

人行有长短

人之性行虽有所短，必有所长。与人交游，若常见其短，而不见其长，则时日不可同处；若常念其长，而不顾其短，虽终身与之交游可也。

人不可怀慢伪妒疑之心

处己接物，而常怀慢心、伪心、妒心、疑心者，皆自取轻辱于人，盛德君子所不为也。慢心之人自不如人，而好轻薄人。见敌己以下之人[1]，及有求于我者，面前既不加礼，背后又窃讥笑。若能回省其身，则愧汗浃背矣。伪心之人言语委曲，若甚相厚，而中心乃大不然。一时之间人所信慕，用之再三则踪迹露见，为人所唾去矣。妒心之人常欲我之高出于人，故闻有称道人之美者，则忿然不平，以为不然；闻人有不如人者，则欣然笑快，此何加损于人，只厚怨耳。疑心之人，人之出言，未尝有心，而反复思绎曰[2]："此讥我何事？此笑我何事？"则与人缔怨[3]，常萌于此。贤者闻人讥笑，若不闻焉，此岂不省事！

【注释】

[1] 敌己：与自己的能力相当。敌，同等、相当。

[2] 思绎：思索。

[3] 缔怨：结怨。缔，创立。

人贵忠信笃敬

言忠信，行笃敬[1]，乃圣人教人取重于乡曲之术。盖财物交加，不损人而益己，患难之际，不妨人而利己，所谓忠也。有所许诺，纤毫必偿，有所期约，时刻不易，所谓信也。处事近厚，处心诚实，所谓笃也。礼貌卑下，言辞谦恭，所谓敬也。若能行此，非惟取重于乡曲，则亦无入而不自得。然敬之一事，于己无损，世人颇能行之，而矫饰假伪，其中心则轻薄[2]，是能敬而不能笃者，君子指为谀佞，乡人久亦不归重也[3]。

【注释】

[1] 笃敬：笃厚诚敬。

[2] 中心：内心。

[3] 归重：推重。

厚于责己而薄责人

忠、信、笃、敬，先存其在己者，然后望其在人。如在己者未尽，而以责人，人亦以此责我矣。今世之人能自省其忠、信、笃、敬者盖寡，能责人以忠、信、笃、敬者皆然也。虽然，在我者既尽，在人者亦不必深责。今有人能尽其在我者固善矣，乃欲责人之似己，一或不满吾意，则疾之已甚，亦非有容德者，只益贻怨于人耳[1]！

【注释】

[1] 贻怨：结下怨仇。

悔心为善之几

人之处事，能常悔往事之非，常悔前言之失，常悔往年之未有知识，其贤德之进，所谓长日加益，而人不自知也。古人谓“行年六十，而知五十九之非”者，可不勉哉[1]！

【注释】

[1] 勉：自勉。

恶事可戒而不可为

凡人为不善事而不成，正不须怨天尤人，此乃天之所爱，终无后患。如见他人为不善事常称意者，不须多羡，此乃天之所弃。待其积恶深厚，从而殄灭之[1]。不在其身，则在其子孙。姑少待之，当自见也。

【注释】

[1] 殄灭：灭绝。

小人当敬远

人之平居，欲近君子而远小人者。君子之言多长厚端谨，此言先入于吾心，及吾之临事，自然出于长厚端谨矣；小人之言多刻薄浮华，此言先入于吾心，及吾之临事，自然出于刻薄浮华矣。且如朝夕闻人尚气好凌人之言，吾亦将尚气好凌人而不觉矣[1]；朝夕闻人游荡、不事绳检之言[2]，吾亦将游荡、不事绳检而不觉矣。如此非一端，非大有定力，必不免渐染之患也。

【注释】

[1] 尚气：好胜。

[2] 绳检：约束。

老成之言更事多

老成之人，言有迂阔[1]，而更事为多[2]。后生虽天资聪明，而见识终有不及。后生例以老成为迂阔，凡其身试见效之言欲以训后生者，后生厌听而毁诋者多矣。及后生年齿渐长，历事渐多，方悟老成之言可以佩服，然已在险阻艰难备尝之后矣。

【注释】

[1] 迂阔：迂腐而不切实际。

[2] 更事：经历的事情。

君子有过必思改

圣贤犹不能无过，况人非圣贤，安得每事尽善？人有过失，非其父兄，孰肯诲责；非其契爱[1]，孰肯谏谕。泛然相识[2]，不过背后窃议之耳。君子惟恐有过，密访人之有言，求谢而思改。小人闻人之有言，则好为强辩，至绝往来，或起争讼者有矣。

【注释】

[1] 契爱：友好亲爱的人，这里指亲朋。

[2] 泛然：一般、普通。

言语贵简当

言语简寡，在我，可以少悔；在人，可以少怨。

觉人不善知自警

不善人虽人所共恶，然亦有益于人。大抵见不善人则警惧，不至自为不善。不见不善人则放肆，或至自为不善而不觉。故家无不善人，则孝友之行不彰；乡无不善人，则诚厚之迹不著。譬如磨石，彼自销损耳，刀斧资之以为利[1]。老子云："不善人乃善人之资。"谓此尔。若见不善人而与之同恶相济，及与之争为长雄，则有损而已，夫何益？

【注释】

[1] 资：利用。

正己可以正人

勉人为善，谏人为恶，固是美事。先须自省：若我之平昔自不能为人，岂惟人不见听，亦反为人所薄；且如己之立朝可称[1]，乃可诲人以立朝之方；己之临政有效，乃可诲人以临政之术；己之才学为人所尊，乃可诲人以进修之要；己之性行为人所重，乃可诲人以操履之详[2]；己能身致富厚，乃可诲人以治家之法；己能处父母之侧而谐和无间，乃可诲人以至孝之行。

苟惟不然，岂不反为所笑！

【注释】

[1] 立朝：立于朝堂、当好朝臣。

[2] 操履：操守行为。

浮言不足恤

人之出言至善，而或有议之者；人有举事至当，而或有非之者。盖众心难一，众口难齐如此。君子之出言举事，苟揆之吾心[1]，稽之古训[2]，询之贤者，于理无碍，则纷纷之言皆不足恤[3]，亦不必辩。自古圣贤，当代宰辅，一时守令，皆不能免，况居乡曲，同为编氓[4]，尤其无所畏，或轻议己，亦何怪焉！大抵指是为非，必妒忌之人，及素有仇怨者。此曹何足以定公论[5]，正当勿恤勿辩也。

【注释】

[1] 揆（kuí）：揣测、衡量。

[2] 稽：考核，查考。

[3] 恤：忧心、忧虑。

[4] 编氓：编入到户籍的平民。

[5] 此曹：这些人。

谀巽之言多奸诈

人有善诵我之美，使我喜闻而不觉其谀者，小人之最奸黠者也[1]。彼其面谀我而我喜[2]，及其退与他人语，未必不窃笑我为他所愚也[3]。人有善揣人意之所向，先发其端，导而迎之，使人喜其言与己暗合者，亦小人之最奸黠者也。彼其揣我意而果合，及其退与他人语，又未必不窃笑我为他所料也。此虽大贤亦甘受其侮而不悟，奈何？

【注释】

[1] 奸黠：奸诈狡猾。

[2] 谀：奉承。

[3] 窃：暗地里。

凡事不为己甚

人有詈人而人不答者[1]，人必有所容也。不可以为人之畏我，而更求以辱之，为之不已。人或起而我应，恐口噤而不能出言矣[2]。人有讼人而人不校者[3]，人必有所处也[4]。不可以为人之畏我，而更求以攻之。为之不已，人或出而我辩，恐理亏而不能逃罪矣。

【注释】

[1] 詈（lì）：责骂。

[2] 口噤：闭口。

[3] 校：计较。

[4] 处：处事立场。

言语虑后则少怨尤

亲戚故旧，人情厚密之时，不可尽以密私之事语之，恐一旦失欢，则前日所言，皆他人所凭以为争讼之资[1]。至有失欢之时，不可尽以切实之语加之，恐忿气既平之后，或与之通好结亲，则前言可愧。

大抵忿怒之际，最不可指其隐讳之事，而暴其父祖之恶。吾之一时怒气所激，必欲指其切实而言之，不知彼之怨恨深入骨髓。古人谓“伤人之言，深于矛戟[2]”是也。俗亦谓“打人莫打膝，道人莫道实[3]”。

【注释】

[1] 资：凭借。

[2] 伤人之言，深于矛戟：伤害人的话语，比矛戟还厉害。

[3] 打人莫打膝，道人莫道实：打人千万不要打他的膝盖，说人千万不要

揭他的伤疤。

与人言语贵和颜

亲戚故旧，因言语而失欢者，未必其言语之伤人，多是颜色辞气暴厉，能激人之怒。且如谏人之短，语虽切直，而能温颜下气[1]，纵不见听，亦未必怒。

若平常言语，无伤人处，而词色俱厉，纵不见怒，亦须怀疑。古人谓“怒于室者色于市[2]”，方其有怒，与他人言，必不卑逊。他人不知所自，安得不怪！故盛怒之际与人言语尤当自警。前辈有言：“诫酒后语，忌食时嗔[3]，忍难忍事，顺自强人。”常能持此，最得便宜。

【注释】

[1] 温颜下气：脸色温和，语气低缓。

[2] 怒于室者色于市：在家里发火的人，在集市中也会从脸色上表现出来。

[3] 嗔：发怒，生气。

与人交游须常和易

与人交游，无问高下，须常和易，不可妄自尊大，修饰边幅[1]。若言行崖异[2]，则人岂复相近！然又不可太亵狎[3]，樽酒会聚之际，固当歌笑尽欢，恐嘲讥中触人讳忌，则忿争兴焉。

【注释】

[1] 修饰边幅：修饰仪表。

[2] 言行崖异：指人言行不合常理。

[3] 亵狎：轻慢不庄重。

才行高人自服

行高人自重[1]，不必其貌之高；才高人自服，不必其言之高。

【注释】

[1] 高：高尚。末句中的“高”指语言的精巧、巧妙。

居官居家本一理

士大夫居家能思居官之时，则不至干请把持而挠时政[1]；居官能思居家之时，则不至狠愎暴恣而贻人怨[2]。不能回思者皆是也。故见任官每每称寄居官之可恶[3]，寄居官亦多谈见任官之不韪[4]，并与其善者而掩之也。

【注释】

[1] 干请：请托。

[2] 暴恣：残暴放纵。

[3] 见任官：现任的官员。

[4] 寄居官：退休返乡居住的朝廷官员。不韪（wěi）：不是，过错。韪，是、对。

小人难责以忠信

忠信二事，君子不守者少，小人不守者多。且如小人以物市于人[1]，敝恶之物，饰为新奇；假伪之物，饰为真实。如绢帛之用胶糊，米麦之增湿润，肉食之灌以水，药材之易以他物。巧其言词，止于求售，误人食用，有不恤也。其不忠也类如此。

负人财物，久而不偿。人苟索之，期以一月，如期索之，不售[2]。又期以一月，如期索之，又不售。至于十数期而不售如初。工匠制器，要其定资，责其所制之器，期以一月，如期索之，不得。又期以一月，如期索之，又不得。至于十数期而不得如初。其不信也类如此，其他不可悉数。

小人朝夕行之，略不之怪。为君子者往往忿疐[3]，直欲深治之，至于殴打论讼。若君子自省其身，不为不忠不信之事，而怜小人之无知。及其间有不得已而为自便之计，至于如此，可以少置之度外也。

【注释】

[1] 市：出售。

[2] 售：实现。

[3] 忿疐（zhì）：也作“贫懥”，发怒。

礼义制欲之大闲

饮食，人之所欲，而不可无也，非理求之，则为饕为馋[1]；男女，人之所欲，而不可无也，非理狎之[2]，则为奸为淫；财物，人之所欲，而不可无也，非理得之，则为盗为贼。

人惟纵欲，则争端起而狱讼兴。圣王虑其如此，故制为礼以节人之饮食、男女，制为义以限人之取与。君子于是三者，虽知可欲而不敢轻形于言，况敢妄萌于心！小人反是。

【注释】

[1] 饕：贪食。

[2] 狎：亲近。

见得思义则无过

圣人云：“不见可欲，使心不乱[1]。”此最省事之要术。盖人见美食而必咽，见美色而必凝视，见钱财而必起欲得之心，苟非有定力者，皆不免此。惟能杜其端源，见之不顾，则无妄想，无妄想则无过举矣。

【注释】

[1] 不见可欲，使心不乱：出自《老子》。意为不去看那些引起欲望的事物，使心不被扰乱。

子弟当谨交游

世人有虑子弟血气未定，而酒色博弈之事，得以昏乱其心，寻至于失德破家，则拘之于家，严其出入，绝其交游，致其无所见闻，朴野蠢鄙，不近人情。

殊不知此非良策，禁防一驰，情窦顿开，如火燎原不可扑灭。况拘之于家，无所用心，却密为不肖之事，与外出何异？不若时其出入，谨其交游，虽不肖之事习闻既熟，自能识破，必知愧而不为[1]。纵试为之，亦不至于朴野蠢鄙，全为小人之所摇荡也。

【注释】

[1] 知愧：惭愧。

兴废有定理

起家之人见所作事无不如意，以为智术巧妙如此，不知其命分偶然，志气洋洋，贪多图得。又自以为独能久远，不可破坏，岂不为造物者所窃笑？盖其破坏之人或已生于其家，曰“子”曰“孙”，朝夕环立于侧者，皆他日为父祖破坏生事之人，恨其父祖目不及见耳。前辈有建宅第，宴工匠于东庑曰[1]：“此造宅之人。”宴子弟于西庑曰：“此卖宅之人。”后果如其言。近世士大夫有言：“目所可见者，谩尔经营[2]；目所不及见者，不须置之谋虑。”此有识君子知非人力所及，其胸中宽泰与蔽迷之人如何？

【注释】

[1] 东庑：指正房东边的廊屋。古代以东为上首，表位尊。

[2] 谩尔：随意。

节用有常理

人有财物，虑为人所窃，则必缄縢扃镝封识之甚严[1]。虑费用之无度而致耗散，则必算计较量，支用之甚节。然有甚严而有失者，盖百日之严，无一日之疏，则无失；百日严而一日不严，则一日之失与百日不严同也。

有甚节而终至于匮乏者，盖百事节而无一事之费，则不至于匮乏；百事节而一事不节，则一事之费与百事不节同也。

所谓百事者，自饮食衣服、屋宅园馆、舆马仆御、器用玩好，盖非一端。丰俭随其财力，则不谓之费；不量财力而为之，或虽财力可办，而过于侈靡，近于不急[2]，皆妄费也。年少主家事者宜深知之。

【注释】

[1] 缄縢扃鐍（jiōng jué）：指捆绑箱柜的绳索和关锁箱柜的关节钮。缄縢，指用于封口的绳子。扃鐍，门闩锁钥之类的东西。

[2] 近于不急：做一些不是急需的事情。

居官居家本一理

居官当如居家，必有顾藉[1]；居家当如居官，必有纲纪。

【注释】

[1] 顾藉：顾念、顾忌。

周急贵乎当理

人有患难不能济，困苦无所诉，贫乏不自存，而其人朴讷怀愧不能言于人者[1]，吾虽无余，亦当随力周助[2]。此人纵不能报，亦必知恩。

若其人本非窘乏，而以干谒为业[3]，挟持便佞之术[4]，遍谒贵人富人之门，过州干州，过县干县，有所得则以为已能，无所得则以为怨仇。在今日则无感德之心，在他日则无报德之事。正可以不恤不顾待之，岂可割吾之不敢用以资人之不当用？

【注释】

[1] 朴讷怀愧：指质朴腼腆。朴讷，质朴而不善言辞。怀愧，心中惭愧。

[2] 周助：帮助。

[3] 干谒：出于某种目的而求见地位高的人。

[4] 便（pián）佞：花言巧语。

不可轻受人恩

居乡及在旅，不可轻受人之恩。方吾未达之时，受人之恩，常在吾怀，每见其人，常怀敬畏。而其人亦以有恩在我，常有德色。及吾荣达之后，遍报则有所不及，不报则为亏义。故虽一饭一缣[1]，亦不可轻受。前辈见人仕宦，而广求知己，戒之曰："受恩多，则难以立朝。"宜详味此。

【注释】

[1] 缣：双丝编织的绢帛。

受人恩惠当记省

今人受人恩惠多不记省，而有所惠于人，虽微物亦历历在心。古人言：施人勿念，受施勿忘。诚为难事[1]。

【注释】

[1] 诚：实在。

报怨以直乃公心

圣人言："以直报怨。"最是中道，可以通行。大抵以怨报怨，固不足道，而士大夫欲邀长厚之名者[1]，或因宿仇，纵奸邪而不治，皆矫饰不近人情[2]。圣人之所谓"直"者，其人贤，不以仇而废之；其人不肖，不以仇而庇之。是非去取，各当其实。以此报怨，必不至递相酬复，无已时也。

【注释】

[1] 邀：取得。

[2] 矫饰：虚伪做作。

三 治家篇

宅舍关防贵周密

人之居家，须令垣墙高厚，藩篱周密，窗壁门关坚牢，随损随修。如有水窦[1]之类，亦须常设格子，务令新固，不可轻忽。虽窃盗之巧者，穴墙剪篱，穿壁决关，俄顷可辨。比之颓墙败篱、腐壁敝门以启盗者有间矣。且免奴婢奔窜及不肖子弟夜出之患。如外有窃盗，内有奔窜及子弟生事，纵官司为之受理，岂不重费财力！

【注释】

[1] 水窦：院落的排水口。

山居须置庄佃

居止或在山谷村野僻静之地，须于周围要害去处置立庄屋，招诱丁多之人居之。或有火烛、窃盗，可以即相救应。

夜间防盗宜警急

凡夜犬吠，盗未必至，亦是盗来探试，不可以为他而不警。夜间遇物有声，亦不可以为鼠而不警。

夜间逐盗宜详审

夜间觉有盗，便须直言“有盗”，徐起逐之，盗必且窜。不可乘暗击之，恐盗之急以刃伤我，又误击自家之人。若持烛见盗，击之犹庶几，若获盗而已受拘执，自当准法，无过殴伤[1]。

【注释】

[1] 无过殴伤：不要过度殴打伤害。

富家少蓄金帛免招盗

多蓄之家，盗所觊觎，而其人又多置什物，喜于矜耀，尤盗之所垂涎也。富厚之家若多储钱谷，少置什物，少蓄金宝丝帛，纵被盗亦不多失。前辈有戒其家："自冬夏衣之外，藏帛以备不虞[1]，不过百匹。"此亦高人之见，岂可与世俗言！

【注释】

[1] 不虞：预料不到的事。

刻剥招盗之由

劫盗虽小人之雄，亦自有识见。如富人平时不刻剥[1]，又能乐施，又能种种方便，当兵火扰攘之际，犹得保全，至不忍焚掠污辱者多。盗所快意于劫杀之家，多是积恶之人。富家各宜自省。

【注释】

[1] 刻剥：苛刻盘剥（百姓）。

失物不可猜疑

家居或有失物，不可不急寻。急寻，则人或投之僻处，可以复收，则无事矣。不急，则转而出外，愈不可见。又不可妄猜疑人，猜疑之当，则人或自疑，恐生他虞[1]；猜疑不当，则正窃者反自得意。况疑心一生，则所疑之人揣其行坐辞色皆若窃物，而实未尝有所窃也。或已形于言，或妄有所执治[2]，而所失之物偶见，或正窃者方获，则悔将若何？

【注释】

[1] 虞：忧虑、忧患。

[2] 执治：将……予以治罪。

睦邻里以防不虞

居宅不可无邻家，虑有火烛，无人救应。宅之四围，如无溪流，当为池井，虑有火烛，无水救应。又须平时抚恤邻里有恩义。有士大夫平时多以官势残虐邻里，一日为仇人刃其家，火其屋宅。邻里更相戒曰："若救火，火熄之后，非惟无功，彼更讼我，以为盗取他家财物，则狱讼未知了期。若不救火，不过杖一百而已。"邻里甘受杖而坐视其大厦为煨烬[1]，生生之具无遗[2]。此其平时暴虐之效也。

【注释】

[1] 煨烬：灰烬。

[2] 生生之具：生存、生活所需准备的东西。

火起多从厨灶

火之所起，多从厨灶。盖厨屋多时不扫，则埃墨易得引火[1]，或灶中有留火，而灶前有积薪接连，亦引火之端也。夜间最当巡视。

【注释】

[1] 埃墨：烟灰。

焙物宿火宜儆戒

烘焙物色过夜，多致遗火。人家房户，多有覆盖宿火而以衣笼罩其上，皆能致火，须常戒约。

田家致火之由

蚕家屋宇低隘[1]，于炙簇之际[2]，不可不防火。农家储积粪壤，多为茅屋，或投死灰于其间，须防内有余烬未灭，能致火烛。

【注释】

[1] 蚕家：养蚕的农家。

[2] 炙簇：养蚕的工序，用火烘烤聚蚕的草靶子。

致火不一类

茅屋须常防火；大风须常防火；积油物、积石灰须常防火。此类甚多，切须询究[1]。

【注释】

[1] 询究：查考，究问。

小儿不可带金宝

富人有爱其小儿者，以金银宝珠之属饰其身。小人有贪者，于僻静处坏其性命而取其物，虽闻于官而寘于法[1]，何益？

【注释】

[1] 寘：同“置”，放置。

小儿不可临深

人之家居，井必有干[1]，池必有栏，深溪急流之处，峭险高危之地，机关触动之物，必有禁防，不可令小儿狎而临之。脱有疏虞[2]，归怨于人，何及？

【注释】

[1] 干：井上的围栏。

[2] 脱：倘若。疏虞：疏忽，失误。

亲宾不宜多强酒

亲宾相访，不可多虐以酒。或被酒夜卧，须令人照管。往时括苍有困客以酒[1]，且虑其不告而去，于是卧于空舍而钥其门，酒渴索浆不得，则取花瓶水饮之。次日启关而客死矣。其家讼于官。郡守汪怀忠究其一时舍中所有之物，云“有花瓶，浸旱莲花”。试以旱莲花浸瓶中，取罪当死者试之，验，乃释之。又有置水于案而不掩覆，屋有伏蛇遗毒于水，客饮而死者。凡事不可不谨如此。

【注释】

[1] 括苍：括苍山，位于浙江境内。

仆厮当取勤朴

人家有仆，当取其朴直谨愿，勤于任事，不必责其应对进退之快人意。人之子弟不知温饱所自来者，不求自己德业之出众，而独欲仆者俏黠之出众[1]，费财以养无用之人，固未甚害，生事为非，皆此辈导之也。

【注释】

[1] 俏黠：俊俏聪慧。黠，聪慧。

轻诈之仆不可蓄

仆者而有市井浮浪子弟之态，异巾美服[1]，言语矫诈，不可蓄也。蓄仆之久，而骤然如此，闺阃之事[2]，必有可疑。

【注释】

[1] 异巾：奇装。

[2] 闺阃（kǔn）：指妇女居住的地方。

人物之性皆贪生

飞禽走兽之与人，形性虽殊，而喜聚恶散，贪生畏死，其情则与人同。故离群则向人悲鸣，临庖则向人哀号[1]。为人者既忍而不知顾，反怒其鸣号者有矣。胡不反己以思之？物之有望于人，犹人之有望于天也。物之鸣号有诉于人，而人不之恤，则人之处患难、死亡、困苦之际，乃欲仰首叫号，求天之恤耶！大抵人居病患不能支持之时，及处囹圄不能脱去之时[2]，未尝不反复究省平日所为，某者为恶，某者为不是，其所以改悔自新者，指天誓日可表。至病患平宁及脱去罪戾[3]，则不复记省，造罪作恶无异往日。余前所言，若言于经历患难之人，必以为然。犹恐痛定之后不复记省，彼不知患难者，安知不以吾言为迂[4]？

【注释】

[1] 临庖：临近厨房，意即动物将被宰杀。

[2] 囹圄：监牢。

[3] 罪戾：罪过、过失。

[4] 迂：迂腐。

求乳母令食失恩

有子而不自乳，使他人乳之，前辈已言其非矣。况其间求乳母于未产之前者，使不举己子而乳我子。有子方婴孩[1]，使舍之而乳我子，其己子呱呱而泣，至于饿死者。有因仕宦他处，逼勒牙家诱赚良人之妻[2]，使舍其夫与子而乳我子，因挟以归乡，使其一家离散，生前不复相见者。士夫递相庇护，国家法令有不能禁，彼独不畏于天哉？

【注释】

[1] 方：才，刚刚。

[2] 牙家：牙婆。古代一种专做人口贩子的女性，专为府宅官员和富豪人家选买宠妾、舞女、厨娘、奶妈等。

狡诈子弟不可用

族人、邻里、亲戚有狡狯子弟[1]，能恃强凌人，损彼益此，富家多用之以为爪牙，且得目前快意。此曹内既奸巧[2]，外常柔顺，子弟责骂狎玩，常能容忍。为子弟者亦爱之。他日家长既没之后，诱子弟为非者皆此等人也。大抵为家长者必自老练，又其智略能驾驭此曹，故得其力。至于子弟，须贤明如其父兄，则可无虑。中材之人鲜不为其鼓惑，以致败家。唐史有言："妖禽孽狐，当昼则伏息自如，得夜乃为之祥。"正谓此曹。若平昔延接淳厚刚正之人，虽言语多拂人意，而子弟与之久处，则有身后之益。所谓"快意之事常有损，拂意之事常有益"，凡事皆然，宜广思之。

【注释】

[1] 狡狯：狡诈。

[2] 此曹：这些人。

用人需选忠厚者

干人有管库者[1]，须常谨其簿书，审见其存。干人有管谷米者，须严其簿书，谨其管钥，兼择谨畏之人，使之看守。干人有贷财本兴贩者，须择其淳厚，爱惜家业，方可付托。盖中产之家，日费之计犹难支吾[2]，况受佣于人，其饥寒之计，岂能周足？中人之性，目见可欲，其心必乱，况下愚之人，见酒食声色之美，安得不动其心？向来财不满其意而充其欲，故内则与骨肉同饥寒，外则视所见如不见。今其财物盈溢于目前，若日日严谨，此心姑寝[3]。主者事势稍宽，则亦何惮而不为？其始也，移用甚微，其心以为可偿，犹未经虑。久而主不之觉，则日增焉，月益焉，积而至于一岁，移用已多，其心虽惴惴，无可奈何，则求以掩覆。至二年三年，侵欺已大彰露，不可掩覆。主人欲峻治之[4]，已近噬脐[5]。故凡委托干人，所宜警此。

【注释】

[1] 干人：宋代民户中的富豪和官户家中一种办事的差役。

[2] 支吾：应付。

[3] 姑寝：暂且停止。寝，停止。

[4] 峻：严厉。

[5] 噬脐：像咬自己肚脐似的，够不着。比喻后悔也来不及。

以农为重首先要以佃人为重

国家以农为重，盖以衣食之源在此。然人家耕种出于佃人之力，可不以佃人为重！遇其有生育、婚嫁、营造、死亡，当厚周之；耕耘之际，有所假贷，少收其息；水旱之年，察其所亏，早为除减；不可有非理之需；不可有非时之役；不可令子弟及干人私有所扰；不可因其仇者告语增其岁入之租；不可强其称贷，使厚供息；不可见其自有田园，辄起贪图之意。视之爱之，不啻于骨肉[1]。则我衣食之源，悉借其力，俯仰可以无愧怍矣。

【注释】

[1] 不啻（chì）：无异于、如同。

水利常思修治

池塘、陂湖、河埭[1]，蓄水以溉田者，须于每年冬月水涸之际，浚之使深，筑之使固。遇天时亢旱，虽不至于大稔[2]，亦不至于全损。今人往往于亢旱之际，常思修治，至收刈之后[3]，则忘之矣。谚所谓“三月思种桑，六月思筑塘”，盖伤人之无远虑如此。

【注释】

[1] 河埭（dài）：河坝。

[2] 大稔：大丰收。

[3] 收刈：收割。

修治河渠获利多

池塘、陂湖、河埭有众享其溉田之利者，田多之家，当相与率倡，令田主出食，佃人出力，遇冬时筑，令多蓄水。及用水之际，远近高下，分水必均，非止利己，又且利人，其利岂不博哉？今人当修筑之际，靳出食力[1]，及用水之际，奋臂交争，有以锄耰相殴至死者[2]。纵不死，亦至坐狱被刑，岂不可伤！然至此者，皆田主悭吝之罪也[3]。

【注释】

[1] 靳：吝惜。

[2] 锄耰（yōu）：农具名，用来弄碎土块、平整土地。

[3] 悭吝：吝啬、小气。

荒山宜植果木

桑、果、竹、木之属，春时种植甚非难事，十年二十年之间即享其利。今人往往于荒山闲地，任其弃废。至于兄弟析产[1]，或因一根荄之微[2]，忿争失欢。比邻山地偶有竹木在两界之间，则兴讼连年。宁不思使向来天不产此，则将何所争？若以争讼所费，佣工植木，则一二十年之间，所谓材木不可胜用也[3]。其间有以果木逼于邻家，实利有及于其童稚，则怒而伐去之者，尤无所见也。

【注释】

[1] 析产：分家产。析，分开。

[2] 根荄：植物的根。

[3] 胜：尽、完。

邻里相处应宽容大度

人有小儿，须常戒约，莫令与邻里损折果木之属[1]。人养牛羊，须常看守，莫令与邻里踏践山地六种之属。人养鸡鸭，须常照管，莫令与邻里损啄菜茹六种之属[2]。有产业之家，又须各自勤谨。坟茔山林，欲聚丛长茂荫映，须高其墙围，令人不得逾越。园圃种植菜茹六种及有时果去处，严其篱围，不通人往来，则亦不至临时责怪他人也。

【注释】

[1] 属：类。

[2] 菜茹：菜蔬。

钱谷不可多借人

有轻于举债者，不可借与，必是无籍之人[1]，已怀负赖之意[2]。凡借人钱谷，少则易偿，多则易负。故借谷至百石，借钱至百贯，虽力可还，亦不肯还，宁以所还之资为争讼之费者多矣。

【注释】

[1] 无籍：不可靠，不值得信赖。

[2] 负赖：赖账。

买卖当公平

贫富无定势，田宅无定主。有钱则买，无钱则卖。买产之家当知此理，不可苦害卖产之人。盖人之卖产，或以缺食，或以负债，或以疾病、死亡、婚嫁、争讼。已有百千之费则鬻百千之产。若买产之家即还其直，虽转手无留，且可以了其出产、欲用之一事。而为富不仁之人，知其欲用之急，则阳距而险钩之[1]，以重扼其价。既成契，则姑还其直之什一二，约以数日而尽偿。至数日而问焉，则辞以来办。又屡问之，或以数缗授之[2]，或以米谷及他物高估而补偿之。出产之家必大窘乏。所得零微，随即耗散。向之所拟以办某事者，不复办矣。而往还取索夫力之费，又居其中。彼富者，方自窃喜，以为善谋。不知天道好还，有及其身而获报者，有不在其身而在其子孙者。富家多不之悟，岂不迷哉！

【注释】

[1] 阳距：假装拒绝。阳，同“佯”，假装。距，同“拒”。

[2] 数缗（mín）：数串铜钱。缗，古代钱币数量单位，一般每串一千文。

债不可轻举

凡人之敢于举债者[1]，必谓他日之宽余可以偿也。不知今日之无宽余，他日何为而有宽余？譬如百里之路，分为两日行，则两日皆办；若欲以今日之路使明日并行，虽劳苦而不可至。凡无远识之人，求目前宽余而挪积在后者，无不破家也。切宜鉴此！

【注释】

[1] 举债：借债，借钱。

税赋宜预办

凡有家产，必有税赋，须是先截留输纳之资[1]，却将盈余分给日用。岁入或薄，只得省用。不可侵支输纳之资，临时为官中所迫，则举债认息，或托揽户兑纳而高价算还[2]，是皆可以耗家。大抵曰贫曰俭自是贤德，又是美称，切不可以此为愧。若能知此，则无破家之患矣。

【注释】

[1] 输纳：缴纳。

[2] 揽户：对专门承揽他人租税而从中获利者的称呼。兑纳：代缴。

造桥修路宜助财力

乡人有纠率钱物以造桥、修路及打造渡船者[1]，宜随力助之，不可谓舍财不见获福而不为。且如造路既成，吾之晨出暮归，仆马无疏虞，及乘舆马、过渡桥，而不至惴惴者[2]，皆所获之福也。

【注释】

[1] 纠率钱物：指召集众人募捐财物。纠率，纠集率领。

[2] 惴惴：形容恐惧的样子。

起造宜以渐经营

起造屋宇，最人家至难事。年齿长壮，世事谙历，于起造一事犹多不悉，况未更事？其不因此破家者几希。盖起造之时，必先与匠者谋。匠者惟恐主人惮费而不为，则必小其规模，节其费用。主人以为力可以办，锐意为之，匠者则渐增广其规模，至数倍其费，而屋犹未及半。主人势不可中辍，则举债鬻产[1]；匠者方喜兴作之未艾，工镪之益增[2]。余尝劝人起造屋宇须十数年经营，以渐为之，则屋成而家富自若。盖先议基址，或平高就下，或增卑为高，或筑墙穿池，逐年渐为之，期以十余年而后成。次议规模之高广，材木之若干，细至椽、桷、篱、壁、竹、木之属，必籍其数，逐年买取，随即斫削[3]，期以十余年而毕备。次议瓦石之多少，皆预以余力积渐而储之。虽僦雇之费[4]，亦不取办于仓卒，故屋成而家富自若也。

【注释】

[1] 鬻：卖。

[2] 工镪（qiǎng）：工钱。

[3] 斫削：砍削。斫，用刀、斧等砍劈。

[4] 僦雇：雇车船载运。

《了凡四训》

袁了凡（1533—1606），名黄，字坤仪，号了凡，祖籍浙江嘉善。万历年间被任命为宝坻知县，政绩颇丰。万历二十年（1592），倭寇进犯朝鲜，升任兵部职方司主事，后调任援朝军营赞画，谋划平壤大捷。后罢归乡里，著书立说。

《了凡四训》全书分为“立命之学”“改过之法”“积善之方”“谦德之效”四个部分，分别来自于作者不同年龄阶段的不同著作。其中“立命之学”是作者晚年所著的《立命篇》，作者以亲身经历来教导自己的儿子、启迪世人命运掌握在自己的手中；“改过之法”“积善之方”是作者早年所著的《祈嗣真诠》，论述改过的方法及将善行分门别类；“谦德之效”来自作者的《谦虚利中》，告诫世人要谦虚谨慎，并举例论证“天道”的存在。该书融合了释、儒、道三家思想，主要阐述了“命由我做，福自己求”的思想，讲述改过以“趋吉避凶”的方法，论证积善行德必有善报的理论，强调人的命运掌握在自己的手中，只要修缮己身、多做善事，就能收获福报。

一 立命之学

余童年丧父，老母命弃举业学医[1]，谓可以养生[2]，可以济人，且习一艺以成名，尔父夙心也[3]。

【注释】

[1] 举业：为进行科举考试而准备的学业。

[2] 养生：养活自己和家人。

[3] 夙心：素来的心愿。夙，平素、向来。

后余在慈云寺遇一老者，修髯伟貌，飘飘若仙。余敬礼之，语余曰：“子仕路中人也[1]，明年即进学，何不读书？”余告以故，并叩老者姓氏里居。曰：“吾姓孔，云南人也。得邵子《皇极数正传》[2]，数该传汝。”余引之归，告母。母曰：“善待之。”试其数，纤悉皆验，余遂起读书之念。谋之表兄沈称，言郁海谷先生，在沈友夫家开馆，我送汝寄学甚便。余遂礼郁为师。

【注释】

[1] 仕路中人：官场上的人。

[2] 邵子：即邵雍（1011—1077），字尧夫，谥康节，北宋哲学家、易学家，精通象数，有《皇极经世》等传世。《皇极数正传》：即《皇极经世》，是邵雍研究《周易》而自创的经天纬地的预测学，他通过运用易理和易教推究宇宙起源、自然演化和社会历史变迁。

孔为余起数[1]：县考童生[2]，当十四名；府考七十一名[3]，提学考第九名[4]。明年赴考，三处名数皆合。复为卜终身休咎[5]，言：某年考第几名[6]。某年当补廪[7]。某年当贡[8]。贡后某年当选四川一大尹，在任三年半即宜告归。五十三岁八月十四日丑时，当终于正寝，惜无子。余备录而谨记之。

【注释】

[1] 起数：占卜用语。

[2] 县考：由知县主持的考试，多在每年的二月举行。童生：明清时期，府、州、县考的应考者，也称儒童、文童，童生的年龄大小不一。

[3] 府考：由府一级主持的科举考试，多在每年四月举行，由县试录取的童生来考，通过之后可获得院试资格。

[4] 提学：即提督学政，古代专门负责文化教育的高级地方行政官。宋徽宗崇宁二年（1103）在各路（相当于现在的省）设提举学事司，管理所属州县学校和教育行政，以后历代都沿用此设置。

[5] 休咎：吉凶祸福。

[6] 年考：也称“岁考”，明代设提学官，清代设学政，每年对所属府、州、县生员、廪生举行考试，分别优劣，酌定奖惩。凡府、州、县的生员、增生、廪生都必须参加岁考。

[7] 补廪：明清科举制度，生员经岁考、科考两试成绩优秀的人，增生可依次升廪生，称为“补廪”。

[8] 当贡：科举考试从各府、州、县生员中选拔到京都国子监学习的学子，是贡献给朝廷备选的人才。

自此以后，凡遇考校，其名数先后，皆不出孔公所悬定者[1]。独算余食廪米九十一石五斗当出贡[2]，及食米七十一石，屠宗师即批准补贡，余窃疑之。

【注释】

[1] 悬定：预测。

[2] 出贡：科举考试中屡试不第的贡生，可按年龄资历轮次到京，由吏部选任为杂职小官。某年轮着，就称“出贡”。

后果为署印杨公所驳[1]，直至丁卯年，殷秋溟宗师见余场中备卷，叹曰：“五策[2]，即五篇奏议也，岂可使博洽淹贯之儒[3]，老于窗下乎！”遂依县申文准贡，连前食米计之，实九十一石五斗也。余因此益信进退有命，迟速有时，澹然无求矣[4]。

【注释】

[1] 署印：代理官职，这里指代理提学之职的杨姓官员。

[2] 策：古代考试的一种文体。提出问题，要求对答，称“策问”。

[3] 博洽淹贯：形容学识广博。博洽，知识广博。淹贯，深通广晓。

[4] 澹然：淡泊名利、清心无欲的样子。

贡入燕都[1]，留京一年，终日静坐，不阅文字。己巳归，游南雍[2]，未入监[3]，先访云谷会禅师于栖霞山中，对坐一室，凡三昼夜不瞑目。

【注释】

[1] 燕都：燕京，即今北京，因曾经是燕国的国都而得名。

[2] 南雍：明代设在南京的国子监。雍，辟雍，古代的大学。

[3] 监：国子监，中国古代最高学府和教育管理机构。明代国子监规模宏大，分南、北两监，各设在南京和北京。

云谷问曰：“凡人所以不得作圣者，只为妄念相缠耳。汝坐三日，不见起一妄念，何也？”余曰：“吾为孔先生算定，荣辱生死，皆有定数[1]，即要妄想，亦无可妄想。”云谷笑曰：“我待汝是豪杰，原来只是凡夫。”

【注释】

[1] 定数：一定的气数、命运，意思是人的生死祸福都由天命或某种不可知的力量所决定。

问其故？曰：“人未能无心[1]，终为阴阳所缚，安得无数？但惟凡人有数；极善之人，数固拘他不定；极恶之人，数亦拘他不定。汝二十年来，被他算定，不曾转动一毫，岂非是凡夫？”

【注释】

[1] 心：指妄想心，虚妄颠倒之心。

余问曰：“然则数可逃乎？”曰：“命由我作，福自己求。诗书所称，的为明训。我教典中说[1]：求富贵得富贵，求男女得男女，求长寿得长寿。夫妄语乃释迦大戒[2]，诸佛菩萨，岂诳语欺人？”

【注释】

[1] 教典：指佛教经典。

[2] 妄语：谎话，佛教的“十恶”之一。释迦：代指佛教。

余进曰：“孟子言：求则得之，是求在我者也。道德仁义，可以力求；功名富贵，如何求得？”云谷曰：“孟子之言不错，汝自错解耳。汝不见六祖说：一切福田[1]，不离方寸[2]；从心而觅，感无不通。求在我，不独得道德仁义，亦得功名富贵；内外双得，是求有益于得也。若不反躬内省，而徒向外驰求，则求之有道，而得之有命矣，内外双失，故无益。”

【注释】

[1] 福田：佛教用语，指行善修德、供给布施能收获福报，就像农夫春天播种、秋天收获一样。

[2] 方寸：指“心”。

因问:“孔公算汝终身若何？”余以实告。云谷曰:“汝自揣应得科第否？应生子否？”

余追省良久，曰 :“不应也。科第中人，类有福相，余福薄，又不能积功累行[1]，以基厚福；兼不耐烦剧[2]，不能容人；时或以才智盖人，直心直行，轻言妄谈。凡此皆薄福之相也，岂宜科第哉。地之秽者多生物，水之清者常无鱼；余好洁，宜无子者一；和气能育万物，余善怒，宜无子者二；爱为生生之本[3]，忍为不育之根；余矜惜名节[4]，常不能舍己救人，宜无子者三；多言耗气，宜无子者四；喜饮铄精[5]，宜无子者五；好彻夜长坐，而不知葆元毓神[6]，宜无子者六。其余过恶尚多，不能悉数。”

【注释】

[1] 积功累行：积功累德，长期行善。

[2] 烦剧：繁琐复杂。

[3] 生生：指事物不断地产生、变化。

[4] 矜惜：怜惜、珍惜。

[5] 铄精：消散精神。铄，削弱。

[6] 葆元毓神：保养元气，养育心神。葆，保持。毓，养育。

云谷曰：“岂惟科第哉。世间享千金之产者，定是千金人物；享百金之产者，定是百金人物；应饿死者，定是饿死人物；天不过因材而笃，几曾加纤毫意思？即如生子，有百世之德者，定有百世子孙保之；有十世之德者，定有十世子孙保之；有三世二世之德者，定有三世二世子孙保之；其斩焉无后者，德至薄也。汝今既知非，将向来不发科第，及不生子之相，尽情改刷；务要积德，务要包荒[1]，务要和爱，务要惜精神。从前种种，譬如昨日死；从后种种，譬如今日生；此义理再生之身也。

【注释】

[1] 包荒：包含荒秽，比喻胸怀宽广。

"夫血肉之身，尚然有数；义理之身，岂不能格天[1]。《太甲》曰[2]：'天作孽，犹可违；自作孽，不可活。'《诗》云：'永言配命[3]，自求多福。'孔先生算汝不登科第，不生子者，此天作之孽，犹可得而违也；汝今扩充德性，力行善事，多积阴德，此自己所作之福也，安得而不受享乎？《易》为君子谋，趋吉避凶；若言天命有常[4]，吉何可趋，凶何可避？开章第一义，便说：'积善之家，必有余庆。'汝信得及否？"余信其言，拜而受教。

【注释】

[1] 格天：感通于天。格，感通。

[2]《太甲》：《尚书》的篇名，分上、中、下三篇，记载商王太甲和伊尹的事迹。

[3] 配命：配合天命做事。

[4] 常：指世间万物运动变化的规律。

因将往日之罪，佛前尽情发露[1]，为疏一通[2]，先求登科；誓行善事三千条，以报天地祖宗之德。

【注释】

[1] 发露：坦露，毫无隐瞒地说出自己所犯的过错。

[2] 疏：指文章。

云谷出功过格示余[1]，令所行之事，逐日登记；善则记数，恶则退除，且教持准提咒[2]，以期必验。

【注释】

[1] 功过格：道士自记善恶功过的一种簿册，善言善行为"功"，记"功格"；恶言恶行为"过"，记"过格"，用以自励自省。

[2] 准提咒：称佛母准提神咒，咒语的一种。

语余曰："符箓家有云[1]：'不会书符，被鬼神笑。'此有秘传，只是不动念也。执笔书符，先把万缘放下，一尘不起。从此念头不动处，下一点，谓之混沌开基[2]。由此而一笔挥成，更无思虑，此符便灵。”

【注释】

[1] 符箓（lù）：道教术语，指道教秘文。

[2] 混沌开基：道家功理功法性修为名词，形容入静达到物我两忘的境界。开基，开创，开始。

凡祈天立命，都要从无思无虑处感格[1]。孟子论立命之学，而曰：“夭寿不贰[2]。”夫夭寿，至贰者也。当其不动念时，孰为夭，孰为寿？细分之，丰歉不贰，然后可立贫富之命；穷通不贰，然后可立贵贱之命；夭寿不贰，然后可立生死之命。人生世间，惟死生为重，夭寿则一切顺逆皆该之矣[3]。

【注释】

[1] 感格：感应。

[2] 夭寿不贰：不论寿命长短都不改变态度。夭寿，指短寿和长寿。不贰，没有差异。

[3] 该：包括。

至修身以俟之[1]，乃积德祈天之事。曰修则身有过恶，皆当治而去之；曰俟则一毫觊觎，一毫将迎，皆当斩绝之矣。到此地位，直造先天之境，即此便是实学。汝未能无心，但能持准提咒，无记无数，不令间断，持得纯熟，于持中不持，于不持中持。到得念头不动，则灵验矣。余初号学海，是日改号了凡[2]；盖悟立命之说，而不欲落凡夫窠臼也[3]。

【注释】

[1] 俟：等待。

[2] 了凡：作者的号，寄寓了作者顺从天命，不像凡夫俗子一般为命运所拘的思想。了，明了、了脱。凡，凡夫。

[3] 窠臼（kē jiù）：窠巢和门臼，比喻陈旧的格调和思想。

从此而后，终日兢兢[1]，便觉与前不同。前日只是悠悠放任，到此自有战兢惕厉景象[2]，在暗室屋漏中[3]，常恐得罪天地鬼神；遇人憎我毁我，自能恬然容受。

【注释】

[1] 兢兢：形容谨慎小心。

[2] 惕厉：警惕、戒惧。

[3] 暗室屋漏：指别人看不见的地方，隐秘的内室。屋漏，古代室内摆放小帐的地方。

到明年，礼部考科举，孔先生算该第三，忽考第一，其言不验，而秋闱中式矣[1]。然行义未纯，检身多误[2]：或见善而行之不勇，或救人而心常自疑；或身勉为善，而口有过言；或醒时操持，而醉后放逸[3]。以过折功，日常虚度。

【注释】

[1] 秋闱（wéi）：特指科举考试的乡试，每隔三年在各省省城举行，时间为八月份，又称“秋试”。闱，考场。

[2] 检身：约束检点自身。

[3] 放逸：放纵自己，不做善事。

自己巳岁发愿[1]，直至己卯岁，历十余年，而三千善行始完。时方从李渐庵入关，未及回向[2]。庚辰南还，始请性空、慧空诸上人，就东塔禅堂回向。遂起求子愿，亦许行三千善事。辛巳，生汝天启。

【注释】

[1] 发愿：佛教用语，发起誓愿。

[2] 回向：佛教用语，是指在修行过程中，将自己所修的功德回转给众生同享，以拓开自己的心胸，并且使功德有明确的方向而不致散失。

余行一事，随以笔记；汝母不能书，每行一事，辄用鹅毛管，印一朱圈于历日之上[1]。或施食贫人，或买放生命[2]，一日有多至十余圈者。至癸未八月，三千之数已满。复请性空辈，就家庭回向。

【注释】

[1] 历日：即日历。

[2] 买放生命：即买来活物放生。

九月十三日，复起求中进士愿，许行善事一万条，丙戌登第，授宝坻知县。余置空格一册，名曰“治心编”。晨起坐堂[1]，家人携付门役，置案上，所行善恶，纤悉必记[2]。夜则设桌于庭，效赵阅道焚香告帝[3]。

【注释】

[1] 坐堂：指坐在公堂上审案。

[2] 纤悉：细微详尽。

[3] 赵阅道：赵抃（1008—1084），字阅道，自号知非子，宋代文学家，著有《清献集》传世，他为人善于内省，信奉佛教。

汝母见所行不多，辄颦蹙曰[1]：“我前在家，相助为善，故三千之数得完；今许一万，衙中无事可行，何时得圆满乎？”夜间偶梦见一神人，余言善事难完之故。神曰：“只减粮一节，万行俱完矣。”

【注释】

[1] 颦蹙：皱眉，形容忧愁。

盖宝坻之田，每亩二分三厘七毫。余为区处[1]，减至一分四厘六毫，委有此事，心颇惊疑。适幻余禅师自五台山来，余以梦告之，且问此事宜信否？师曰：“善心真切，即一行可当万善，况合县减粮，万民受福乎？”吾即捐俸银，请其就五台山斋僧一万而回向之。

【注释】

[1] 区处：处理、安排。

孔公算予五十三岁有厄，余未尝祈寿，是岁竟无恙，今六十九矣。《书》

曰：“天难谌[1]，命靡常。”又云：“惟命不于常。”皆非诳语。吾于是而知，凡称祸福自己求之者，乃圣贤之言；若谓祸福惟天所命，则世俗之论矣。

【注释】

[1] 谌（chén）：相信。

汝之命，未知若何？即命当荣显，常作落寞想；即时当顺利，常作拂逆想[1]；即眼前足食，常作贫窭想[2]；即人相爱敬，常作恐惧想；即家世望重，常作卑下想；即学问颇优，常作浅陋想。

【注释】

[1] 拂逆：违逆、不顺。

[2] 贫窭（jù）：贫困、窘迫。窭，贫穷、贫寒。

远思扬祖宗之德，近思盖父母之愆[1]；上思报国之恩，下思造家之福；外思济人之急，内思闲己之邪[2]。

【注释】

[1] 愆：过错、过失。

[2] 闲：限制，防止。

务要日日知非，日日改过；一日不知非，即一日安于自是；一日无过可改，即一日无步可进；天下聪明俊秀不少，所以德不加修，业不加广者，只为因循二字，耽阁一生[1]。云谷禅师所授立命之说，乃至精至邃、至真至正之理，其熟玩而勉行之[2]，毋自旷也[3]。

【注释】

[1] 耽阁：同“耽搁”。

[2] 熟玩：认真钻研。

[3] 自旷：自我放纵、疏旷心性。

二 改过之法

春秋诸大夫，见人言动，亿而谈其祸福[1]，靡不验者[2]，《左》《国》诸记可观也[3]。大都吉凶之兆，萌乎心而动乎四体，其过于厚者常获福，过于薄者常近祸，俗眼多翳[4]，谓有未定而不可测者。至诚合天，福之将至，观其善而必先知之矣；祸之将至，观其不善而必先知之矣。今欲获福而远祸，未论行善，先须改过。

【注释】

[1] 亿：通“臆”，推算，预测。

[2] 靡：无，没有。

[3]《左》《国》：《左传》《国语》。

[4] 翳：指眼角膜上所生的阻碍人眼视线的白斑。

但改过者，第一，要发耻心。思古之圣贤，与我同为丈夫，彼何以百世可师？我何以一身瓦裂？耽染尘情[1]，私行不义？谓人不知，傲然无愧，将日沦于禽兽而不自知矣；世之可羞可耻者，莫大乎此。《孟子》曰：“耻之于人大矣。”以其得之则圣贤，失之则禽兽耳。此改过之要机也。

【注释】

[1] 耽：沉迷。

第二，要发畏心。天地在上，鬼神难欺，吾虽过在隐微[1]，而天地鬼神，实鉴临之[2]，重则降之百殃，轻则损其现福，吾何可以不惧？不惟是也。闲居之地，指视昭然；吾虽掩之甚密，文之甚巧[3]，而肺肝早露，终难自欺；被人觑破，不值一文矣，乌得不懔懔[4]？不惟是也。一息尚存，弥天之恶，犹可悔改；古人有一生作恶，临死悔悟，发一善念，遂得善终者。谓一念猛厉[5]，足以涤百年之恶也。譬如千年幽谷，一灯才照，则千年之暗俱除；故过不论久近，惟以改为贵。但尘世无常，肉身易殒，一息不属，欲改无由矣。明则千百年担负恶名，虽孝子慈孙，不能洗涤；幽则千百劫沉沦狱报，虽圣贤佛菩萨，不能援引。乌得不畏？

【注释】

[1] 隐微：隐秘细微的地方。

[2] 鉴临：监察、审察。

[3] 文：掩饰、修饰。

[4] 懔懔：畏惧的样子。

[5] 猛厉：猛烈，形容气势盛，力量大。

第三，须发勇心。人不改过，多是因循退缩[1]；吾须奋然振作，不用迟疑，不烦等待。小者如芒刺在肉，速与抉剔[2]；大者如毒蛇啮指，速与斩除，无丝毫凝滞，此风雷之所以为益也[3]。

【注释】

[1] 因循：徘徊，犹豫。

[2] 抉剔：搜求剔除。

[3] 风雷之所以为益也：出自《易·益》："风雷，益。君子以见善则迁，有过则改。"意为风雷相助，象征增益，因此君子看到善行就倾心向往，有了过失就迅速改正。

具是三心，则有过斯改，如春冰遇日，何患不消乎？然人之过，有从事上改者，有从理上改者，有从心上改者；工夫不同，效验亦异。如前日杀生，今戒不杀；前日怒詈[1]，今戒不怒；此就其事而改之者也。强制于外，其难百倍，且病根终在，东灭西生，非究竟廓然之道也[2]。

【注释】

[1] 詈（lì）：责骂。

[2] 廓然：超然、豁达的样子。

善改过者，未禁其事，先明其理；如过在杀生，即思曰：上帝好生，物皆恋命，杀彼养己，岂能自安？且彼之杀也，既受屠割，复入鼎镬[1]，种种痛苦，彻入骨髓；己之养也，珍膏罗列，食过即空，疏食菜羹，尽可充腹，何必戕彼之生[2]，损己之福哉？又思血气之属，皆含灵知，既有灵知，皆我一体；纵不能躬修至德，使之尊我亲我，岂可日戕物命，使之仇我憾我于无穷也？一思及此，将有对食伤心，不能下咽者矣。

【注释】

[1] 鼎镬（huò）：古代两种烹煮炊器，曾用以煮人，是最残酷的刑罚之一。镬，似鼎无足。

[2] 戕（qiāng）：残杀。

如前日好怒，必思曰：人有不及，情所宜矜[1]；悖理相干，于我何与？本无可怒者。又思天下无自是之豪杰，亦无尤人之学问；行有不得，皆己之德未修，感未至也。吾悉以自反，则谤毁之来，皆磨炼玉成之地[2]；我将欢然受赐，何怒之有？

【注释】

[1] 矜：怜悯。

[2] 玉成：成全、促成。

又闻谤而不怒，虽谗焰熏天，如举火焚空，终将自息；闻谤而怒，虽巧心力辩，如春蚕作茧，自取缠绵[1]；怒不惟无益，且有害也。其余种种过恶，皆当据理思之。此理既明，过将自止。

【注释】

[1] 缠绵：纠缠、束缚。

何谓从心而改？过有千端，惟心所造；吾心不动，过安从生？学者于好色，好名，好货，好怒，种种诸过，不必逐类寻求；但当一心为善，正念现前，邪念自然污染不上。如太阳当空，魍魉潜消[1]，此精一之真传也[2]。过由心造，亦由心改，如斩毒树，直断其根，奚必枝枝而伐，叶叶而摘哉？

【注释】

[1] 魍魉（wǎng liǎng）：古代神话传说中的山川精怪。

[2] 精一：精纯。

大抵最上者治心，当下清净；才动即觉，觉之即无；苟未能然，须明理以遣之；又未能然，须随事以禁之；以上事而兼行下功，未为失策。执下而昧上，则拙矣。

顾发愿改过，明须良朋提醒，幽须鬼神证明；一心忏悔，昼夜不懈，经一七[1]、二七，以至一月、二月、三月，必有效验。或觉心神恬旷；或觉智慧顿开；或处冗沓而触念皆通；或遇怨仇而回嗔作喜；或梦吐黑物；或梦往圣先贤，提携接引[2]；或梦飞步太虚[3]；或梦幢幡宝盖[4]，种种胜事，皆过消罪灭之象也。然不得执此自高，画而不进。

【注释】

[1] 一七：指一周。

[2] 接引：佛教用语，指佛、菩萨将众生引入西方极乐世界。

[3] 太虚：太空。

[4] 幢幡（chuáng fān）：指佛教、道教所用的旌旗，建于佛寺或道场之前。

昔蘧伯玉当二十岁时[1]，已觉前日之非而尽改之矣。至二十一岁，乃知前之所改，未尽也；及二十二岁，回视二十一岁，犹在梦中。岁复一岁，递递改之。行年五十[2]，而犹知四十九年之非。

【注释】

[1] 蘧（qú）伯玉：蘧瑗（yuàn），字伯玉，春秋时期卫国大夫，是孔子的挚友，封“先贤”，奉祀于孔庙东庑第一位。他一生侍奉卫献公、襄公、灵公三代国君，主张以德治国，使卫国能够在几个大国的强压之下稳立于中原。

[2] 行年：经历的年岁。

吾辈身为凡流，过恶猬集[1]，而回思往事，常若不见其有过者，心粗而眼翳也。然人之过恶深重者，亦有效验：或心神昏塞，转头即忘；或无事而常烦恼；或见君子而赧然消沮[2]；或闻正论而不乐；或施惠而人反怨；或夜梦颠倒，甚则妄言失志；皆作孽之相也。苟一类此，即须奋发，舍旧图新，幸勿自误。

【注释】

[1] 猬集：比喻事情多而集中，就像刺猬的刺一样聚在一起。

[2] 赧（nǎn）然：形容羞愧，难为情的样子。赧，因惭愧而脸红。

三 积善之方

《易》曰：“积善之家，必有余庆。”昔颜氏将以女妻叔梁纥[1]，而历叙其祖宗积德之长，逆知其子孙必有兴者[2]。孔子称舜之大孝，曰：“宗庙飨之[3]，子孙保之。”皆至论也。试以往事征之[4]。

【注释】

[1] 妻：嫁娶。叔梁纥（hé）：春秋时期鲁国人，孔子之父。叔梁纥娶了颜氏的最小女儿，生下孔子。孔子三岁时，叔梁纥去世。

[2] 逆知：预先知道。

[3] 飨：享祭、祭祀。

[4] 征：同“证”，验证、证明。

杨少师荣[1]，建宁人，世以济渡为生[2]。久雨溪涨，横流冲毁民居，溺死者顺流而下，他舟皆捞取货物，独少师曾祖及祖，惟救人，而货物一无所取，乡人嗤其愚[3]。逮少师父生，家渐裕。有神人化为道者，语之曰：“汝祖父有阴功，子孙当贵显，宜葬某地。”遂依其所指而窆之[4]，即今白兔坟也。后生少师，弱冠登第，位至三公，加曾祖、祖、父，如其官。子孙贵盛，至今尚多贤者。

【注释】

[1] 少师：官名，专掌辅弼君主。北周以后历代多沿置，与少傅、少保合称“三孤”。明清时作为荣誉官衔，列为从一品，但不担任职事。

[2] 济渡：指摆渡。

[3] 嗤：讥笑。

[4] 窆（biǎn）：下葬。

鄞人杨自惩，初为县吏，存心仁厚，守法公平。时县宰严肃，偶挞一囚，血流满前，而怒犹未息，杨跪而宽解之。宰曰：“怎奈此人越法悖理，不由人不怒。”自惩叩首曰：“上失其道，民散久矣。如得其情，哀矜勿喜[1]；喜且不可，而况怒乎？”宰为之霁颜[2]。

【注释】

[1] 如得其情，哀矜勿喜：出自《论语·子张》：“如得其情，则哀矜而勿喜。”意思是，如果审问出犯罪者的罪行，就应该怜悯他们，而不是居功自喜。哀矜，怜悯、同情。

[2] 霁颜：收敛威怒之貌，变为和颜悦色。霁，怒气消除。

家甚贫，馈遗一无所取[1]。遇囚人乏粮，常多方以济之。一日，有新囚数人待哺，家又缺米，给囚则家人无食，自顾则囚人堪悯。与其妇商之。妇曰：“囚从何来？”

曰：“自杭而来。沿路忍饥，菜色可掬。”因撤己之米，煮粥以食囚。后生二子，长曰守陈，次曰守址，为南北吏部侍郎。长孙为刑部侍郎，次孙为四川廉宪[2]，又俱为名臣。今楚亭、德政，亦其裔也。

【注释】

[1] 馈遗：馈赠、赠送。

[2] 廉宪：官名，廉访使的俗称，宋朝设置，明清时期称作“提刑按察使”。廉访使每年八月至次年四月到各个地方考察官吏政绩，复查冤案，了解民情等。

昔正统间，邓茂七倡乱于福建，士民从贼者甚众。朝廷起鄞县张都宪楷南征[1]，以计擒贼。后委布政司谢都事[2]，搜杀东路贼党。谢求贼中党附册籍，凡不附贼者，密授以白布小旗，约兵至日，插旗门首，戒军兵无妄杀，全活万人。后谢之子迁，中状元，为宰辅[3]；孙丕，复中探花。

【注释】

[1] 都宪：明朝都御史的别称，为都察院长官，负责监察、弹劾百官，辨明冤枉，提督各道，是天子的耳目。

[2] 布政司：明代地方行政机构，洪武九年（1376）改行中书省，分全国为十三布政司，每司设左右布政使一人。

[3] 宰辅：指宰相一类的高官重臣。

莆田林氏，先世有老母好善，常作粉团施人[1]，求取即与之，无倦色。一仙化为道人，每旦索食六七团。母日日与之，终三年如一日，乃知其诚也。因谓之曰："吾食汝三年粉团，何以报汝？府后有一地，葬之，子孙官爵，有一升麻子之数。"

其子依所点葬之，初世即有九人登第，累代簪缨甚盛[2]。福建有"无林不开榜"之谣[3]。

【注释】

[1] 粉团：用糯米做成，外面裹着芝麻，放到油锅里煎炸，像现在的麻团。

[2] 簪缨：古代官吏的冠饰，借指做官或显贵。

[3] 谣：民谣、谚语。

冯琢庵太史之父[1]，为邑庠生[2]。隆冬早起赴学，路遇一人，倒卧雪中，扪之[3]，半僵矣。遂解己绵裘衣之，且扶归救甦。梦神告之曰："汝救人一命，出至诚心，吾遣韩琦为汝子[4]。"及生琢庵，遂名琦。

【注释】

[1] 冯琢庵：冯琦（1558—1603），字琢庵，万历年间进士。

[2] 邑：县。庠（xiáng）生：明清时期府、州、县学校生员的别称。

[3] 扪（mén）：按、摸。

[4] 韩琦：北宋政治家、词人，字稚圭，自号赣叟。他曾为相十载、辅佐三朝。无论是在朝中为相，还是在地方任职，他都忠心报国，忠于职守、勤政爱民，为北宋的繁荣发展做出了贡献，是封建社会官僚的楷模。

台州应尚书[1]，壮年习业于山中。夜鬼啸集，往往惊人，公不惧也。一夕闻鬼云："某妇以夫久客不归，翁姑逼其嫁人[2]。明夜当缢死于此，吾得代矣。"公潜卖田[3]，得银四两，即伪作其夫之书，寄银还家。其父母见书，以手迹不类[4]，疑之。既而曰："书可假，银不可假，想儿无恙。"妇遂不嫁。其子后归，夫妇相保如初。

【注释】

[1] 应尚书：应大猷，字邦升，号容庵，明武宗正德年间进士，官至刑部尚书，故称。

[2] 翁姑：公公与婆婆。

[3] 潜：悄悄地、秘密地。

[4] 类：相似。

公又闻鬼语曰："我当得代，奈此秀才坏事。"

旁一鬼曰："尔何不祸之？"

曰："上帝以此人心好，命作阴德尚书矣。吾何得而祸之？"

应公因此益自努励，善日加修，德日加厚。遇岁饥，辄捐谷以赈之；遇亲戚有急，辄委曲维持[1]；遇有横逆[2]，辄反躬自责[3]，怡然顺受。子孙登科第者，今累累也。

【注释】

[1] 委曲：殷勤周到。

[2] 横逆：横行霸道、强暴无理。

[3] 反躬：反省自身。

常熟徐凤竹栻，其父素富，偶遇年荒，先捐租以为同邑之倡[1]，又分谷以赈贫乏。夜闻鬼唱于门曰："千不诓[2]，万不诓，徐家秀才，做到了举人郎。"相续而呼，连夜不断。是岁，凤竹果举于乡。其父因而益积德，孳孳不怠[3]，修桥修路，斋僧接众，凡有利益，无不尽心。后又闻鬼唱于门曰："千不诓，万不诓，徐家举人，直做到都堂[4]。"凤竹官终两浙巡抚[5]。

【注释】

[1] 倡：倡导、带头。

[2] 诓：欺骗。

[3] 孳孳：同“孜孜”，勤勉、不懈怠。

[4] 都堂：明清时期都察院堂上官为都堂。

[5] 巡抚：明代开始设置，地方军政大员之一，与总督同为地方最高长官，又称“中丞”“抚台”“抚军”。

嘉兴屠康僖公[1]，初为刑部主事，宿狱中，细询诸囚情状，得无辜者若干人。公不自以为功，密疏其事，以白堂官[2]。后朝审[3]，堂官摘其语，以讯诸囚，无不服者，释冤抑十余人，一时辇下咸颂尚书之明。

公复禀曰：“辇毂之下[4]，尚多冤民，四海之广，兆民之众，岂无枉者？宜五年差一减刑官，核实而平反之。”

尚书为奏，允其议。时公亦差减刑之列。梦一神告之曰：“汝命无子，今减刑之议，深合天心，上帝赐汝三子，皆衣紫腰金[5]。”是夕夫人有娠，后生应埙、应坤、应埈，皆显官。

【注释】

[1] 屠康僖：屠勋（1446—1516），字元勋，号东湖，官至刑部尚书，追赠太保，谥号康僖。他为官清廉，办事干练，政绩卓著。

[2] 白：报告。堂官：明清时期对中央各部长官如尚书、侍郎等的称呼。

[3] 朝审：明清时期对已判处死刑但尚未执行的案犯实行秋后重新审查的制度。

[4] 辇毂之下：借指京城。辇毂，天子的车驾。

[5] 衣紫腰金：佩戴紫绶、腰挂金章，指做高官。

嘉兴包凭，字信之。其父为池阳太守，生七子，凭最少，赘平湖袁氏，与吾父往来甚厚，博学高才，累举不第，留心二氏之学[1]。一日东游泖湖，偶至一村寺中，见观音像，淋漓露立，即解橐中得十金[2]，授主僧，令修屋宇。僧告以功大银少，不能竣事。复取松布四匹，检箧中衣七件与之，内纻褶[3]，系新置，其仆请已之。凭曰：“但得圣像无恙，吾虽裸裎何伤[4]？”僧垂泪曰：“舍银及衣布，犹非难事。只此一点心，如何易得。”

后功完，拉老父同游，宿寺中。公梦伽蓝来谢曰[5]：“汝子当享世禄矣。”后子汴，孙柽芳，皆登第，作显官。

【注释】

[1] 二氏之学：指佛、道两家的易理学问。

[2] 橐（tuó）：装东西的袋子。

[3] 纻褶：明代的一种服装。

[4] 裸裎（chéng）：赤身露体。裎，脱衣露体。

[5] 伽蓝：佛教寺院里的护法神。

嘉善支立之父[1]，为刑房吏[2]。有囚无辜陷重辟[3]，意哀之，欲求其生。囚语其妻曰：“支公嘉意，愧无以报。明日延之下乡，汝以身事之，彼或肯用意，则我可生也。”其妻泣而听命。及至，妻自出劝酒，具告以夫意。支不听，卒为尽力平反之。囚出狱，夫妻登门叩谢曰：“公如此厚德，晚世所稀[4]。今无子，吾有弱女，送为箕帚妾[5]，此则礼之可通者。”支为备礼而纳之，生立，弱冠中魁，官至翰林孔目[6]。立生高，高生禄，皆贡为学博[7]。禄生大纶，登第。

【注释】

[1] 支立：字可兴，曾任浙江嘉善县令，号“十竹轩主人”。

[2] 刑房吏：掌管法律、刑狱等事务的官吏。

[3] 重辟：重刑、死罪。辟，罪。

[4] 晚世：近世。

[5] 箕帚妾：持箕帚的奴婢，借指妻妾。

[6] 孔目：掌管文书档案、收藏图书的小官吏，明制唯于翰林院置孔目，官阶未入流，为低级事务人员。

[7] 贡：推荐、举荐。学博：唐朝官制，府郡设经学博士各一名，掌管五经以教授学生。后泛称学官为学博。

凡此十条，所行不同，同归于善而已。若复精而言之，则善有真、有假；有端[1]、有曲；有阴、有阳；有是、有非；有偏、有正；有半、有满；有大、有小；有难、有易；皆当深辨。为善而不穷理[2]，则自谓行持[3]，岂知造孽，枉费苦心，无益也。

【注释】

[1] 端：端正。

[2] 穷理：对事物之理追根问底。

[3] 行持：施行。

何谓真假？昔有儒生数辈，谒中峰和尚[1]，问曰："佛氏论善恶报应，如影随形。今某人善，而子孙不兴；某人恶，而家门隆盛；佛说无稽矣[2]。"

中峰云："凡情未涤[3]，正眼未开[4]，认善为恶，指恶为善，往往有之。不憾己之是非颠倒，而反怨天之报应有差乎？"

众曰："善恶何致相反？"

中峰令试言其状。

一人谓："詈人、殴人是恶，敬人、礼人是善。"

中峰云："未必然也。"

一人谓："贪财妄取是恶，廉洁有守是善。"

中峰云："未必然也。"

众人历言其状，中峰皆谓不然。因请问。

中峰告之曰："有益于人，是善；有益于己，是恶。有益于人，则殴人、詈人皆善也；有益于己，则敬人、礼人皆恶也。是故人之行善，利人者公，公则为真；利己者私，私则为假。又根心者真[5]，袭迹者假[6]；又无为而为者真，有为而为者假。皆当自考。"

【注释】

[1] 中峰和尚：元代高僧，俗姓孙，号中峰，法号智觉。

[2] 无稽：没有根据。稽，考核、考证。

[3] 凡情：凡人的世俗情见。

[4] 正眼：正知、正见的眼睛。

[5] 根心：发自内心。

[6] 袭迹：模仿他人的事迹，做表面文章。

何谓端曲？今人见谨愿之士[1]，类称为善而取之；圣人则宁取狂狷[2]。至于谨愿之士，虽一乡皆好，而必以为德之贼[3]。是世人之善恶，分明与圣人相反。推此一端，种种取舍，无有不谬。天地鬼神之福善祸淫，皆与圣人同是非，而不与世俗同取舍。凡欲积善，决不可徇耳目[4]，惟从心源隐微处[5]，默默洗涤。纯是济世之心，则为端；苟有一毫媚世之心，即为曲；纯是爱人之心，则为端；有一毫愤世之心，即为曲；纯是敬人之心，则为端；有一毫玩世之心，即为曲。皆当细辨。

【注释】

[1] 谨愿：谨慎老实。

[2] 狂狷：志向高远与拘谨自守的人。

[3] 德之贼：败坏道德的人。

[4] 徇：通“循”，遵从。

[5] 心源：佛语，指以心为万法根源。

何谓阴阳？凡为善而人知之，则为阳善；为善而人不知，则为阴德。阴德，天报之；阳善，享世名。名，亦福也。名者，造物所忌；世之享盛名而实不副者，多有奇祸；人之无过咎而横被恶名者[1]，子孙往往骤发。阴阳之际微矣哉。

【注释】

[1] 过咎：过错、过失。

何谓是非？鲁国之法，鲁人有赎人臣妾于诸侯[1]，皆受金于府。子贡赎人而不受金。孔子闻而恶之曰：“赐失之矣。夫圣人举事，可以移风易俗，而教道可施于百姓，非独适己之行也。今鲁国富者寡而贫者众，受金则为不廉，何以相赎乎？自今以后，不复赎人于诸侯矣。”

子路拯人于溺，其人谢之以牛，子路受之。孔子喜曰：“自今鲁国多拯人于溺矣。”

自俗眼观之，子贡不受金为优，子路之受牛为劣，孔子则取由而黜赐焉[2]。乃知人之为善，不论现行而论流弊；不论一时而论久远；不论一身而论天下。现行虽善，而其流足以害人，则似善而实非也；现行虽不善，而其流足以济人，则非善而实是也。然此就一节论之耳。他如非义之义，非礼之礼，非信之信，非慈之慈，皆当抉择。

【注释】

[1] 臣妾：西周、春秋时期对服贱役的奴隶的称呼，男性奴隶称为臣，女性奴隶称为妾。

[2] 由：仲由，字子路，孔门十哲之一。黜：贬低。赐：端木赐，字子贡，孔子的得意门生，亦为孔门十哲之一。

何谓偏正？昔吕文懿公初辞相位[1]，归故里，海内仰之，如泰山北斗。有一乡人醉而詈之，吕公不动，谓其仆曰："醉者勿与较也。"闭门谢之。逾年[2]，其人犯死刑入狱。吕公始悔之曰："使当时稍与计较，送公家责治[3]，可以小惩而大戒。吾当时只欲存心于厚，不谓养成其恶，以至于此。"此以善心而行恶事者也。

【注释】

[1] 吕文懿公：吕原（1418—1462），字逢原，号介庵，谥号文懿。历官翰林学士、右春坊大学士等职。

[2] 逾年：过了一年。逾，超过。

[3] 公家：指官府。

又有以恶心而行善事者。如某家大富，值岁荒，穷民白昼抢粟于市。告之县，县不理，穷民愈肆，遂私执而困辱之，众始定。不然，几乱矣。故善者为正，恶者为偏，人皆知之。其以善心行恶事者，正中偏也；以恶心而行善事者，偏中正也。不可不知也。

何谓半满？《易》曰："善不积，不足以成名；恶不积，不足以灭身。"《书》曰："商罪贯盈[1]，如贮物于器。"勤而积之，则满；懈而不积，则不满。此一说也。

【注释】

[1] 贯盈：即“恶贯满盈”，形容罪大恶极。

昔有某氏女入寺，欲施而无财，止有钱二文，捐而与之，主席者亲为忏悔。及后入宫富贵，携数千金入寺舍之，主僧惟令其徒回向而已。

因问曰：“吾前施钱二文，师亲为忏悔；今施数千金，而汝不回向，何也？”

曰：“前者物虽薄，而施心甚真，非老僧亲忏，不足报德；今物虽厚，而施心不若前日之切，令人代忏足矣。” 此千金为半，而二文为满也。

钟离授丹于吕祖[1]，点铁为金[2]，可以济世。

吕问曰：“终变否？”

曰：“五百年后，当复本质。”

吕曰：“如此则害五百年后人矣，吾不愿为也。”

曰：“修仙要积三千功行[3]，汝此一言，三千功行已满矣。”

此又一说也。

【注释】

[1] 钟离：钟离权，字云房，一字寂道，号正阳子，又号和谷子，道教全真派尊他为“正阳祖师”，后演变为“八仙”之一的汉钟离。吕祖：即吕洞宾，名岩，字洞宾，道号纯阳子，自称回道人，全真道祖师，后道教奉为神仙，是“八仙”中传闻最广的一位仙人。

[2] 点铁为金：道家称其所炼丹具有点铁石成黄金的神奇功效。

[3] 功行：指僧道等修行的功夫。

又为善而心不著善，则随所成就，皆得圆满。心著于善，虽终身勤励，止于半善而已。譬如以财济人，内不见己，外不见人，中不见所施之物，是谓三轮体空[1]，是谓一心清净，则斗粟可以种无涯之福，一文可以消千劫之罪。倘此心未忘，虽黄金万镒，福不满也。此又一说也。

【注释】

[1] 三轮体空：这里指布施时应有的态度，意在指导人们施恩于人不要希

求回报。三轮：指施者、受施者、所施之物。

何谓大小？昔卫仲达为馆职[1]，被摄至冥司[2]，主者命吏呈善恶二录。比至，则恶录盈庭，其善录一轴，仅如箸而已。索秤称之，则盈庭者反轻，而如箸者反重。仲达曰：“某年未四十，安得过恶如是多乎？”

曰：“一念不正即是，不待犯也。”

因问轴中所书何事，曰：“朝廷常兴大工，修三山石桥，君上疏谏之，此疏稿也[3]。”

仲达曰：“某虽言，朝廷不从，于事无补，而能有如是之力。”

曰：“朝廷虽不从，君之一念，已在万民；向使听从，善力更大矣。”

故志在天下国家，则善虽少而大；苟在一身，虽多亦小。

【注释】

[1] 馆职：在馆阁任职的官员。

[2] 冥司：阴间。

[3] 疏稿：奏疏的草稿。

何谓难易？先儒谓克己须从难克处克将去。夫子论为仁，亦曰先难。必如江西舒翁，舍二年仅得之束脩[1]，代偿官银，而全人夫妇；与邯郸张翁，舍十年所积之钱，代完赎银，而活人妻子，皆所谓难舍处能舍也。如镇江靳翁，虽年老无子，不忍以幼女为妾，而还之邻，此难忍处能忍也。故天降之福亦厚。凡有财有势者，其立德皆易，易而不为，是为自暴。贫贱作福皆难，难而能为，斯可贵耳。

【注释】

[1] 束脩：十条腊肉。古代学生与教师初次见面时，必先奉赠礼物，表示敬意，亦作学费。

随缘济众，其类至繁，约言其纲，大约有十：第一，与人为善；第二，爱敬存心；第三，成人之美；第四，劝人为善；第五，救人危急；第六，兴建大利；第七，舍财作福；第八，护持正法[1]；第九，敬重尊长；第十，爱惜物命。

【注释】

[1] 护持正法：诸佛、菩萨以大慈悲之心护持如来正法，使一切邪魔外道都不能作乱，令众生能够正信乐闻，获益无穷。

何谓与人为善？昔舜在雷泽，见渔者皆取深潭厚泽，而老弱则渔于急流浅滩之中，恻然哀之。往而渔焉，见争者皆匿其过而不谈；见有让者，则揄扬而取法之[1]。期年，皆以深潭厚泽相让矣。夫以舜之哲，岂不能出一言教众人哉？乃不以言教而以身转之，此良工苦心也[2]。

【注释】

[1] 揄扬：宣扬。

[2] 良工苦心：指做某事时的良苦用心。

吾辈处末世[1]，勿以己之长而盖人，勿以己之善而形人，勿以己之多能而困人。收敛才智，若无若虚，见人过失，且涵容而掩覆之。一则令其可改，一则令其有所顾忌而不敢纵。见人有微长可取，小善可录，翻然舍己而从之，且为其称而广述之。凡日用间，发一言，行一事，全不为自己起念，全是为物立则，此大人天下为公之度也[2]。

【注释】

[1] 末世：现世。

[2] 大人：道德高尚的人。

何谓爱敬存心？君子与小人，就形迹观，常易相混，惟一点存心处，则善恶悬绝[1]，判然如黑白之相反。故曰：君子所以异于人者，以其存心也。君子所存之心，只是爱人敬人之心。盖人有亲疏贵贱，有智愚贤不肖[2]；万品不齐，皆吾同胞，皆吾一体，孰非当敬爱者？爱敬众人，即是爱敬圣贤；能通众人之志，即是通圣贤之志。何者？圣贤之志，本欲斯世斯人，各得其所。吾合爱合敬，而安一世之人，即是为圣贤而安之也。

【注释】

[1] 悬绝：悬殊、差距大。

[2] 不肖：不才、不贤。

何谓成人之美？玉之在石，抵掷则瓦砾，追琢则圭璋[1]。故凡见人行一善事，或其人志可取而资可进，皆须诱掖而成就之[2]。或为之奖借[3]，或为之维持[4]，或为白其诬而分其谤，务使之成立而后已[5]。

【注释】

[1] 追琢：雕琢、雕刻。追，通“雕”。圭璋：一种贵重玉器，古代礼玉的一种，为瑞信之器。古礼制，诸侯朝王执圭，朝后执璋。

[2] 诱掖：引导和扶助。

[3] 奖借：称赞推许。

[4] 维持：维护帮助。

[5] 成立：成就、造就。

大抵人各恶其非类，乡人之善者少，不善者多。善人在俗，亦难自立。且豪杰铮铮，不甚修形迹，多易指摘。故善事常易败，而善人常得谤。惟仁人长者，匡直而辅翼之[1]，其功德最宏。

【注释】

[1] 匡直：匡正、纠正。辅翼：辅佐、辅助。

何谓劝人为善？生为人类，孰无良心？世路役役[1]，最易没溺[2]。凡与人相处，当方便提撕[3]，开其迷惑。譬犹长夜大梦，而令之一觉；譬犹久陷烦恼，而拔之清凉[4]，为惠最溥[5]。韩愈云：“一时劝人以口，百世劝人以书。”较之与人为善，虽有形迹，然对症发药，时有奇效，不可废也。失言失人[6]，当反吾智。

【注释】

[1] 役役：劳苦不息的样子。

[2] 没溺：沉溺、沉迷。

[3] 提撕：警觉、提醒。

[4] 清凉：佛教指一切烦恼、愁苦都消失。

[5] 溥（pǔ）：广大。

[6] 失言失人：出自《论语·卫灵公》："可与人言而不与之言，失人；不可言而与之言，失言。"

何谓救人危急？患难颠沛，人所时有。偶一遇之，当如痌瘝之在身[1]，速为解救。或以一言伸其屈抑[2]，或以多方济其颠连[3]。崔子曰："惠不在大，赴人之急可也。"盖仁人之言哉！

【注释】

[1] 痌瘝（tōng guān）：病痛、痛苦。

[2] 屈抑：冤屈、压抑。

[3] 颠连：穷困、困苦。

何谓兴建大利？小而一乡之内，大而一邑之中，凡有利益，最宜兴建。或开渠导水，或筑堤防患；或修桥梁，以便行旅；或施茶饭，以济饥渴；随缘劝导，协力兴修，勿避嫌疑，勿辞劳怨。

何谓舍财作福？释门万行[1]，以布施为先。所谓布施者，只是舍之一字耳。达者内舍六根[2]，外舍六尘[3]，一切所有，无不舍者。苟非能然，先从财上布施。世人以衣食为命，故财为最重。吾从而舍之，内以破吾之悭，外以济人之急。始而勉强，终则泰然，最可以荡涤私情，祛除执吝。

【注释】

[1] 释门：佛门。

[2] 六根：佛语，称眼、耳、舌、鼻、身、意为"六根"。

[3] 六尘：佛语，称色、声、香、味、触、法为"六尘"。

何谓护持正法？法者，万世生灵之眼目也。不有正法，何以参赞天地[1]？何以裁成万物？何以脱尘离缚？何以经世出世[2]？故凡见圣贤庙貌，经书典籍，皆当敬重而修饬之[3]。至于举扬正法，上报佛恩，尤当勉励。

【注释】

[1] 参赞：参与协助。

[2] 经世：阅历世事、经理世务。出世：超脱世俗。

[3] 修饬（chì）：整理、修缮。

何谓敬重尊长？家之父兄，国之君长，与凡年高、德高、位高、识高者，皆当加意奉事。在家而奉侍父母，使深爱婉容[1]，柔声下气，习以成性[2]，便是和气格天之本[3]。出而事君，行一事，毋谓君不知而自恣也[4]。刑一人，毋谓君不知而作威也。事君如天，古人格论[5]，此等处最关阴德。试看忠孝之家，子孙未有不绵远而昌盛者，切须慎之。

【注释】

[1] 婉容：形容和颜悦色。

[2] 习以成性：习惯了便养成性格。

[3] 格天：感应上天。格，感通。

[4] 自恣：自我放纵。

[5] 格论：格言，至理名言。

何谓爱惜物命？凡人之所以为人者，惟此恻隐之心而已[1]；求仁者求此，积德者积此。周礼：孟春之月，牺牲毋用牝[2]。孟子谓：君子远庖厨，所以全吾恻隐之心也。故前辈有四不食之戒，谓闻杀不食，见杀不食，自养者不食，专为我杀者不食。学者未能断肉，且当从此戒之。

【注释】

[1] 恻隐：怜悯、同情。

[2] 牺牲：指祭祀用品。牝（pìn）：指雌性的兽类。

渐渐增进，慈心愈长。不特杀生当戒，蠢动含灵[1]，皆为物命。求丝煮茧，锄地杀虫，念衣食之由来，皆杀彼以自活。故暴殄之孽[2]，当与杀生等[3]。至于手所误伤，足所误践者，不知其几，皆当委曲防之。古诗云："爱鼠常留饭，怜蛾不点灯。"何其仁也！

【注释】

[1] 蠢动含灵：指一切众生。

[2] 暴殄（tiǎn）：指糟蹋毁坏、肆意挥霍自然资源。

[3] 等：等同。

善行无穷，不能殚述[1]；由此十事而推广之，则万德可备矣。

【注释】

[1] 殚：竭尽。

四 谦德之效

《易》曰："天道亏盈而益谦，地道变盈而流谦[1]，鬼神害盈而福谦，人道恶盈而好谦。"是故谦之一卦[2]，六爻皆吉[3]。《书》曰："满招损，谦受益。"予屡同诸公应试，每见寒士将达，必有一段谦光可掬。

【注释】

[1] 流：流向、充实。

[2] 谦：此指谦卦，艮下坤上，为地中有山之象。山本高大，但处于地下，高大显示不出来，在人则象征德行很高，但能谦虚而不显扬。

[3] 爻：构成《易经》之卦的基本卦画，代表阳和阴的爻画，有交错、变易的意思。

辛未计偕[1]，我嘉善同袍凡十人[2]，惟丁敬宇宾[3]，年最少，极其谦虚。

予告费锦坡曰："此兄今年必第。"

费曰："何以见之？"

予曰："惟谦受福。兄看十人中，有恂恂款款[4]，不敢先人，如敬宇者乎？

有恭敬顺承，小心谦畏，如敬宇者乎？有受侮不答，闻谤不辩，如敬宇者乎？人能如此，即天地鬼神，犹将佑之，岂有不发者？”

及开榜，丁果中式[5]。

【注释】

[1] 计偕：举人进京会试。

[2] 同袍：指朋友、同学、同僚、同年等。

[3] 丁敬宇宾：名丁宾，号敬宇。

[4] 恂恂款款：温和恭顺、诚恳忠实的样子。

[5] 中式：指科举考试被录取。

丁丑在京，与冯开之同处[1]，见其虚己敛容[2]，大变其幼年之习。李霁岩直谅益友[3]，时面攻其非，但见其平怀顺受，未尝有一言相报。予告之曰：“福有福始，祸有祸先。此心果谦，天必相之。兄今年决第矣。”已而果然。

【注释】

[1] 冯开之：冯梦祯（1548—1605），字开之，明代佛教居士、诗人。明万历五年（1577）进士，官至翰林院编修，著有《快雪堂集》《快雪堂漫录》《历代贡举志》等。

[2] 敛容：正容，肃静。

[3] 直谅：正直诚信。

赵裕峰光远，山东冠县人，童年举于乡，久不第。其父为嘉善三尹[1]，随之任。慕钱明吾，而执文见之。明吾悉抹其文，赵不惟不怒，且心服而速改焉。明年，遂登第。

【注释】

[1] 三尹：明朝官制，知县称大尹，县丞称二尹，主簿称三尹。

壬辰岁，予入觐[1]，晤夏建所，见其人气虚意下，谦光逼人。归而告友人曰："凡天将发斯人也，未发其福，先发其慧。此慧一发，则浮者自实，肆者自敛。建所温良若此，天启之矣。"及开榜，果中式。

【注释】

[1] 入觐：入朝觐见皇帝。

江阴张畏岩，积学工文，有声艺林[1]。甲午，南京乡试，寓一寺中[2]，揭晓无名，大骂试官，以为眯目。时有一道者，在傍微笑，张遽移怒道者[3]。道者曰："相公文必不佳。[4]"

张益怒曰："汝不见我文，乌知不佳？"

道者曰："闻作文，贵心气和平，今听公骂詈，不平甚矣，文安得工？"

张不觉屈服，因就而请教焉。

【注释】

[1] 艺林：指读书人群体。

[2] 寓：指寄居。

[3] 遽：马上、立刻。

[4] 相公：古时候对读书人的称呼，明清时期也这样称呼秀才。

道者曰："中全要命；命不该中，文虽工，无益也。须自己做个转变。"

张曰："既是命，如何转变？"

道者曰："造命者天，立命者我[1]。力行善事，广积阴德，何福不可求哉？"

张曰："我贫士，何能为？"

道者曰："善事阴功，皆由心造[2]。常存此心，功德无量。且如谦虚一节，并不费钱，你如何不自反而骂试官乎？"

【注释】

[1] 立命：修身养性以奉行天命。

[2] 心造：佛教用语，指由心所生。

张由此折节自持[1]，善日加修，德日加厚。丁酉，梦至一高房，得试录一册，中多缺行。问旁人，曰：“此今科试录。”

问：“何多缺名？”

曰：“科第阴间三年一考较，须积德无咎者，方有名。如前所缺，皆系旧该中式，因新有薄行而去之者也。[2]”后指一行云：“汝三年来，持身颇慎，或当补此，幸自爱。”是科果中一百五名。

【注释】

[1] 折节：改变以前的志向品行。

[2] 薄行：品行不端、轻薄无行。

由此观之，举头三尺，决有神明；趋吉避凶，断然由我。须使我存心制行，毫不得罪于天地鬼神，而虚心屈己，使天地鬼神，时时怜我，方有受福之基。彼气盈者，必非远器[1]，纵发亦无受用。稍有识见之士，必不忍自狭其量，而自拒其福也。况谦则受教有地，而取善无穷，尤修业者所必不可少者也。

【注释】

[1] 远器：指有才能、能担大事的人。

古语云：“有志于功名者，必得功名；有志于富贵者，必得富贵。”人之有志，如树之有根。立定此志，须念念谦虚，尘尘方便，自然感动天地，而造福由我。今之求登科第者，初未尝有真志，不过一时意兴耳。兴到则求，兴阑则止[1]。

孟子曰：“王之好乐甚，齐民其庶几乎[2]？”予于科名亦然。

【注释】

[1] 兴阑：兴尽。阑，残、尽。

[2] 庶几：差不多、近似。

《朱子治家格言》

朱用纯（1627—1698），字致一，号柏庐，明末清初著名理学家、教育家。他终生都未入仕，潜心治学，居乡教授学生。他以程、朱理学为本，提倡知行并进，躬行实践。生平精神宁谧，严以律己，对当时愿和他交往的官吏、豪绅，以礼自持。

《朱子治家格言》又称《朱柏庐治家格言》《朱子家训》，全文五百余字，文字对仗工整，朗朗上口；内容简明赅备，义理深刻，涵盖了修身、治家、处世的方方面面，是脍炙人口的经典家训。

黎明即起，洒扫庭除[1]，要内外整洁。

既昏便息，关锁门户，必亲自检点[2]。

一粥一饭，当思来处不易；半丝半缕[3]，恒念物力维艰[4]。

宜未雨而绸缪，毋临渴而掘井。

自奉必须俭约[5]，宴客切勿留连。

器具质而洁，瓦缶胜金玉；饮食约而精，园蔬逾珍馐。

勿营华屋，勿谋良田。

三姑六婆[6]，实淫盗之媒；婢美妾娇，非闺房之福。

奴仆勿用俊美，妻妾切忌艳妆。

祖宗虽远，祭祀不可不诚；子孙虽愚，经书不可不读。

居身务期质朴，训子要有义方[7]。

勿贪意外之财，勿饮过量之酒。

与肩挑贸易[8]，毋占便宜；见穷苦亲邻，须加体恤。

刻薄成家，理无久享；伦常乖舛，立见消亡。

兄弟叔侄，须分多润寡[9]；长幼内外，宜法肃辞严[10]。

听妇言，乖骨肉[11]，岂是丈夫；重资财，薄父母[12]，不成人子。

嫁女择佳婿，毋索重聘；娶妇求淑女，勿计厚奁。

见富贵而生谄容者，最可耻；遇贫穷而作骄态者，贱莫甚。

居家戒争讼，讼则终凶；处世戒多言，言多必失。

毋恃势力而凌逼孤寡，毋贪口腹而恣杀牲禽。

乖僻自是，悔误必多；颓惰自甘，家道难成。

狎昵恶少，久必受其累；屈志老成[13]，急则可相依。

轻听发言，安知非人之谮诉[14]？当忍耐三思。

因事相争，焉知非我之不是？须平心暗想。

施惠无念，受恩莫忘。

凡事当留余地，得意不宜再往。

人有喜庆，不可生妒忌心；人有祸患，不可生喜幸心。

善欲人见，不是真善；恶恐人知，便是大恶。

见色而起淫心，报在妻女；匿怨而用暗箭，祸延子孙。

家门和顺，虽饔飧不济[15]，亦有余欢。

国课早完，即囊橐无余[16]，自得至乐。

读书志在圣贤，非徒科第；为官心存君国，岂计身家。

守分安命，顺时听天。为人若此，庶乎近焉[17]。

【注释】

[1] 庭除：庭院。

[2] 检点：检查、查看。

[3] 半丝半缕：衣服的丝线，形容价值低廉的东西。

[4] 物力：可供使用的物资。

[5] 自奉：自身日常生活的耗用。

[6] 三姑六婆：古代指社会上从事几种职业的女子。三姑，尼姑、道姑、卦姑。六婆，牙婆、媒婆、师婆、虔婆、药婆、稳婆。

[7] 义方：行事应该遵守的规范和道理。

[8] 肩挑：指走街串户的小商小贩。

[9] 分多润寡：指富有的要安抚和资助贫困的。

[10] 法肃辞严：指家规严格、言辞庄重。

[11] 乖：背离。

[12] 薄：刻薄。

[13] 屈志老成：曲意顺从老成持重的人。

[14] 谮（jiàn）诉：污蔑人的坏话。

[15] 饔飧（yōng sūn）不济：饭食不能自给，形容贫苦。饔，早饭。飧，晚饭。

[16] 囊橐（tuó）：口袋。

[17] 庶乎：几乎。

《庭训格言》

爱新觉罗·玄烨（1654—1722），清朝第四位皇帝，清定都北京后第二位皇帝，年号康熙。他擒鳌拜、平三藩、统一台湾、亲征噶尔丹、保卫雅克萨，签订《尼布楚条约》，确保清王朝在黑龙江流域的领土控制，创立“多伦会盟”团结蒙古各部，捍卫了多民族国家的统一，奠定了清朝兴盛的根基。

康熙帝一生修身、齐家、平天下，治国六十年建树甚多，功绩举世公认。他十分珍惜自己的事业，渴望能传之千秋万代，自信生命中的每一体会对后人都有益处，因此就有了《庭训格言》一书。《庭训格言》由玄烨的继任者雍正皇帝爱新觉罗·胤禛（1678—1735）于雍正八年（1730）追述其父在日常生活中对诸皇子的训诲而成，共246条，包括读书、修身、为政、待人、敬老、尽孝、驭下，以及日常生活中的细微琐事等内容。

第一章

凡人于无事之时，常如有事而防范其未然，则自然事不生。若有事之时，却如无事，以定其虑，则其事亦自然消灭矣。古人云：“心欲小而胆欲大。”遇事当如此处也。

曩者三孽作乱[1]，朕料理军务，日昃不遑[2]，持心坚定，而外则示以暇豫[3]，每日出游景山骑射。彼时，满洲兵俱已出征，余者尽系老弱。遂有不法之人投帖于景山路旁，云：“今三孽及察哈尔叛乱[4]，诸路征讨，当此危殆之时，何心每日出游景山？”如此造言生事，朕置若罔闻。不久，三孽及察哈尔俱已剿灭。当时，朕若稍有疑惧之意，则人心摇动，或致意外，未可知也。此皆上天垂佑[5]，祖宗神明加护，令朕能坚心筹画[6]，成此大功，国已至甚危而获复安也。自古帝王如朕自幼阅历艰难者甚少。今海内承平，迴思前者，数年之间如何阅历，转觉悚然可惧矣！古人云：“居安思危。”正此之谓也。

【注释】

[1] 曩（nǎng）：过去、从前。三孽：康熙十二年（1673），吴三桂、耿精忠、尚之信等明降将先后反清。因其降清后封藩称王，所以称“三藩之乱”。

[2] 昃（zè）：日偏西。遑：闲暇。

[3] 暇豫：闲暇愉悦的样子。豫，逸乐、快乐。

[4] 察哈尔叛乱：指康熙十四年（1675）蒙古的察哈尔部头目布尔尼举兵叛清。

[5] 垂佑：赐予保佑、庇护。

[6] 筹画：谋划。

凡人持身处世，惟当以恕存心。见人有得意事，便当生欢喜心；见人有失意事，便当生怜悯心。此皆自己实受用处。若夫忌人之成，乐人之败，何与人事？徒自坏心术耳。古语云：“见人之得，如己之得；见人之失，如己之失。”如是存心，天必佑之。

如朕为人上者，欲法令之行，惟身先之，而人自从。即如吃烟一节，虽不甚关系，然烛火之起多由于此，故朕时时禁止。然朕非不会吃烟，幼时在养母家，颇善于吃烟。今禁人而己用之，何以服之？因而永不用也。

凡人孰能无过？但人有过，多不自任为过。朕则不然。于闲言中偶有遗忘而误怪他人者，必自任其过，而曰：“此朕之误也。”惟其如此，使令人等竟至为所感动而自觉不安者有之。大凡能自任过者，大人居多也[1]。

【注释】

[1] 大人：品德高尚的人。

今天下承平，朕犹时刻不倦勤修政事。前三孽作乱时，因朕主见专诚，以致成功。惟大兵永兴被困之际，至信息不通，朕心忧之，现于词色。一日，议政王大臣入内议军旅事，奏毕佥出[1]，有都统毕立克图独留[2]，向朕云：“臣观陛下近日天颜稍有忧色[3]。上试思之，我朝满洲兵将若五百人合队，谁能抵敌？不日永兴之师捷音必至。陛下独不观太祖、太宗乎[4]？为军旅之事，臣未见眉颦一次[5]。皇上若如此，则懦怯不及祖宗矣。何必以此为忧也。”朕甚是之。不日，永兴捷音果至。所以，朕从不敢轻量人，谓其无知。凡人各有识见。常与诸大臣言，但有所知、所见，即以奏闻，言合乎理，朕即嘉纳[6]。都统毕立克图汉仗好[7]，且极其诚实人也。

【注释】

[1] 佥（qiān）：都、全。

[2] 都统：清代始设八旗都统，为旗的最高长官，执掌一旗的政令、户口、生产、训练等。毕立克图：清朝将领，蒙古族，正蓝旗蒙古都统，位列议政大臣。

[3] 天颜：皇帝的容颜。

[4] 太祖：努尔哈赤。太宗：皇太极。

[5] 眉颦：皱眉。

[6] 嘉纳：赞许并采纳。

[7] 汉仗：指体貌魁梧的样子。

凡人于事务之来，无论大小，必审之又审，方无遗虑。故孔子云：“不曰如之何、如之何者，吾末如之何也已矣。”诚至言也！

凡天下事不可轻忽[1]，虽至微至易者，皆当以慎重处之。慎重者，敬也。当无事时，敬以自持；而有事时，即敬以应事。务必谨终如始[2]，慎修思永[3]，习以安焉[4]，自无废事。盖敬以存心，则心体湛然[5]。居中，即如主人在家，自能整饬家务，此古人所谓“敬以直内”也[6]。《礼记》篇首以“毋不敬”冠之，圣人一言，至理备焉。

【注释】

[1] 轻忽：轻视、疏忽。

[2] 谨终如始：小心谨慎，始终如一。

[3] 思永：考虑长久之道。

[4] 习以安焉：因习惯而安心的样子。

[5] 湛然：安然的样子。

[6] 直内：内心正直。

凡理大小事务，皆当一体留心。古人所谓防微杜渐者，以事虽小而不防之，则必渐大；渐而不止，必至于不可杜也。

尔等见朕时常所使新满洲数百[1]，勿易视之也。昔者太祖、太宗之时，得东省一二人[2]，即如珍宝爱惜眷养。朕自登极以来，新满洲等各带其佐领或合族来归顺者[3]，太皇太后闻之，向朕曰："此虽尔祖上所遗之福，亦由尔怀柔远人，教化普遍，方能令此辈倾心归顺也。岂可易视之？"圣祖母因喜极，降是旨也。

【注释】

[1] 新满洲：清代将生活在东北地区黑龙江流域、乌苏里江流域以及库页岛等地的少数民族编入八旗，称为"新满洲"。同时，统治者还通过封官授爵、联姻等方式巩固对"新满洲"的统治。

[2] 东省：指东北三省。

[3] 佐领：清朝官制，京师满、蒙诸旗均设佐领一职，在都统和副都统以下。

顷因刑部汇题内有一字错误[1]，朕以阃笔改正发出[2]。各部院本章朕皆一一全览，外人谓朕未必通览，每多疏忽。故朕于一应本章，见有错字，必行改正；翻译不堪者，亦改削之。当用兵时，一日三四百本章，朕悉亲览无遗。今一日中仅览四五十本而已，览之何难？一切事务，总不可稍有懈慢之心也。

【注释】

[1] 汇题：即汇总具题。清代办理一些事务时，有归口集中汇题之制，即不需由公关官员或衙门各自题奏。

[2] 阃（kǔn）笔：红色笔迹。清朝制度，内外奏章或特降的旨意，均需由皇帝用红色笔亲自批示书写。

王师之平蜀也，大破逆贼王平藩于保宁[1]，获苗人三千，皆释而归之。及进兵滇中[2]，吴世璠穷蹙[3]，遣苗人济师以拒我。苗不肯行，曰："天朝活我恩德至厚，我安忍以兵刃相加遗耶？"夫苗之犷狎[4]，不可以礼义驯束，宜若天性然者[5]。一旦感恩怀德，不忍轻倍主上[6]，有内地士民所未易能者，而苗顾能之[7]，是可取之。子舆氏不云乎[8]：“以力服人者，非心服也，力不赡也[9]；以德服人者，中心悦而诚服也。”宁谓苗异乎人而不可以德服也耶[10]？

【注释】

[1] 王平藩：吴三桂部将。保宁：今属四川。

[2] 滇中：云南中部。

[3] 吴世璠：吴三桂的孙子，继承吴三桂的帝位，改年号为洪化，兵败后自杀。穷蹙：窘迫、困厄。

[4] 犷猂：粗野蛮横。

[5] 宜若：似乎，表推断。

[6] 倍：通“背”，背叛。

[7] 顾：反而、却。

[8] 子舆氏：指孟子。

[9] 赡：充足、足够。

[10] 宁：岂、难道。

仁者以万物为一体，恻隐之心，触处发现[1]。故极其量[2]，则民胞物与[3]，无所不周。而语其心，则慈祥恺悌[4]，随感而应。凡有利于人者，则为之；凡有不利于人者，则去之。事无大小，心自无穷，尽我心力，随分各得也。

【注释】

[1] 触处：随处、到处。

[2] 极：穷尽。量：限度。

[3] 民胞物与：民为同胞，物为同类，泛指爱一切的人与物。

[4] 恺悌：和乐友爱、平易近人。

世人皆好逸而恶劳，朕心则谓人恒劳而知逸。若安于逸则不惟不知逸[1]，而遇劳即不能堪矣。故《易》云：“天行健[2]，君子以自强不息。”由是观之，圣人以劳为福，以逸为祸也。

【注释】

[1] 不惟：不仅、不但。

[2] 天行健：形容上天刚健、运转不息，从而达到康泰良好的状态。

吾人凡事惟当以诚，而无务虚名。朕自幼登极，凡祀坛庙神佛[1]，必以诚敬存心。即理事务，对诸大臣，总以实心相待，不务虚名。故朕所行事，一出于真诚，无纤毫虚饰。

【注释】

[1] 坛：指天坛、地坛，皇帝祭祀天地的地方。庙：指祖庙。

顺治元年五月己亥，谕内阁：前任太常寺少卿李棠阶奏条陈时务一折[1]。据称：用人行政，先在治心；治心之要，先在克己。请于师傅匡弼之余[2]，豫杜左右近习之渐[3]，并于暇时讲解《御批通鉴辑览》及《大学衍义》等书[4]，以收格物意诚之效[5]。

【注释】

[1] 太常寺：封建社会中掌管礼乐的最高行政机关，有卿、少卿各一人。条陈：分条陈述意见。折：折子、奏折。

[2] 匡弼：辅助、指导。

[3] 豫：同“预”，预先。杜：杜绝。近习：指君王宠爱信任的人。

[4]《御批通鉴辑览》：这里所指应当是顺治时期的《御批通鉴辑览》，没有流传下来，因此无从考知。《大学衍义》：南宋著名理学家真德秀所撰的政治哲学著作，共43卷，为元、明、清三朝皇族学士必读之书，其中的治国之道、民生之理和廉政文化很受后世推崇。

[5] 格物：推究事物的原理。

第二章

凡人处世，惟当常寻欢喜。欢喜处自有一番吉祥景象。盖喜则动善念，怒则动恶念。是故古语云：“人生一善念，善虽未为，而吉神已随之；人生一恶念，恶虽未为，而凶神已随之。”此诚至理也夫！

凡人存善念，天必绥之福禄以善报之[1]。今人日持珠敬佛，欲行善之故也。苟恶念不除，即持念珠[2]，何益？

【注释】

[1] 绥：安抚。

[2] 念珠：佛教徒念佛时记诵经次数的串珠，又称佛珠或数珠。

人惟一心，起为念虑。念虑之正与不正，只在顷刻之间。若一念不正，顷刻而知之，即从而正之，自不至离道之远。《书》曰：“惟圣罔念作狂，惟狂克念作圣。”[1]一念之微，静以存之，动则察之，必使俯仰无愧，方是实在工夫。是故古人治心，防于念之初生、情之未起，所以用力甚微而收功甚巨也。

【注释】

[1]“《书》曰”句：《尚书》中说，圣人不思为善就会变成昏愚之人，昏愚之人如果能克服邪念就能成为通达的圣人。

子曰：“鬼神之为德[1]，其盛矣乎！”“使天下之人，齐明盛服[2]，以承祭祀，洋洋乎如在其上[3]，如在其左右。”盖明有礼乐[4]，幽则有鬼神[5]。然敬鬼神之心，非为祸福之故，乃所以全吾身之正气也。是故君子修德之功，莫大于主敬。内主于敬，则非僻之心无自而动[6]；外主于敬，则惰慢之气无自而生[7]。念念敬斯念念正，时时敬斯时时正，事事敬斯事事正，君子无在而不敬，故无在而不正。《诗》曰：“明明在下，赫赫在上。”[8]“维此文王，小心翼翼。昭事上帝[9]，聿怀多福[10]。”其斯之谓与？

【注释】

[1] 德：恩惠、福利。

[2] 齐明：斋戒严整。齐，通“斋”，斋戒。盛服：华美盛大的衣冠。

[3] 洋洋：同“养养”，忧思的样子。

[4] 明：人间、阳世。

[5] 幽：鬼界、阴间。

[6] 非僻：错误、邪恶。

[7] 惰慢：懈怠不敬的样子。

[8] “《诗》曰”句：清明的德行广布天下，赫赫神灵显于上天。

[9] 昭：通“劭”，指勤勉地服侍。

[10] 聿（yù）：语气助词，用于句首或句中，无实义。

近世之人以不食肉为持斋，岂知古人之斋必与戒并行。《易·系辞》曰：“斋戒以神明其德。”所谓斋者，齐也，齐其心之所不齐也。所谓戒者，戒其非心妄念也。古人无一日不斋，无一日不戒。而今之人，以每月的某天某日持斋，已与古人有间。然持斋固为善事，可以感发人之善念，第不知其戒心何如耳[1]？

【注释】

[1] 第：但。

子曰：“志于道[1]。”夫志者，心之用也。性无不善，故心无不正，而其用则有正不正之分，此不可不察也。夫子以天纵之圣[2]，犹必十五而志于学。盖志为进德之基，昔圣昔贤莫不发轫乎此[3]。志之所趋，无远弗届[4]；志之所向，无坚不入。志于道，则义理为之主，而物欲不能移，由是而据于德，而依于仁，而游于艺[5]，自不失其先后之序、轻重之伦[6]，本末兼该[7]，内外交养[8]，涵泳从容纷纷藉[9]，不自知其入于圣贤之域矣。

【注释】

[1] 志：志向。

[2] 夫子：指孔子。天纵之圣：意为上天所赐的禀赋。

[3] 发轫：比喻新事物的开端。轫，刹车木，行车必须拿掉支住车轮的木头方能使车前进，故称车辆启动为“发轫”。

[4] 届：至、到。

[5] 游于艺：置身于六艺的活动中，泛指学术修养。艺，即“六艺”，指礼、乐、射、御、书、数六类。

[6] 伦：道理、次序。

[7] 该：包容、包括。

[8] 交：结交、交往。养：陶冶、修养。

[9] 涵泳：深入体会。

孟子言：良知良能[1]。盖举此心本然之善端，以明性之善也。又云："大人者，不失其赤子之心者也。"非谓自孩提以至终身，从吾心，纵吾知，任吾能，自莫非天理之流行也[2]。即如孔子"从心所欲，不逾矩"，尚言于"志学""而立""不惑""知命""耳顺"之后。故古人童蒙而教[3]，八岁即入小学，十五而入大学，所以正其禀习之偏，防其物欲之诱，开扩其聪明，保全其忠信者，无所不至。即孔子之圣，其求道之心，乾乾不息[4]，有不知老之将至。故凡有志于圣人之学者，其择善固之，克己复礼，循循勉勉[5]，无有一毫忽易于其间，始能日进也。

人之为圣贤者，非生而然也，盖有积累之功焉。由有恒而至于善人，由善人而至于君子，由君子而至于圣人，阶次之分[6]，视乎学力之浅深。孟子曰："夫仁，亦在乎熟之而已矣[7]。"积德累功者亦当求其熟也。是故有志为善者，始则充长之[8]，继则保全之，终身不敢退，然后有日增月益之效。"故至诚无息[9]，不息则久，久则征[10]，征则悠远，悠远则博厚，博厚则高明。"其功用岂可量哉！

【注释】

[1] 良知良能：指人的天赋的观念和本能。

[2] 莫非：没有一个不是。天理：儒家把天理看作自然之性。

[3] 童蒙：指童年。

[4] 乾乾不息：自强不息的样子。

[5] 循循勉勉：恭顺有序、勤勤恳恳。

[6] 阶次：等级、次序。

[7] 熟：成效、成果。

[8] 充长：充实发展。

[9] 无息：没有停止，没有尽头。

[10] 征：验证、效验。

尝谓四肢之安佚也[1]，性也。天下宁有不好逸乐者，但逸乐过节则不可[2]。故君子者勤修不敢惰，制欲不敢纵，节乐不敢极，惜福不敢侈，守分不敢僭[3]，是以身安而泽长也。《书》曰："君子所其无逸[4]。"《诗》曰："好乐无荒，良士瞿瞿。"[5]至哉，斯言乎！

【注释】

[1] 佚：同"逸"，安逸。

[2] 过节：超过限度、超过节制。节，限度、适度。

[3] 僭：僭越，超出本分行事。

[4] 君子所其无逸：君子居其位，不要贪图安逸。

[5]"《诗》曰"句：正业、娱乐两不荒废，贤良之士勤于政务。瞿瞿，警惕瞻顾的样子。

凡人修身治性，皆当谨于素日。朕于六月大暑之时，不用扇，不除冠，此皆平日不自放纵而能者也。

《大学》《中庸》俱以慎独为训[1]，则为圣贤第一要节[2]。后人广其说曰[3]："暗室不欺[4]。"所谓暗室，有二义焉：一是私居独处之时；一是在心曲隐微之地[5]。夫私居独处，则人不及见；心曲隐微，则人不及知。惟君子谓此时指视必严也[6]。战战栗栗，兢兢业业，不动而敬，不言而信，斯诚不愧于屋漏而为正人也夫[7]！

【注释】

[1] 慎独：指独处时也能保持行为谨慎不懈怠。

[2] 要节：重要的礼节。

[3] 广：扩大、引申。说：解说、解释。

[4] 暗室不欺：指在别人见不到的地方，也不做见不得人的事。

[5] 心曲：内心深处。

[6] 指视：特别注意。

[7] 屋漏：同"暗室"，指暗中。正人：正直的人。

人心一念之微，不在天理，便在人欲。是故心存私便是放[1]，不必逐物驰骛然后为放也[2]。心一放便是私，不待纵情肆欲然后为私也。惟心不为耳目口鼻所役[3]，始得泰然。故孟子曰："耳目之官不思而蔽于物[4]，物交物，则引之而已矣。心之官则思，思则得之，不思则不得也。此天之所以与我者。先立乎其大者，则其小者不能夺也。此为大人而已矣。"

【注释】

[1] 放：放纵。

[2] 逐物：追求物质享受。驰骛：奔走、奔竞。

[3] 役：役使、驱使。

[4] 官：器官。

道理之载于典籍者，一定而有限，而天下事千变万化，其端无穷[1]。故世之苦读书者，往往遇事有执泥处[2]，而经历世故多者，又每逐事圆融而无定见[3]。此皆一偏之见。朕则谓当读书时，须要体认世务[4]；而应事时，又当据书理而审其事。宜如此，方免二者之弊。

【注释】

[1] 端：头绪。

[2] 执泥：拘泥，不会变通。

[3] 圆融：指为人做事圆滑不偏执。

[4] 体认：领悟、体察。

古圣人所道之言即经，所行之事即史，开卷即有益于身。尔等平日诵读及教子弟，惟以经史为要。夫吟诗作赋，虽文人之事，然熟读经史，自然次第能之[1]。幼学断不可令看小说[2]。小说之事，皆敷演而成[3]，无实在之处，令人观之，或信为真，而不肖之徒[4]，竟有效法行之者。彼焉知作小说者譬喻、指点之本心哉！是皆训子之道，尔等其切记之。

【注释】

[1] 次第：依次，按顺序或依一定顺序。

[2] 小说：指丛杂的著作和故事性文体。

[3] 敷演：说话技艺的主要创作方法，即由作者进行叙说并加以发挥，把简单的梗概扩编成篇幅较长的故事。

[4] 不肖：不成才、不正派。

凡人养生之道，无过于圣贤所留之经书。惟朕惟训汝等熟习五经四书性理[1]，诚以其中凡存心养性立命之道[2]，无以不具故也。看此等书，不胜于习各种杂学乎？

【注释】

[1] 性理：这里指宋儒理学的典籍。

[2] 存心养性：旧时儒家宣扬的修养方法，即保持本心，培养高尚的性情。

第三章

朕八岁登极，即知黾勉学问[1]。彼时教我句读者[2]，有张、林二内侍，俱系明时多读书人。其教学惟以经书为要，至于诗文则在所后。及至十七八，更笃于学。逐日未理事前，五更即起诵读；日暮理事稍暇，复讲论琢磨。竟至过劳，痰中带血，亦未少辍。朕少年好学如此，更耽好笔墨。有翰林沈荃素学明时董其昌字体[3]，曾教我书法。张、林二内侍俱及见明时善于书法之人，亦常指示。故朕之书法有异于寻常人者，以此。

【注释】

[1] 黾（mǐn）勉：努力、勉励。

[2] 句读（dòu）：古文没有标点符号，因此需要“明句读”，如果不懂句读，会造成原意的误解。句，相当于现代标点符号中的句号。读，相当于现代标点符号中的逗号和顿号。

[3] 沈荃（1624—1684）：字贞蕤，号绎堂，别号充斋，曾任翰林院侍读学士。他学识品行兼优，工于书法，风格雍容闲雅，曾教授康熙帝书法，并深得赏识。董其昌（1555—1636）：明代著名书画家。

《易》云："日新之谓盛德。"学者一日必进一步，方不虚度时日。大凡世间一技一艺，其始学也，不胜其难，似万不可成者。因置而不学，则终无成矣。所以，初学贵有决定不移之志，又贵有勇猛精进之心，尤贵精进而又贞常永固、毫不退转，则凡技艺焉有不成者哉！

子曰："吾十有五而志于学。"圣人一生只在志学一言。又，实能学而不厌，此圣人之所以为圣也。千古圣贤与我同类人，何为甘于自弃而不学？苟志于学，希贤希圣[1]，孰能御之？是故志学乃作圣之第一义也。

【注释】

[1] 希贤希圣：指希望达到圣贤的境界。

人心虚则所学进，盈则所学退[1]。朕生性好问。虽极粗鄙之人，彼亦有中理之言[2]。朕于此等处决不遗弃，必搜其源而切记之，并不以为自知自能而弃人之善也。

【注释】

[1] 盈：自满。

[2] 中理：合理。

读古人书，当审其大义之所在[1]，所谓一以贯之也[2]。若其字句之间，即古人亦互有异同，不必指摘辩驳，以自伸一偏之说[3]。

【注释】

[1] 审：思考、研究。大义：要义、要旨。

[2] 一以贯之：以一种道理贯穿于事情始末。

[3] 伸：申明、陈述。偏：片面。

朕自幼读书，间有一字未明[1]，必加寻绎[2]，务至明惬于心而后已[3]。不特读书为然[4]，治天下国家亦不外是也。

【注释】

[1] 间：间或、偶尔。

[2] 寻绎：寻求、探索。

[3] 明惬：明白、畅快。

[4] 不特：不仅、不但。

读书以明理为要。理既明则中心有主，而是非邪正自判矣。遇有疑难事，但据理直行，则失俱无可愧。《书》云：“学于古训乃有获。”凡圣贤经书，一言一事俱有至理，读书时便宜留心体会，此可以为我法，此可以为我戒。久久贯通，则事至物来，随感即应，而不特思索矣。

人多强不知以为知，乃大非善事。是故孔子云：“知之为知之，不知为不知。”朕自幼即如此。每见高年人[1]，必问其已往经历之事而切记于心，决不自以为知而不访于人也。

【注释】

[1] 高年人：指上了年纪、岁数很大的人。

凡人尽孝道，欲得父母之欢心者，不在衣食之奉养也。惟持善心，行合道理以慰父母而得其欢心，其可谓真孝者矣。

为臣子者，果能尽心体贴君亲之心，凡事一出于至诚，未有不得君亲之欢心者。昔日太皇后驾诣五台，因山路难行，乘车不稳，朕命备八人暖轿[1]。太皇太后天性仁慈，念及校尉请轿步履维艰[2]，因欲易车。朕劝请再三，圣意不允，朕不得已，命轿近随车行。行不数里，朕见圣躬乘车不甚安稳[3]，因请乘轿，圣祖母云：“予已易车矣，未知轿在何处，焉得既至？”朕奏曰：“轿即在后。”随令进前。圣祖母喜极，拊朕之背称赞不已曰[4]：“车轿细事，且道途之间，汝诚意无不恳到，实为大孝。”盖深惬圣怀而降是欢爱之旨也[5]。可见，凡为臣子者，诚敬存心，实心体贴，未有不得君亲之欢心者也。

【注释】

[1] 暖轿：有帷幕遮盖的轿子。

[2] 校尉：指卫士，官八九品。请轿：指为皇帝等贵族抬轿。

[3] 圣躬：原指皇帝的身体，这里指太皇太后的身体。

[4] 拊：抚摸。

[5] 深惬：满足、合乎。

赖祖父福荫[1]，天下一统，国泰民安。远方外国商贾渐通，各种皮毛较之向日倍增。记朕少时，贵人所尚者，惟貂，次则狐天马[2]之类，至于银鼠[3]，总未见也。驸马耿聚忠着一银鼠皮褂，众皆环视，以为奇珍。而今银鼠能值几何？即此一节而论，祖父所遗之基，所积之福，岂可易视哉！

【注释】

[1] 祖父：指皇太极。

[2] 狐天马：名贵的狐裘大衣。

[3] 银鼠：与鼬非常相似，耳小毛短，毛色洁白，皮可御寒，极其名贵。

凡看书不为书所愚，始善。即如董子云[1]："风不鸣条[2]，雨不破块[3]，谓之升平世界。"果使风不鸣条，则万物何以鼓动发生？雨不破块，则田亩如何耕作布种？以此观之，俱系粉饰空文而已[4]。似此者，皆不可信以为真也。

【注释】

[1] 董子：即董仲舒（前 179—前 104），西汉哲学家、今文经学大师，主张"罢黜百家，独尊儒术"，被后人尊称为"董子"，著有《春秋繁露》等。

[2] 风不鸣条：指大风吹不响树枝。条，新生的柳枝。

[3] 雨不破块：指暴雨摧不毁土块。破，冲破。块，土块。

[4] 粉饰空文：粉饰太平，说空话。

朕自幼留心典籍，比年已来所编定书约有数十种[1]，皆已次第告成。至于字学[2]，所关尤切。《字汇》失之简略[3]，《正字通》涉于泛滥[4]。兼之各方风土不同，语音各异，司马光之《类编》[5]，分部或未明；沈约之声韵[6]，后人不无訾议[7]；《洪武正韵》多所驳辩[8]，迄不能行，仍依沈韵。朕参阅诸家，究心考证，如我朝清文以及蒙古、西域、洋外诸国[9]，多从字母而来，音虽由地而殊，而字莫不寄于点画，两字合作一字，二韵切为一音[10]，因知天地之元音发于人声，人声之形象寄于字体。故朕酌订一书，命曰《康熙字典》[11]，增《字汇》之阙遗，删《正字通》之繁冗，务使详略得中，归于正当，庶可垂示永久。

【注释】

[1] 比年：近年。已来：同“以来”。

[2] 字学：文字学。

[3]《字汇》：明代梅膺祚编写的字典，共14卷，注释比较简单，是《康熙字典》问世前我国古代唯一内容完备的大字典，明代至清初最为通行。

[4]《正字通》：明末清初著名学者张自烈编写的字典，共12卷，注释繁博，是一部前承《字汇》，后启《康熙字典》的重要字书。泛滥：指内容庞杂。

[5]《类编》：北宋司马光编撰的文字学著作，按部首编字，共15篇，每篇又各分上、中、下，合为45卷。

[6] 沈约（441—513）：字休文，南朝声韵学家，主张“四声八病”之说，著有《宋书》《四声韵谱》等。

[7] 訾议：非议、指责。

[8]《洪武正韵》：韵书，简称《正韵》，共16卷，明洪武时乐韶凤、宋濂等奉诏编撰，在明朝影响广泛，但不受明代学术界重视。

[9] 清文：即满文。

[10] 切：中国传统的注音方法，即用两个汉字的音合起来为一个汉字注音，也称“反”或“反切”。

[11]《康熙字典》：康熙年间由张玉书、陈廷敬等30多位著名学者奉召编撰的一部汉字辞书。该书以明代的《字汇》《正字通》两书为参考，历时6年完成，是古代字书的集大成之作。

尝观《宋史》，孝宗月四朝太上皇[1]，称为盛事。孝宗于宋固为敦伦之主[2]，然而上皇在御[3]，自当乘暇问视，岂可限定朝见之期？朕事皇太后五十余年，总以家庭常礼出乎天伦至性，遇有事奏启，一日二三次进见者有之，或无事即间数日者有之。至于万寿诞辰，嘉时令节，朕备家宴，恭请临幸，则自晨至暮，左右奉侍，岂止月覲数次！朕巡狩江南[4]，出猎塞北，也随本报三日一次恭请圣安外，仍使近侍太监乘传请安[5]，并进所获鹿、狍、雉、兔、鲜果、鲜鱼之类[6]。凡有所得，即令驰进，从不拘定日期。且朕侍皇太后家人礼数，惟以顺适为安，自然为乐，并不以朝见日期限定礼法而称孝也。

【注释】

[1] 孝宗（1127—1194）：指宋孝宗赵昚，南宋第二位皇帝，也是南宋最杰出的皇帝，以孝顺著称。他为人勤政、节俭、治国有方，使南宋出现了“乾淳之治”的大好局面。太上皇：一般指在世时把皇位让给太子而自己退位的皇帝。这里指禅位后的宋高宗赵构。

[2] 敦伦：敦睦人伦。

[3] 在御：在位、在世。

[4] 巡狩：同“巡守”，指帝王出行，视察州郡民生。

[5] 乘传：乘坐驿站的马车。传，驿车。

[6] 狍：狍子，鹿的一种，比鹿小，肉可食。

冠帽乃元服最尊[1]。今或有下贱无知之人，将冠帽置之靴袜一处，最不合礼。满洲从来旧规，亦最忌此。

【注释】

[1] 元服：即首服，头上的服饰。元服不仅具有使用和审美功能，也是身份地位的象征。

古人有言：“反经合理谓之权[1]。”先儒亦有论其非者。盖天下止有一经常不易之理，时有推迁，世有变易，随时斟酌、权衡轻重而不失其经，此即所谓权也。岂有反经而谓之行权者乎！

【注释】

[1] 反经合理：违反常法却合于事理。

有子曰[1]：“礼之用，和为贵。先王之道，斯为美。小大由之，有所不行。

知和而和，不以礼节之，亦不可行也。”盖礼以严分，而和以通情分。严则尊卑贵贱不逾，情通则是非利害易达。齐家治国平天下，何一不由于斯？

【注释】

[1] 有子：即有若，字子有，孔子的弟子，被尊称为“有子”。有子强识好古，明习礼乐，倡和睦，重礼教，能全面、深刻地理解孔子的学说。

孔子云：“惟女子与小人为难养也。近之则不逊[1]，远之则怨。”此言极是！朕恒见宫院内贱辈，因稍有勤劳，些须施恩，伊必狂妄放纵[2]，生一事故，将前所行是处尽弃而后已。及远置之，伊又背地含怨。古圣何以知之而为是言耶！凡使人者，皆宜深省此言也！

【注释】

[1] 逊：谦逊、恭顺。

[2] 伊：第三人称代词，多指女性。

《记》云“昏定晨省”者[1]，言为子之所以竭尽孝心耳。人当究其本意，不可徒泥其辞，必循其迹以行之，如朕子孙众多，逐日早起问安，汝子又早起问汝之安，日暮如此相继问安，不但尔等无饮食之暇，即朕亦将终日不得一饭之暇矣，决非可行之事。由此观之，凡人读书俱究其本意，而得之心可也。

【注释】

[1] 昏定晨省：天黑即服侍就寝，早晨省视问安，是古人侍奉父母的日常礼节。

为人上者，使令小人固不可过于严厉，而亦不可过于宽纵。如小过误，可以宽者即宽宥之；罪之不可宽者，彼时则惩责训导之，不可记恨。若当下不惩责，时常琐屑蹂践[1]，则小人恐惧，无益事也。此亦使人之要，汝等留心记之！

【注释】

[1] 琐屑：指细小、琐碎的事情。蹂践：蹂躏、践踏。

尔等平日当时常拘管下人，莫令妄干外事，留心敬慎为善。断不可听信下贱小人之语。彼小人遇便宜处，但顾利己，不恤恶名归于尔等也。一时不谨，可乎？

为人上者，教子必自幼严饬之始善[1]。看来，有一等王公之子，幼失父母，或人惟有一子而爱恤过甚，其家下仆人多方相诱，百计奉承。若如此娇养，长大成人，不至痴呆无知，即多任性狂恶。此非爱之，而反害之也。汝等各宜留心！

【注释】

[1] 饬（chì）：教导、告诫。

吾人燕居之时[1]，惟宜言古人善行善言。朕每对尔等多教以善，尔等回家，各告尔之妻子，尔之妻子亦莫不乐于听也。事之美，岂有逾此者乎！

【注释】

[1] 燕居：退朝而居、闲居。

第四章

人之才行当辨其大小[1]。在大位者，称其清廉可矣。若使役人等亦可加以清廉之名乎？朕曾于护军骁骑中问其人如何[2]，而侍卫有以端密对者[3]，军卒人等岂堪当此？端密乃居大位之美称，军卒止可言其朴实耳！

【注释】

[1] 大小：指地位高低、官职大小。

[2] 护军：清八旗兵有护军营，设护军统领等官，专任禁卫之责。骁骑：清设有骁骑参领、副骁骑参领等军官，这里指皇帝的近卫骑兵。

[3] 端密：缜密沉静。

人生于世，无论老少，虽一时一刻不可不存敬畏之心。故孔子曰："君子畏天命，畏大人[1]，畏圣人之言。"我等平日凡事能敬畏于长上，则不罪于朋侪[2]，则不召过，且于养身亦大有益。尝见高年有寿者，平日俱极敬慎，即于饮食，亦不敢过度。平日居处尚且如是，遇事可知其慎重也。

【注释】

[1] 大人：德行高尚的人。

[2] 朋侪（chái）：同辈的人、志同道合的人。

天道好生。人一心行善，则福履自至[1]。观我朝及古行兵之王公大臣，内中颇有建立功业而行军时曾多杀人者，其子孙必不昌盛，渐至衰败。由是观之，仁者诚为人之本欤！

【注释】

[1] 福履：即福禄，指福分、爵禄。

汝等见朕于夏日盛暑不开窗、不纳风凉，皆因自幼习惯，亦由心静，故身不热。此正古人所谓"但能心静即身凉"也。且夏月不贪风凉[1]，于身亦大有益。盖夏月盛阴在内，倘取一时风凉之适意，反将暑热闭于腠理[2]。彼时不觉其害，后来或致成疾。每见人秋深多有肚腹不调者，皆因外贪风凉而内闭暑热之所致也。

【注释】

[1] 夏月：指夏天。

[2] 腠（còu）理：中医指皮下肌肉之间的空隙和皮肤的纹理。

朕每岁巡行临幸处[1]，居人各进本地所产菜蔬[2]，尝喜食之。高年人饮食宜淡薄，每兼菜蔬食之，则少病，于身有益。所以农夫身体强壮，至老犹健者，皆此故也。

【注释】

[1] 巡行临幸：指皇帝到各地巡视。

[2] 居人：本地人。

朕自幼不喜饮酒，然能饮而不饮，平日膳后或遇年节筵宴之日，止小杯一杯。人有点酒不闻者，是天性不能饮也。如朕之能饮而不饮，始为诚不饮者。大抵嗜酒则心志为其所乱而昏昧，或至疾病，实非有益于人之物。故夏先君以旨酒为深戒也[1]。

【注释】

[1] 旨酒：美酒。

孟子云："存乎人者，莫良于眸子[1]。眸子不能掩其恶。胸中正则眸子瞭焉[2]，胸中不正则眸子眊焉[3]。"此诚然也。看来，人之善恶系于目者甚显，非止眸子之明暗有人焉，其视人也常有一种彷徨不定之态，则其人必不正。我朝满洲耆旧[4]，亦甚贱此等人。

【注释】

[1] 眸子：眼珠子。

[2] 瞭：指眼珠明亮的样子。

[3] 眊（mào）：指眼睛看不清楚，比喻昏聩、糊涂。

[4] 耆（qí）旧：指德高望重的老者。

凡人行住坐卧，不可回顾斜视。《论语》曰："车中不内顾[1]。"《礼》曰："目容端。"所谓内顾，即回顾也。不端，即斜视也。此等处，不但关于德容[2]，亦且有犯忌讳。我朝先辈老人，亦以行走回顾之人为大忌讳，时常言之，以为戒也。

【注释】

[1] 内顾：回头看。

[2] 德容：指符合礼仪的仪容。

今外边之无赖小人及太监等，惯詈骂人[1]，且动辄发誓，亦如骂人之语，皆出自口。我等为人上者，断乎不可。或使令之辈有过，小则责之，大则扑之[2]，詈骂之亦奚为[3]？污秽之言轻出自口，所损大矣。尔等切记之！

【注释】

[1] 詈（lì）：辱骂、责备。

[2] 扑：击、鞭打。

[3] 奚：为什么。

有人见朕之须白，言有乌须良方，朕曰：我等自幼凡祭祀时，尝以须鬓至白、牙齿尽黄为祝。今幸而须鬓白矣，不思福履所绥而反怨老之已至[1]，有是理乎？

【注释】

[1] 绥：安抚。

我朝先辈有言："老人牙齿脱落者，于子孙有益。"此语诚然。数年前，朕诣宁寿宫请安[1]，皇太后向朕问治牙痛方，言牙齿动摇，其已脱落者则痛止，未脱落者痛难忍。朕因奏曰："太后圣寿已逾七旬，孙及曾孙殆及百余，且太后之孙皆已须发将白而牙齿将落矣，何况祖母享如是之高年？我朝先辈尝言：'老人牙齿脱落，于子孙有益。'此正太后慈闱福泽绵长之嘉兆也[2]。"皇太后闻朕之言，欢喜倍常，谓朕言极当，称赞不已。且言皇帝此语，凡如我老媪辈[3]，皆当闻之而生欢喜也。

【注释】

[1] 宁寿宫：康熙的嫡母孝惠章皇后居住的宫苑。

[2] 慈闱：母亲的代称。嘉兆：好兆头。

[3] 老媪：老妇人。

人果专心于一艺一技，则心不外驰[1]，于身有益。朕所及明季人与我国之耆旧善于书法者[2]，俱寿考而身强健[3]。复有能画汉人或造器物匠役，其巧绝于人者，皆寿至七八十，身体强健，画作如常。由是观之，凡人之心志有所专，即是养身之道。

【注释】

[1] 心不外驰：形容心思专注集中，没有私心杂念。

[2] 明季：明朝末年。季，末期、末尾。

[3] 寿考：年高、长寿。

老子曰："知足者富。"又曰："知足不辱，知止不殆[1]，可以长久。"奈何世人衣不过被体，而衣千金之裘犹以为不足，不知鹑衣袍缊者[2]，固自若也；食不过充肠[3]，罗万钱之食犹以为不足，不知箪食瓢饮者[4]，固自乐也。朕念及于此，恒自知足。虽贵为天子，而衣服不过适体；富有四海，而每日常膳除赏赐外，所用肴馔[5]，从不兼味[6]。此非朕勉强为之，实由天性使然，汝等见朕如此俭德，其共勉之。

【注释】

[1] 知止：知道适可而止、知足。殆：危险。

[2] 鹑衣：破旧褴褛的衣服。缊：乱麻旧絮。

[3] 充肠：充实肠肚，指充饥。

[4] 箪食（dān sì）瓢饮：一筐饭一瓢水，形容生活清苦。箪，古时盛饭的圆形竹器。

[5] 肴馔：菜肴。

[6] 兼味：吃两种以上的菜肴。

尝闻明代宫闱之中[1]，食御浩繁[2]。掖庭宫人[3]，几至数千。小有营建，动费巨万。今以我朝各宫计之，尚不及当日妃嫔一宫之数。我朝外廷军国之需与明代略相仿佛。至于宫闱中服用，则一年之用尚不及当日一月之多。盖深念民力惟艰，国储至重，祖宗相传家法，勤俭敦朴为风。古人有言："以一人治天下，不以天下奉一人。"以此为训，不敢过也。

【注释】

[1] 宫闱：妃嫔居住的地方，指后宫。

[2] 食御：指皇宫里的吃穿用度。

[3] 掖庭：宫中旁舍，为妃嫔的住所。

大雨雷霆之际，决毋立于大树下。昔老年人时时告诫，朕亲眼常见，汝等切记！

尔等凡居家在外，惟宜洁净。人平日洁净，则清气著身[1]。若近污秽，则为浊气所染，而清明之气渐为所蒙蔽矣。

【注释】

[1] 清气：指洁净之气。著身：上身。

民生本务在勤[1]，勤则不匮。一夫不耕，或受之饥；一妇不蚕，或受之寒。是勤可以免饥寒也。至于人生衣食财禄，皆有定数。若俭约不贪，则可以养福，亦可以致寿。若夫为官者，俭则可以养廉。居官居乡只廉不俭，宅舍欲美，妻妾欲奉，仆隶欲多，交游欲广，不贪何以给之？与其寡廉，孰如寡欲？语云："俭以成廉，侈以成贪。"此乃理之必然矣！

朕为天下君，何求而不得？现今，朕之衣服有多年者，并无纤毫之玷，里衣亦不至少污，虽经月服之，亦无汗迹，此朕天秉之洁净也。若在下之人能如此，则凡衣服不可以长久服之乎？

【注释】

[1] 本务：本业，指农桑事务。

第五章

朕避暑时，曾于乌城、热河等处捕鱼[1]，见侍卫、执事人中年纪幼小者[2]，怜其未习于水，每怀怵惕[3]。故朕诸子自幼俱令其习水，即习之未精者，较之若辈亦大不同[4]，所以行船涉水，总不为汝等牵挂也。可见，为人凡学一艺，必于自身有益。我朝先辈尝言："一粒之艺，于身有益。"诚谓是与。

【注释】

[1] 乌城：承德避暑山庄附近的地名。热河：这里指源自承德避暑山庄内温泉的水流经的地区，包括内蒙古赤峰、通辽大部、辽宁一部及河北承德大部分地区。

[2] 执事：指供役使的人、仆从。

[3] 怵惕：戒惧、惊惧。

[4] 若辈：你们这些人、这等人。

人生于世，最要者惟行善。圣人经书所遗如许言语，惟欲人之善。神佛之教，亦惟以善引人。后世之学，每每各问一偏，故尔彼此如雠敌也[1]。有自谓道学入神佛寺庙而不拜，自以为得真传正道，此皆学未至而心有偏。以正理度之，神佛者皆古之至人[2]，我等礼之、敬之，乃理之当然也。即令天下至大，神佛寺庙，不可胜数，何寺庙而无僧道？若以此辈皆为异端，使尽还俗，不但一时不能，而许多人将何以聊其生耶？

【注释】

[1] 雠（chóu）敌：即“仇敌”。

[2] 至人：道德修养达到最高境界的人。

人君以天下之耳目为耳目，以天下之心思为心思，何虑闻见之不广？舜惟好问好察，故能“明四目，达四聪”[1]，所以称大智也。

【注释】

[1] 明四目，达四聪：眼睛明亮，耳朵灵敏，指广开四方视听。

世上秉性何等无之。有一等拗性人[1]，人以为好者，彼以为不好；人以为是者，彼反以为非。此等人似乎忠直，如或用之，必然偾事[2]。故古人云“好人之所恶，恶人之所好，是谓拂人之性，灾必逮夫身”者，此等人之谓也。

【注释】

[1] 拗性：性情固执、古怪。

[2] 偾（fèn）：破坏、败坏。

凡大人度量生成与小人之心志迥异。有等小人，满口恶言，讲论大人，或者背面毁谤，日后必遭罪谴[1]。朕所见最多。可见，天道虽隐而其应实不爽也[2]。

【注释】

[1] 罪谴：惩罚、谴责。

[2] 应实：报应。爽：差错、失误。

为人上者，用人虽宜信[1]，然亦不可遽信[2]。在下者，常视上意所向而巧以投之[3]。一有偏好[4]，则下必投其所好以诱之。朕于诸艺无所不能，尔等曾见我偏好一艺乎？是以凡艺俱不能溺我[5]。

【注释】

[1] 信：信任。

[2] 遽：仓促。

[3] 巧：玩弄花样。投：投其所好。

[4] 偏好：特别地爱好。

[5] 溺：使沉迷、使无节制。

《虞书》云："宥过无大[1]。"孔子云："过而不改，是谓过矣。"凡人孰能无过，若过而能改，即自新迁善之机[2]，故人以改过为贵。其实，能改过者，无论所犯事之大小，皆不当罪之也。

【注释】

[1] 宥：宽宥、赦罪。

[2] 迁善：改恶从善。

世上人心不一。有一种人，不记人之善，专记人之恶。视人有丑事恶事，转以为快乐，如自得奇物者。然此等幸灾乐祸之人，不知其心之何以生而怪异如是也！汝等当此为戒。

曩者三逆未叛之先[1]，朕与议政诸王大臣议迁藩之事，内中有言当迁者，有言不可迁者。然在当日之势，迁之亦叛，即不迁，亦叛，遂定迁藩之议[2]。三逆既叛，大学士索额图奏曰[3]：“前议三藩当迁者，皆宜正以国法。”朕曰：“不可。廷议之时言三藩当迁者，朕实主之。今事至此，岂可归过于他人？”时，在廷诸臣一闻朕旨，莫不感激涕零，心悦诚服。朕从来诸事不肯委罪于人，矧军国大事而肯卸过于诸大臣乎[4]？

【注释】

[1] 三逆：指清初靖南王耿精忠、平南王尚可喜、平西王吴三桂。

[2] 迁藩：撤藩。

[3] 索额图（1636—1703）：康熙年间权臣，大学士索尼第三子，孝诚仁皇后叔父，议政大臣、领侍卫内大臣等职。

[4] 矧（shěn）：况且、何况。

朕决不欺人。即如今凡匠役人等，各有密传技艺，决不肯告人。而朕问之，彼若开诚明奏，必密之，不告一人也。

凡人能量己之能与不能，然后知人之艰难。朕自幼行走固多，征剿噶尔丹三次行师，虽未对敌交战，自料犹可以立在人前。但念越城勇将[1]，则知朕断不能为。何则？朕自幼未尝登墙一次，每自高崖下视，头犹眩晕。如彼高城，何能上登？自己绝不能之事，岂可易视[2]？所以，朕每见越城勇将，必实怜之，且甚服之。

【注释】

[1] 越城：登城作战。

[2] 易视：轻视、小看。

昔时，大臣久经军旅者，多以人命为轻。朕自出兵以后，每反诸己[1]，或有此心乎？思之，而益加敬谨焉[2]！

【注释】

[1] 反诸己：自我反省。诸，“之于”的合音。

[2] 敬谨：恭敬、谨慎。

国家赏罚治理之柄[1]，自上操之。是故转移人心，维持风化[2]，善者知劝，恶者知惩。所以代天宣教[3]，时亮天功也[4]。故爵曰[5]："天职。"刑曰[6]："天罚。"明乎赏罚之事，皆奉天而行，非操柄者所得私也。《韩非子》曰："赏有功，罚有罪，而不失其当，乃能生功止过也。"《书》曰："天命有德，五服五章哉[7]！天讨有罪，五刑五用哉[8]！政事懋哉懋哉[9]！"盖言爵赏刑罚，乃人君之政事，当公慎而不可忽者也！

【注释】

[1] 柄：权力。

[2] 风化：风俗教化。

[3] 宣教：宣传教化。

[4] 亮：辅助、帮助。天功：天的职任。

[5] 爵：这里指铸有铭文的礼器。

[6] 刑：刑鼎，指铸有刑法的青铜鼎。

[7] 五服：指古代天子、诸侯、卿、大夫、士五等衣服。五章：指服装上的五种不同文采，用以区别尊卑。

[8] 五刑：指墨、劓、刖、宫、大辟五种刑法。五用：五种用法。

[9] 懋（mào）：同"茂"，盛大。

舜好问而好察。迩言不自用而好问[1]，固美矣。然不可不察其是否也，故又继之以好察。孟子论用人、用刑则曰："询之左右及诸大夫，及国人，可谓不自用、不偏听而谋之广矣，然终必继之以察而实见其可否，然后信之。"至若舜又曰："官占惟先蔽志[2]，昆命于元龟[3]。朕志先定，询谋佥同[4]，鬼神其依，龟筮协从[5]。"箕子亦曰[6]："汝有大疑，谋及乃心，谋及卿士，谋及庶人，谋及卜筮。"此则又先断之以己意，然后参之于人与鬼神。可见古之圣人或先参众论，而后审之以独断。或先定己见，而后稽之于人神[7]。其慎重不苟如此[8]，盖众谋独断，不容偏废，但先后异用而随事因时可耳。

【注释】

[1] 迩言：左右亲近人的话。自用：自以为是。

[2] 官占：卜官的占卦。蔽志：即“断志”，指先做好决定，然后再占卜。如果心中之志与占卜的结果相符，便认为得到了天人的一致认可。

[3] 昆：然后。命：问命。元龟：大龟，用于占卜。

[4] 询谋佥（qiān）同：指咨询和商议的意见都一致。佥，都、全部。

[5] 龟筮：指占卜。古时占卜用龟，筮用蓍，视其象、数以定吉凶。协从：和合、顺从。

[6] 箕子：殷商贵族，名胥余，因封国于箕，故称箕子。为人有才能，谙熟占卜和阴阳历法。

[7] 稽：考核、考证。

[8] 不苟：不随便、不马虎。

天下事物之来不同，而人之识见亦异。有事理当前，是非如睹，出平日学力之所至[1]，不待拟议而后得之，此素定之识也[2]；有事变倏来[3]，一时未能骤断，必等深思而后得之，此徐出之识也；有虽深思而不能得，合众人之心，其间必有一当者，择其是而用之，此取资之识也。此三者，虽圣人亦然。故周公有继日之思，而尧舜亦曰畴咨稽众[4]。惟能竭其心思，能取于众，所以为圣人耳。

【注释】

[1] 学力：指学问上的造诣。

[2] 素定：常识。

[3] 倏来：突然来到。

[4] 畴咨：访问、咨询。

兵书云：“为将之道，当身先士卒。”前者，噶尔丹以追喀尔喀为名[1]，阑入边界[2]，朕计安藩服[3]，亲统六师[4]，由中路进兵。逐日侵晨起行[5]，日中驻营。又虑大兵远讨，粮米为要。传令诸营将士，每日一餐。朕亦每日进膳一次。未驻营时，必先令人详审水草，或有乏水处，则凿井开泉，蓄积澄流，务使人马给足。竟有原无水处，忽尔清泉流出，导之可致数里，人马资用不竭。一近克鲁伦河[6]，即身率侍卫前锋直捣其巢，大兵随后依次而进。噶尔丹闻朕亲统大兵忽自天临，魂胆俱丧，即行逃窜。恰遇西路于昭木多[7]，一战而大破之。此皆由朕上得天心，出师有名，故尔新泉涌出，山川灵应，以致数十万士卒车马各各安全。三月之间，振旅凯旋而成，兹大功也。

【注释】

[1] 噶尔丹：漠西厄鲁特蒙古准噶尔部首领。喀尔喀：居住在中国北方漠北地区的蒙古族，与清政府关系密切。

[2] 阑入：擅自进入不该去的地方。

[3] 藩服：指古代离国都最远的地方，这里指中国北部、西北部的少数民族居住地区。

[4] 六师：古代指由天子统领的军队。

[5] 侵晨：破晓、黎明。

[6] 克鲁伦河：额尔古纳河上游，在今蒙古东部。

[7] 昭木多：即昭莫多，位于今蒙古国乌兰巴托以南。

兵丁不要令习安逸，惟当教之以劳，时常训练，使步伐严明，部伍熟习，管子所谓“昼则目相视而相识[1]，夜则声相闻而不乖[2]”也。如是，则战胜攻取，有勇知方[3]。故劳之适所以爱之，教之以劳真乃爱兵之道也。不但将兵如是，教民亦然。故《国语》曰：“夫民劳则思，思则善心生；逸则淫，淫则忘善，忘善则恶心生。沃土之民，不材，淫也；瘠土之民，莫不向义，劳也。”

【注释】

[1] 管子：即管仲，春秋时期著名政治家、军事家，法家代表人物，齐桓公时曾长期担任国相，是齐国实现富国强兵、雄霸天下的关键人物。

[2] 乖：背离、差错。

[3] 知方：明白礼法。方，礼法。

朕自幼所见医书颇多，洞彻其原故，后世托古人之名而作者，必能辨也。今之医生所学既浅而专图利，立心不善，何以医人？如诸药之性，人何由知之？皆古圣人之所指示者也。是故朕凡所试之药与治人病愈之方，必晓谕广众；或各处所得之方，必告尔等共记者，惟冀有益于多人也。

《圣谕广训》

爱新觉罗·胤禛（1678—1735），清朝第五位皇帝，清定都北京后第三位皇帝，康熙帝第四子，康熙六十一年（1722）继承皇位，次年改年号为雍正。雍正帝即位后，重整机构，改革吏治，整顿财政，实行“耗羡归公”，建立“养廉银”制度等，同时设置“军机处”加强皇权。雍正帝在位期间，勤于政事，自称“以勤先天下”“朝乾夕惕”。其一系列改革对“康乾盛世”的连续具有关键性作用。

《圣谕广训》是雍正二年（1724）编订而成的官修典籍，主要由康熙《圣谕十六条》与雍正《广训》两部分组成，共16篇短文和1篇序言。清廷“命令要求帝国各地区都要于每月初一、十五朗读该读本之一部分”，是为了训谕百姓要遵法守道，还要求“清朝士子凡求取科甲功名者，需熟读该书”，县考、府考或科考中都必有默写《圣谕广训》的部分。清廷会定期举行“圣谕宣讲”，但不识字的百姓无法理解《广训》，所以地方上出现了一些白话解释版本。

序

《书》曰：“每岁孟春，遒人以木铎徇于路[1]。”《记》曰：“司徒修六礼以节民性，明七教以兴民德。”[2]此皆以敦本崇实之道[3]，为牖民觉世之模[4]。法莫良焉！意莫厚焉！我圣祖仁皇帝久道化成[5]，德洋恩普[6]，仁育万物，义正万民。六十年来，宵衣旰食[7]，只期薄海内外[8]，兴仁讲让，革薄从忠[9]，共成亲逊之风[10]，永享升平之治。故特颁上谕十六条，晓谕八旗及直省兵民人等[11]，自纲常名教之际，以至于耕桑作息之间，本末精粗，公私巨细，凡民情之所习，皆睿虑之所周，视尔编民诚如赤子[12]。圣有谟训明证[13]，定保万世，守之莫能易也。

朕缵承大统[14]，临御兆人[15]，以圣祖之心为心，以圣祖之政为政。夙夜黾勉[16]，率由旧章[17]。惟恐小民遵信奉行，久而或怠，用申诰诫，以示提撕[18]。谨将上谕十六条寻绎其义[19]，推衍其文[20]，共得万言，名曰《圣谕广训》。旁征远引，往复周详，意取显明，语多直朴。无非奉先志以启后人，使群黎百姓家喻而户晓也。愿尔兵民等仰体圣祖正德厚生之至意，勿视为条教号令之虚文，共勉为谨身节用之。庶人尽除夫浮薄嚣凌之陋习[21]，则风俗醇厚，家室和平。在朝廷德化，乐观其成。尔后嗣子孙，并受其福。积善之家，必有余庆。其理岂或爽哉[22]！

【注释】

[1] 遒人：古代帝王派出去传达政令、了解民情的朝廷官员，兼具上令下达和下情上达两项职能。木铎：以木为舌的铜质大铃，遒人巡行各地时随身携带，在宣布政教法令时振鸣以引起百姓注意。徇：对众宣示。

[2]“《记》曰”句：出自《礼记·王制》。意思是：司徒掌管修订衣饰、婚丧、饮食等礼规以节制百姓的性情，阐明父子、兄弟、夫妇、君臣、长幼、朋友、主客之间的伦理关系以振兴百姓的美德。修，修订。

[3] 敦本崇实：重视根本，崇尚实际。敦，注重。

[4] 牗民觉世：诱导人民、启迪世人。牗，通“诱”，循循善诱。

[5] 久道化成：指经过长期倡导后，教化成功。道，通“导”。

[6] 德洋恩普：德泽优渥，恩惠普及百姓。洋，盛多、广大的样子。

[7] 宵衣旰（gàn）食：天未亮就穿衣起来，天晚了才吃饭，多用于称颂帝王勤于国家政事。旰（gàn），天已晚。

[8] 薄海内外：全国范围，比喻地域辽阔。

[9] 革薄从忠：革除轻浮以重视忠诚。

[10] 亲逊之风：亲和、谦逊的风气。

[11] 直省：各省。

[12] 徧民：所有平民。

[13] 谟（mó）训明证：谋略、训诲的明显例证。谟，谋略。

[14] 缵（zuǎn）承大统：继承先帝大业。缵承，继承。

[15] 临御：指君临天下，治理国政。兆人：众民、百姓。

[16] 夙夜黾（mǐn）勉：早晚勉励自己。黾，努力、勉力。

[17] 率由旧章：一切遵循旧有的规章、法制。

[18] 提撕：提醒、警觉。

[19] 寻绎：寻求。

[20] 推衍：推论引申。

[21] 浮薄嚣凌：不讲实际、狂妄自大。

[22] 爽：差错、失误。

一 敦孝弟以重人伦

我圣祖仁皇帝临御六十一年，法祖尊亲，孝思不匮，钦定《孝经衍义》一书，衍释经文，义理详贯，无非孝治天下之意。故圣谕十六条，首以孝弟开其端[1]。

【注释】

[1] 孝弟：即孝悌，孝敬父母，敬重兄长。弟，同“悌”，敬重兄长。

朕丕承鸿业[1]，追维往训[2]，推广立教之思，先申孝弟之义，用是与尔兵民人等宣示之。夫孝者，天之经、地之义、民之行也。人不知孝父母，独不思父母爱子之心乎！方其未离怀抱，饥不能自哺，寒不能自衣，为父母者，审音声察形色，笑则为之喜，啼则为之忧，行动则跬步不离[3]，疾痛则寝食俱废，以养以教，至于成人。复为授家室，谋生理，百计经营，心力俱瘁。父母之德，实同昊天罔极[4]。

【注释】

[1] 丕承：继承。

[2] 追维往训：追忆他以前的训诲。维，文言助词。

[3] 跬（kuǐ）步不离：半步不离，形容关系十分亲密。跬步，半步。

[4] 昊天罔极：天空无边无际，比喻父母对子女的恩德极大。

人子欲报亲恩于万一，自当内尽其心，外竭其力，谨身节用，以勤服劳，以隆孝养。毋博弈饮酒，毋好勇斗狠，毋好货财、私妻子。纵使仪文未备，而诚悫有余[1]，推而广之，如曾子所谓居处不庄非孝，事君不忠非孝，莅官不敬非孝[2]，朋友不信非孝，战阵无勇非孝，皆孝子分内之事也。至若父有冢子[3]，称曰家督[4]；弟有伯兄，尊曰家长。凡日用出入，事无大小，众子弟皆当咨禀焉[5]。饮食必让，语言必顺，步趋必徐行[6]，坐立必居下[7]，凡以明弟道也。

【注释】

[1] 诚悫（què）：真诚、质朴。

[2] 莅（lì）官：居官，身在官位。

[3] 冢子：嫡长子。冢，大。

[4] 家督：一家之主。

[5] 咨禀：咨询、禀报。

[6] 步趋：行走。趋，小步快走。

[7] 坐立必居下：坐着或站着必位于下位。

夫十年以长，则兄事之；五年以长，则肩随之[1]；况同昊之人乎？故不孝与不弟相因，事亲与事长并重。能为孝子，然后能悌弟；能为孝子悌弟，然后在田野为循良之民，在行间为忠勇之士。尔兵民亦知为子当孝，为弟当悌，所患习焉不察，致自离于人伦之外。若能痛自愧悔，出于心之至诚，竭其力之当尽，由一念孝弟积而至于念念皆然，勿尚虚文，勿略细行，勿沽名而市誉，勿勤始而怠终，孝弟之道庶克敦矣。夫不孝不弟，国有常刑。然显然之迹，刑所能防；隐然之地，法所难及。设罔知愧悔，自陷匪僻[2]，朕心深为不忍。故叮咛告诫，庶尔兵民咸体朕意，感发兴起，各尽子弟之职。於戏！

圣人之德，本于人伦；尧舜之道，不外孝弟。孟子曰："人人亲其亲，长其长，而天下平尔"。兵民其毋视为具文焉[3]！

【注释】

[1] 肩随：古时年幼者事年长者之礼，与之并行时斜出其左右而稍后。

[2] 匪僻：邪恶、不义。

[3] 具文：空文，指徒具形式而不起实际作用的规章制度。

二 和乡党以息争讼

古者五族为党[1]，五州为乡[2]，睦姻任恤之教由来尚矣[3]。顾乡党中生齿日繁[4]，比闾相接[5]，睚眦小失[6]，狎昵微嫌[7]，一或不诫，凌竞以起[8]，遂至屈辱公庭，委身法吏[9]，负者自觉无颜，胜者人皆侧目，以里巷之近而举动相猜，报复相寻，何以为安生业、长子孙之计哉？圣祖仁皇帝悯人心之好竞，思化理之贵淳，特布训于乡党，曰和所以息争讼于未萌也。朕欲咸和万民，用是申告尔等以敦和之道焉。

【注释】

[1] 五族为党：周朝时期制定民户编制，一族为一百家，以五族即五百家为一党。

[2] 五州为乡：以五党即两千五百家为一州，以五州即一万两千五百家为一乡。

[3] 睦姻任恤之教：和睦、联姻、任免、抚恤等方面的教诲。

[4] 生齿日繁：人口日益增多。生齿，古代把已长出乳齿的男女编入户籍，借指人口。

[5] 比闾（lǘ）：古代户籍编制基本单位，后泛指乡里。

[6] 睚眦（yá zì）小失：因为极小的过失而产生怨恨之情。睚眦，借指极小的仇恨。

[7] 狎昵微嫌：因关系过于亲密，态度稍有不庄重即心生嫌隙。

[8] 凌竞以起：欺凌、竞争就会不断发生。

[9] 委身法吏：使自身受制于司法的官吏。

《诗》曰："民之失德，干餱以愆[1]。"言不和之渐，起于细微也。《易·讼》之象曰："君子以作事谋始。"言息讼贵绝其端也。是故人有亲疏，概接之以温厚；事无大小，皆处之以谦冲[2]。毋恃富以侮贫，毋挟贵以凌贱，毋饰智以欺愚，毋倚强以凌弱，谈言可以解纷，施德不必望报。人有不及，当以情恕；非意相干[3]，当以理遣[4]。此既有包容之度，彼必生愧悔之心。一朝能忍，乡里称为善良；小忿不争，闾党推其长厚。乡党之和，其益大矣。

【注释】

[1] 干糇（hóu）：干粮。愆：差错、失误。

[2] 谦冲：谦虚。

[3] 非意相干：意外的无故冒犯。干，冒犯。

[4] 当以理遣：应当以道理排解消除。

古云："非宅是卜，惟邻是卜[1]。"缓急可恃者[2]，莫如乡党。务使一乡之中父老子弟联为一体，安乐忧患，视同一家。农商相资，工贾相让，则民与民和。训练相习，汛守相助[3]，则兵与兵和。兵出力以卫民，民务养其力；民出财以赡兵，兵务恤其财，则兵与民交相和。由是而箪食豆羹[4]，争端不起；鼠牙雀角[5]，速讼无因。岂至结怨耗财，废时失业，甚且破产流离，以身殉法而不悟哉！

【注释】

[1] 非宅是卜，惟邻是卜：不是选择居住地，而是选择邻居。

[2] 恃：倚靠、扶持。

[3] 汛守：汛地防守。汛，汛地，指明清时代军队驻防地段。

[4] 箪食（dān shí）：百姓用装在盛饭竹器里的饭菜犒劳军队。箪，盛饭的竹器。豆：古代盛食物的器皿。

[5] 鼠牙雀角：比喻因强暴者的欺凌而引起的争讼，后喻指官司事件。

若夫巨室耆年[1]，乡党之望；胶庠髦士[2]，乡党之英，宜以和辑之风为一方表率[3]。而奸顽好事之徒，或诡计挑唆，或横行吓诈，或貌为洽比以煽诱[4]，或假托公言而把持，有一于此，里闬非宁[5]。乡论不容，国法俱在，尔兵民所当谨凛者也[6]。夫天下者，乡党之积也。尔等诚遵圣祖之懿训，尚亲睦之淳风，孝弟因此而益敦，宗族因此而益笃。里仁为美[7]，比户可封[8]。讼息人安，延及世世。协和遍于万邦，太和瑒于宇宙。朕与尔兵民永是赖焉。

【注释】

[1] 巨室耆（qí）年：大家族里的年老长者。耆，年老，古代指六十岁以

上的老人。

[2] 胶庠：泛指学校。周代称胶为大学，称庠为小学。髦（máo）士：英俊之士。

[3] 和辑之风：和谐尚礼的风气。辑，和睦。

[4] 洽比：融洽、亲近。

[5] 里闬（hàn）：指乡里。

[6] 谨凛：谨慎戒惧。

[7] 里仁为美：居处在仁爱的乡邻之中才是美。

[8] 比户可封：差不多每家每户都有受爵的德行，形容风俗淳朴美好。比户，家家户户。

三 重农桑以足衣食

朕闻养民之本，在于衣食。农桑者，衣食所由出也。一夫不耕，或受之饥。一女不织，或受之寒。

古者天子亲耕，后亲桑，躬为至尊，不惮勤劳[1]，为天下倡。凡为兆姓[2]，图其本也。夫衣食之道，生于地，长于时，而聚于力。本务所在，稍不自力，坐受其困。故勤则男有余粟，女有余帛；不勤则仰不足事父母[3]，俯不足畜妻子[4]。其理然也。

【注释】

[1] 惮：害怕。

[2] 兆姓：百姓。

[3] 仰：向上。事：奉养。

[4] 俯：向下。畜（xù）：养育、抚养。

彼南北地土虽有高下燥湿之殊，然高燥者宜黍稷[1]，下湿者宜粳稻。食之所出不同，其为农事一也。树桑养蚕，除江浙、四川、湖北外，余省多不相宜。然植麻种棉，或绩或纺[2]，衣之所出不同，其事与树桑一也。

【注释】

[1] 高燥：地势高而干燥，与下文的“下湿”相对。黍稷：泛指五谷粮食。

[2] 绩：把麻搓成线。

愿吾民尽力农桑，勿好逸恶劳，勿始勤终惰，勿因天时偶歉而轻弃田园[1]，勿慕奇赢倍利而辄改故业[2]。苟能重本务，虽一岁所入，公私输用而外，羡余无几[3]，而日积月累，以至身家饶裕[4]，子孙世守，则利赖无穷[5]。不然，而舍本逐末，岂能若是之绵远乎？至尔兵隶在戎伍，不事农桑，试思月有分给之饷，仓有支放之米，皆百姓输纳以散给。

【注释】

[1] 歉：歉收，指收成不好。

[2] 奇赢倍利：指以经商牟利。

[3] 羡余：盈余、剩余。

[4] 饶裕：富饶丰裕。

[5] 利赖：依傍、依靠。

尔等各赡身家，一丝一粒，莫不出自农桑。尔等既享其利，当彼此相安，多方扞卫[1]，使农桑俱得尽力。尔辈衣食永远不匮，则亦重有赖焉。若地方文武官僚俱有劝课之责[2]，勿夺民时，勿妨民事，浮惰者惩之，勤苦者劳之，务使野无旷土，邑无游民，农无舍耒耜[3]，妇无休其蚕织，即至山泽园圃之利，鸡豚狗彘之畜，亦皆养之有道，取之有时，以佐农桑之不逮[4]。庶几克勤本业，而衣食之源溥矣[5]。所虑年谷丰登，或忽于储蓄布帛充赡，或侈于费用不俭之弊与不勤等，甚且贵金玉而忽菽粟[6]，工文绣而废蚕桑，相率为纷华靡丽之习，尤尔兵民所当深戒者也。

【注释】

[1] 扞卫：捍卫、保卫。

[2] 劝课：劝教、督导。

[3] 耒耜（lěi sì）：古代耕地翻土的农具，泛指农具。

[4] 不逮：不足。

[5] 溥（pǔ）：广大。

[6] 菽粟（shū sù）：大豆和小米，泛指粮食。

自古盛王之世，老者衣帛食肉，黎民不饥不寒，享富庶之盛而致教化之兴，其道胥由乎此[1]。我圣祖仁皇帝念切民依[2]，尝刊《耕织图》颁行中外[3]，所以敦本阜民者甚至[4]。朕仰惟圣谕念民事之至重，广为诠解，劝尔等力于本务。余一人衣租食税，愿与天下共饱暖也。

【注释】

[1] 道：道理。胥：全、都。

[2] 民依：人民的生活依靠。

[3] 中外：朝廷内外，中央和地方。

[4] 敦本阜民：注重农本、扶持民众。敦，注重、重视。甚至：至极、达到极点。

四 尚节俭以惜财用

生人不能一日而无用，即不可一日而无财。然必留有余之财而后可供不时之用，故节俭尚焉。夫财犹水也，节俭犹水之蓄也。水之流不蓄，则一泄无余，而水立涸矣；财之流不节，则用之无度而财立匮矣。我圣祖仁皇帝躬行节俭之为天下先，休养生息，海内殷富，犹兢兢以惜财用示训。盖自古民风皆贵乎勤俭，然勤而不俭，则十夫之力不足供一夫之用，积岁所藏不足供一日之需，其害为更甚也。

夫兵丁钱粮有一定之数，乃不知撙节[1]，衣好鲜丽，食求甘美，一月费数月之粮，甚至称贷以遂其欲[2]，子母相权[3]，日复一日，债深累重，饥寒不免。农民当丰收之年，仓箱充实，本可积蓄，乃酬酢往来[4]，率多浮费[5]，遂至空虚。夫丰年尚至空虚，荒歉必至穷困，亦其势然也。似此之人，国家未尝减其一日之粮，天地未尝不与以自然之利，究至啼饥号寒，困苦无告者，皆不节俭所致。更或祖宗勤苦俭约，日积月累以致充裕。子孙承其遗业，不知物力艰难，任意奢侈，夸耀里党，稍不如人，即以为耻。曾不转盼遗产立尽，无以自存，求如贫者之子孙，并不可得，于是寡廉鲜耻，靡所不至。弱者饿殍沟壑，强者作愚犯刑。不俭之害，一至于此。《易》曰：“不节若则嗟若[6]。”盖言始不节俭，必至嗟悔也。尔兵民当凛遵圣训，绎思不忘[7]。

【注释】

[1] 撙（zǔn）节：节制、节省。

[2] 称贷：举债、借钱。

[3] 子母相权：本利相互变化制约。子，利息。母，本金。

[4] 酬酢（zuò）：宾主互相敬酒，泛指交际应酬。

[5] 率多：大多。浮费：虚浮浪费。

[6] 不节若则嗟若：不节俭，就后悔。若，语助词。

[7] 绎思：追念、思考。

为兵者知月粮有定，与其至不足而冀格外之赏，孰若留有余以待可继之粮？为民者知丰歉无常，与其但顾朝夕致贫窭之可忧[1]，孰若留贮将来为水旱之有备？大抵俭为美德，宁以固陋贻讥，礼贵得中，勿以骄盈致败。衣服不可过华，饮食不可无节，冠婚丧祭，各安本分，房屋器具，务取素朴。即岁时伏腊[2]，斗酒娱宾，从俗从宜，归于约省，为天地惜物力，为朝廷惜恩膏，为祖宗惜往日之勤劳，为子孙惜后来之福泽。自此，富者不至于贫，贫者可至于富，安居乐业，含哺鼓腹[3]，以副朕阜俗诚民之至意[4]。《孝经》有曰："谨身节用，以养父母。"此庶人之孝也。尔兵民其身体而力行之。

【注释】

[1] 贫窭（jù）：贫穷。

[2] 岁时伏腊：指四季时节更换之时。伏腊，伏日和腊日。

[3] 含哺鼓腹：形容太平时代无忧无虑的生活。鼓腹，鼓起肚子，指饱食。

[4] 副：相称、符合。阜俗诚民：敦厚风俗、和谐民情。

五 隆学校以端士习

古者家有塾[1]，党有庠，州有序，国有学，固无人不在所教之中。专其督率之地，董以师儒之官[2]，所以成人材而厚风俗，合秀顽强懦使之归于一致也。我圣祖仁皇帝寿考作人[3]，特隆学校，凡所以养士之恩，教士之法，无不备至。盖以士为四民之首[4]，人所以待士者重，则士之所以自待者益不可轻。士习端而后乡党视为仪型[5]，风俗由之表率。务令以孝弟为本，才能为末，器识为先，文艺为后。所读者皆正书，所交者皆正士，确然于礼义之可守，惕然于廉耻之当存。惟恐立身一败，致玷宫墙；惟恐名誉虽成，负惭衾影[6]。如是，斯可以为士否？或躁竞功利，干犯名教[7]，习乎异端曲学而不知大道，骛乎放言高论而不事躬行[8]，问其名则是，考其实则非矣。昔胡瑗为教授[9]，学者济济有成；文翁治蜀中[10]，子弟由是大化。故广文一官[11]，朕特饬吏部悉以孝廉明经补用[12]，凡以为兴贤育才，化民成俗计也。然学校之隆，固在习教者有整齐严肃之规，尤在为士者有爱惜身名之意。士品果端而后发为文章。非空虚之论，见之施为；非浮薄之行，在野不愧。儒者在国即为良臣，所系顾不重哉！

【注释】

[1] 塾：与下文的“庠”“序”“学”都指学校。

[2] 董：监督、督查。师儒之官：指教官或学官。

[3] 寿考：年高。作人：任用和造就人才。

[4] 四民：古代对平民职业的基本分工，指士、农、工、商。

[5] 仪型：典范、楷模。

[6] 负惭衾影：指行为不能光明正大，因而问心有愧。

[7] 干犯：触犯、侵犯。

[8] 骛乎：好高骛远的样子。骛，追求。

[9] 胡瑗：字翼之，北宋著名学者、理学先驱、思想家和教育家。教授：学官名。

[10] 文翁（前 156—前 101）：名党，字仲翁，西汉循吏。西汉景帝末年为蜀郡守。文翁治蜀首在教育，在成都振兴教育，设置学官，创建官学，开创了西汉一代的官学制度，是中国历史上“第一位校长”。

[11] 广文：明清时对儒学教官的称呼。

[12] 饬（chì）：同“敕”，告诫、命令。孝廉：明清时期对举人的雅称。明经：明清时期对贡生的别称。

至于尔兵民，恐不知学校之为重，且以为与尔等无与，不思身虽不列于庠序，性岂自外于伦常？《孟子》曰："谨庠序之教，申之以孝弟之义。"又曰："人伦明于上，小民亲于下。"则学校不独所以教士，兼所以教民。若黉宫之中[1]，文武并列，虽经义韬略所习者不同；而入孝出弟人人所当共由也。士农不异业，力田者悉能敦本务实，则农亦士也；兵民无异学，即戎者皆知敬长爱亲，则兵亦士也。然则庠序者，非尔兵民所当隆重者乎？端人正士者，非尔兵民所当则效者乎[2]？孰不有君臣父子之伦？孰不有仁义礼智之性？勿谓学校之设，止以为士，各宜以善相劝，以过相规，向风慕义，勉为良善。则氓之蚩蚩[3]，亦可以礼义为耕耘；赳赳武夫[4]，亦可以诗书为甲胄。一道同风之盛[5]，将复见于今日矣。

【注释】

[1] 黉（hóng）宫：学校、学官，古代对官学的泛称。

[2] 则效：效法。

[3] 氓（méng）之蚩（chī）蚩：指憨厚的男子。氓，指民。蚩蚩，憨厚的样子。

[4] 赳赳武夫：身强体壮、头脑简单的军士。

[5] 一道同风：指共同蒙受天子教化。

六 黜异端以崇正学

朕惟欲厚风俗[1]，先正人心，欲正人心，先端学术。夫人受天地之中以生，惟此伦常日用之道为智愚之所共由。索隐行怪[2]，圣贤不取。

【注释】

[1] 惟：只。

[2] 索隐行怪：求索隐暗的事情，表现怪异的举动，指为了求得声名而身居隐逸之地，但有怪异的行为。

《易》言："蒙以养正，圣功以之[1]。"《书》言："无偏无颇，无反无侧，王道以之[2]。"圣功、王道，悉本正学。至于非圣之书，不经之典，惊世骇俗，纷纷藉藉[3]，起而为民物之蠹者[4]，皆为异端，所宜屏绝。凡尔兵民愿谨淳朴者固多，间或迷于他歧，以无知而罹罪戾，朕甚悯之。

【注释】

[1] 圣功：圣人的功业德行。《易经》认为人如果能在蒙昧、年幼时就自养正道，便能达到此种境界。

[2] 王道：先古圣王所行的仁义正道。《尚书》认为人能做到公正无偏颇、安定而不反复的话，就能达到王道的境界。

[3] 纷纷藉藉：形容数量众多而杂乱的样子。

[4] 蠹(dù)：本指蛀蚀书本、器物等的虫子，常用来喻指祸害国民的人或事。

自古三教流传，儒宗而外，厥有仙释[1]。朱子曰[2]：“释氏之教，都不管天地四方，只是理会一个心。老氏之教，只是要存得一个神气。”此朱子持平之言，可知释道之本旨矣。自游食无籍之辈，阴窃其名以坏其术，大率假灾祥祸福之事，以售其诞幻无稽之谈[3]。始则诱取资财以图肥已，渐至男女混淆聚处为烧香之会，农工废业，相逢多语怪之人。又其甚者，奸回邪慝[4]，窜伏其中，树党结盟，夜聚晓散，干名犯义，惑世诬民。及一旦发觉，征捕株连，身陷囹圄，累及妻子。教主已为罪魁，福缘且为祸本，如白莲、闻香等教[5]，皆前车之鉴也。又如西洋教宗天主，亦属不经[6]，因其人通晓历数，故国家用之，尔等不可不知也。

【注释】

[1] 厥：其他的。仙释：指道学和佛学。

[2] 朱子：朱熹，字元晦、仲晦，号晦庵、晦翁，世称“朱文公”，宋代著名理学家、思想家，儒学的集大成者。

[3] 售：散播、宣扬。

[4] 奸回：指奸恶邪僻的人。慝：奸邪、邪恶。

[5] 白莲：中国民间宗教，流传于元、明、清三代民间，农民军往往借白莲教的名义起义，因而被统治者冠以“邪教”之名。闻香：明清两代规模庞大、危害严重且延续长久的一个邪教组织。

[6] 不经：近乎荒诞、不合常理。

夫左道惑众[1]，律所不宥[2]；师巫邪术，邦有常刑。朝廷立法之意，无非禁民为非，导民为善，黜邪崇正，去危就安。尔兵民以父母之身生，太平无事之日，衣食有赖，俯仰无忧，而顾昧恒性而即匪，彝犯王章而干国宪[3]，不亦愚之甚哉！我的父亲圣祖仁皇帝渐民以仁[4]，摩民以义[5]。艺极陈常[6]，煌煌大训，所以为世道人心计者至深远矣。尔兵民等宜仰体圣心，祗遵圣教[7]，摈斥异端直如盗贼水火。且水火盗贼害止及身，异端之害害及人心。心之本体，有正无邪，苟有主持，自然不惑。将见品行端方，诸邪不能胜正；家庭和顺，遇难可以成祥。事亲孝，事君忠，尽人事者即足以集天休[8]。不求非分，不作非为，敦本业者即可以迓神庆[9]。尔服尔耕，尔讲尔武，安布帛菽粟之常，遵荡平正直之化，则异端不待驱而自息矣。

【注释】

[1] 左道：即歪门邪道，多指非正统的宗教、巫蛊、方术等。

[2] 宥：宽宥、饶恕。

[3] 彝（yí）犯：经常触犯。彝，经常。

[4] 渐民：指风气慢慢浸染民心。渐，浸润、渐进。

[5] 摩民：安抚民众。摩，安抚。

[6] 艺极陈常：至情陈述经久不变。

[7] 祗：恭敬。

[8] 天休：天赐福佑。

[9] 迓（yà）神庆：得到神灵的保佑。迓，迎接。

七 讲法律以儆愚顽

法律者，帝王不得已而用之也。法有深意，律本人情。明其意，达其情，则囹圄可空，讼狱可息。故惩创于已然[1]，不若警惕于未然之为得也。《周礼》：“州长、党正、族师[2]，皆于月吉属其民而读法[3]，大司寇悬象刑之法于象魏[4]，使万民观之知所向。”方今国家酌定律例，委曲详明[5]，昭示兵民，俾各凛成宪[6]，远于罪戾，意甚厚也。圣祖仁皇帝深仁厚泽于兆民，而于刑罚尤惓惓致意[7]。朕临御以来，体好生之德，施钦恤之恩[8]，屡颁赦款，详审爰书[9]，庶几大化翔洽[10]，刑期无刑。又念尔为民者生长草野，习于颛蒙[11]；为兵者身隶戎行，易逞强悍。每至误触王章，重干宪典，因之特申训诫，警醒愚顽。

【注释】

[1] 惩创：惩戒、惩罚。

[2] 州长、党正、族师：乡以下的行政区，依次为州、党、族，其中州长由中央大夫担任，党正由下大夫担任，族师由上士充任。

[3] 月吉：指农历每月初一。

[4] 大司寇：西周时期官职，负责实践法律法令，辅佐周王行使司法权。象刑：象征性的刑罚，相传上古无肉刑，仅以羞辱性的服饰来制裁犯罪的人。象魏：亦称"阙"或"观"，是古代天子、诸侯宫门外的一对高建筑，为悬示教令的地方。

[5] 委曲：指事情的经过、底细。

[6] 俾（bǐ）：促使。

[7] 惓惓：恳切诚挚的样子。

[8] 钦恤：指理狱量刑时要慎重不滥，心存矜恤。

[9] 爰书：古代记录囚犯供词的文书。

[10] 翔洽：和洽、融洽。

[11] 颛蒙：愚昧、无知。

尔等幸际升平，休养生息，均宜循分守礼，以优游于化日舒长之世，平居将颁行法律，条分缕析，讲明意义，见法知惧，观律怀刑。如知不孝不弟之律，自不敢为蔑伦乱纪之行；知斗殴攘夺之律，自不敢逞嚣凌强暴之气；知奸淫盗窃之律，自有以遏其邪僻之心；知越诉诬告之律，自有以革其健讼之习[1]。盖法律千条万绪，不过准情度理。天理人情，心所同具。心存于情理之中，身必不陷于法律之内。且尔兵民性纵愚顽，或不能通晓理义，未必不爱惜身家。试思一蹈法网，百苦备尝，与其宛转呼号，思避罪于箠楚之下[2]，何如洗心涤虑，早悔过于清夜之间？与其倾资荡产求减毫末而国法究不能逃，何如改恶迁善，不犯科条而身家可以长保？倘不自警省，偶罹于法，上辱父母，下累妻孥[3]，乡党不我容，宗族不我齿，即或邀恩幸而身败行亏，已不足比于人，数追悔前非，岂不晚哉！朕闻居家之道，为善最乐；保身之策，安分为先。勿以恶小可为，有一恶即有一法相治。勿以罪轻可玩，有一罪即有一律以惩。惟时时以三尺自凛[4]，人人以五刑相规[5]，惧法自不犯法，畏刑自可免刑，匪僻潜消[6]，争竞不作。愚者尽化为智，顽者悉变为良，民乐田畴，兵安营伍，用臻刑措之治不难矣[7]。

【注释】

[1] 健讼：指喜好打官司。

[2] 箠（chuí）楚：指鞭杖的刑罚。

[3] 妻孥（nú）：妻子和儿女。

[4] 三尺：指法律。古时法律条文书于三尺长的书简上，故称法律为“三尺”。

[5] 五刑：指笞、杖、徒、流、死五种刑罚。

[6] 匪僻：邪恶。

[7] 臻（zhēn）：达到。刑措：置刑法而不用。

八 明礼让以厚风俗

汉儒有曰：凡民函五常之性[1]。而其刚柔缓急，音声不同，系水土之风气，故谓之风。好恶取舍，动静无恒，随厥情欲，故谓之俗。其间淳漓厚薄难以强同[2]，奢俭质文不能一致[3]，是以圣人制为礼以齐之。

【注释】

[1] 函：包容、容纳。五常：指仁、义、礼、智、信这五种行为准则。

[2] 淳漓厚薄：指社会风气的淳厚与浮薄。漓，浅薄、浮薄。

[3] 质文：质朴与儒雅。

孔子曰：“安上治民，莫善于礼。”盖礼为天地之经，万物之序。其体至大，其用至广。道德仁义，非礼不成；尊卑贵贱，非礼不定；冠婚丧祭，非礼不备；郊庙燕飨[1]，非礼不行。是知礼也者，风俗之原也。

【注释】

[1] 郊庙燕飨：古代天子祭祀宗庙、用酒食款待宾客。

然礼之用贵于和，而礼之实存乎让。子曰："能以礼让，为国乎何有？"又曰："先之以敬让，而民不争。"使徒习乎繁文缛节而无实意以将之[1]，则所谓礼者适足以长其浮伪，滋其文饰矣。夫礼之节文[2]，尔兵民或未尽习礼之实意，尔兵民皆所自具，即如事父母则当孝养，事长上则当恭顺，夫妇之有倡随[3]，兄弟之有友爱，朋友之有信义，亲族之有款洽[4]，此即尔心自有之礼让，不待外求而得者也。诚能和以处众，平以自牧。在家庭而父子兄弟底于肃雍[5]，在乡党而长幼老弱归于亲睦。毋犯嚣凌之戒，毋蹈纵欲之愆，毋肆一念之贪遂成攘夺，毋逞一时之忿致启纷争，毋因贫富异形有蔑视之意，毋见强弱异势起迫胁之心。各戒浇漓[6]，共归长厚，则循于礼者无悖行，敦于让者无竞心，蔼然有恩，秩然有义，党庠术序，相率为俊良，农工商贾不失为醇朴，即韬钤介胄之士[7]，亦被服乎礼乐诗书，以潜消其剽悍桀骜，岂非太和之气，大顺之征乎？

【注释】

[1] 将：引领、扶助。

[2] 节文：指制定礼仪，使行之有度。

[3] 夫妇之有倡随：即夫唱妇随。倡，通"唱"。

[4] 款洽：亲密、融洽。

[5] 肃雍：严肃恭敬、雍容和谐。

[6] 浇漓：形容社会风气浮薄。

[7] 韬钤（qián）：即《六韬》和《玉铃》，皆是兵书。借指用兵的谋略。介胄：指士兵们穿戴的铠甲和头盔。

《书》曰："谦受益，满招损。"古语又曰："终身让路，不枉百步；终身让畔[1]，不失一段。"可知礼之有得而无失也如此。朕愿尔兵民等聆圣祖之训而返求之于一身。尔能和其心以待人，则不和者自化尔；尔能平其情以接物，则不平者亦乎[2]。一人倡之，众人从之；一家行之，一里效之。

由近以及于远，由勉以至于安。渐仁摩义[3]，俗厚风淳，庶不负谆谆告诫之意哉！

【注释】

[1] 畔：田地的边界。

[2] 孚：信服。

[3] 渐仁摩义：用仁义感化人民，用正义砥砺人民。渐，浸润。摩，磨砺。

《聪训斋语》

张英（1673—1708），字敦复，号乐圃，又号倦圃翁，安徽桐城人，清朝大臣，张廷玉之父，官至文华殿大学士兼礼部尚书，先后充任纂修《国史》《一统志》《渊鉴类函》《政治典训》《平定朔漠方略》总裁官。死后谥号“文端”。

《聪训斋语》是张英为子弟所作家训，是张英为官处世的亲身经历和心得体悟，他结合古代先贤的圣典名言和事例，告诫家中子孙修身、治家乃至为政之要。内容涉及一个人成长成才的各个方面，从饮食衣着、起居习惯到读书养志、交游择友、兴趣涵养，乃至为官立业，张英均根据自己的经验和见识提出了一系列行为标准。其倡导勤俭节约、读书明理、交友谨慎、立身清白等行为标准，体现了清朝前期耕读传家的知识分子的价值观取向。

卷一

圃翁曰[1]：圣贤领要之语，曰：“人心惟危，道心惟微[2]。”危者，嗜欲之心，如堤之束水[3]，其溃甚易，一溃则不可复收也。微者，理义之心，如帷之映灯，若隐若现，见之难而晦之易也[4]。人心至灵至动，不可过劳，亦不可过逸，惟读书可以养之。每见堪舆家平日用磁石养针[5]，书卷乃养心第一妙物。闲适无事之人，镇日不观书[6]，则起居出入，身心无所栖泊，耳目无所安顿，势必心意颠倒，妄想生嗔。处逆境不乐，处顺境亦不乐。每见人栖栖皇皇[7]，觉举动无不碍者，此必不读书之人也。古人有言：扫地焚香，清福已具。其有福者，佐以读书；其无福者，便生他想。旨哉斯言！予所深赏。

【注释】

[1] 圃翁：作者自称。

[2] 人心惟危，道心惟微：人心是险恶难测的，道心是幽微难明的。惟，是。

[3] 束：约束、阻拦。

[4] 晦：遮掩。

[5] 堪舆家：俗称“风水先生”，是专以替人看宅基、墓地风水为职业的人。养针：“针”为风水先生的必备用具，平时用磁石养护以增强磁力。

[6] 镇日：整天。

[7] 栖栖皇皇：惶恐不安的样子。皇，通“惶”，害怕。

且从来拂意之事，自不读书者见之，似为我所独遭，极其难堪；不知古人拂意之事，有百倍于此者，特不细心体验耳。即如东坡先生殁后，遭逢高、孝[1]，文字始出，名震千古。而当时之忧谗畏讥，困顿转徙潮、惠之间[2]，苏过跣足涉水[3]，居近牛栏，是何如境界？又如白香山之无嗣[4]，陆放翁之忍饥[5]，皆载在书卷。彼独非千载闻人，而所遇皆如此！诚壹平心静观[6]，则人间拂意之事，可以涣然冰释。若不读书，则但见我所遭甚苦，而无穷怨尤嗔忿之心，烧灼不宁，其苦为何如耶？且富盛之事，古人亦有之，炙手可热，转眼皆空。故读书可以增长道心，为颐养第一事也。

【注释】

[1] 高、孝：指北宋高宗、孝宗。

[2] 潮、惠：广东的潮州、惠州。

[3] 苏过：字叔党，号斜川居士，北宋文学家，苏轼第三子，时称“小坡”。在苏轼的被贬生涯中，苏过总是跟随着他长途跋涉乃至万里投荒，陪伴在父亲身边。跣（xiǎn）足：赤脚。跣，光脚。

[4] 白香山：白居易，字乐天，号香山居士。白居易 58 岁时才生下他的第一个儿子阿崔，后早夭，他悲痛万分，此后再无子嗣。

[5] 陆放翁：陆游，字务观，号放翁。陆游晚年山居农村，穷困潦倒，时常忍饥挨饿，食不饱腹。

[6] 诚壹：心志专一。

记诵纂集，期以争长[1]，应世则多苦[2]，若涉览，则何至劳心疲神？但当冷眼于闲中窥破古人筋节处耳[3]。予于白、陆诗，皆细注其年月，知彼于何年引退，其衰健之迹皆可指[4]，斯不梦梦耳[5]。

【注释】

[1] 争长：争相增长。

[2] 应世：应付世事。

[3] 筋节处：关键之处、精要地方。

[4] 衰健之迹：强健或衰颓的迹象。

[5] 梦梦：昏乱不明的样子。

圃翁曰：圣贤仙佛，皆无不乐之理。彼世之终身忧戚、忽忽不乐者[1]，决然无道气、无意趣之人[2]。孔子曰“乐在其中”，颜子“不改其乐”，孟子以不愧不怍为乐[3]。《论语》开首说“悦”“乐”，《中庸》言“无入而不自得[4]”，程朱教寻孔颜乐处[5]，皆是此意。若庸人多求多欲，不循理，不安命。多求而不得则苦，多欲而不遂则苦，不循理则行多窒碍而苦，不安命则意多怨望而苦。是以局天蹐地[6]，行险侥幸，如衣敝絮行荆棘中，安知有康衢坦途之乐[7]？惟圣贤仙佛，无世俗数者之病[8]，是以常全乐体。香山字乐天，予窃慕之，因号曰“乐圃”。圣贤仙佛之乐，予何敢望？窃欲营履道，一丘一壑[9]，仿白傅之“有叟在中，白须飘然”“妻孥熙熙，鸡犬闲闲”之乐云耳[10]。

【注释】

[1] 忽忽：失意、失望的样子。

[2] 道气：超凡脱俗的气质。

[3] 不愧不怍（zuò）：光明正大，问心无愧。怍，惭愧。

[4] 无入而不自得：指君子持守本性，不管在什么环境下都自得其乐。

[5] 程朱教寻孔颜乐处：指宋代大儒程颐、朱熹在教育弟子时，让他们的弟子多体会，寻找孔子、颜回的快乐之处。

[6] 局天蹐（jí）地：天虽高，却不得不弯着腰，地虽厚却不得不小步走，形容谨慎、恐惧的样子。局，弯曲身体。蹐，小步走。

[7] 康衢（qú）：四通八达的大道。

[8] 数者之病：指前文讲的“多求”“多欲”“不循理”“不安命”之病。

[9] 一丘一壑：比喻贤士隐居处。

[10] 白傅：指白居易。白居易曾任太子少傅，故称。“有叟在中，白须飘然”“妻孥熙熙，鸡犬闲闲”：出自白居易归老洛阳后所作的《池上篇》。熙熙，形容和睦、愉悦的样子。闲闲，悠闲的样子。

圃翁曰：唐诗如缎如锦，质厚而体重，文丽而丝密[1]，温醇尔雅[2]，朝堂之所服也。宋诗如纱如葛，轻疏纤朗[3]，便娟适体[4]，田野之所服也。中年作诗，断当宗唐律[5]；若老年吟咏适意，阑入于宋[6]，势所必至。立意学宋，将来益流而不可返矣[7]！五律断无胜于唐人者，如王、孟五言两句[8]，便成一幅画。今试作五字，其写难言之景，尽难状之情，高妙自然，起结超远，能如唐人否？苏诗五律不多见[9]，陆诗五律大率非其所长[10]。参唐宋人气味[11]，当于五律见之。

【注释】

[1] 文丽而丝密：纹彩华丽而细致。

[2] 温醇尔雅：温和典雅的样子。

[3] 轻疏纤朗：轻薄疏朗、纤细明亮的样子。

[4] 便娟：美好的样子。

[5] 断当：一定要。宗：效法。

[6] 阑入：掺杂其他事物。

[7] 益流：更无节制。流，无节制。

[8] 王、孟：王维、孟浩然，盛唐时期著名山水田园派诗人。

[9] 苏诗：苏轼的诗。

[10] 陆诗：陆游的诗。大率：大概、大抵。

[11] 气味：喻指意趣或情调。

圃翁曰：昌黎《听颖师琴》诗有云：“呢呢儿女语，恩怨相尔汝。忽然势轩昂，猛士赴战场。”[1]又云：“失势一落千丈强[2]。”欧阳公以为琵琶诗[3]，信然。予细味琴音，如微风入深松，寒泉滴幽涧，静永古澹[4]。其上下十三徽[5]，出入一弦至七弦，皆有次第。大约由缓而急，由大而细，极于和平冲夷为主[6]，安有“呢呢儿女”忽变为“金戈铁马”之声[7]？

常建《琴》诗[8]："江上调玉琴，一弦清一心。泠泠七弦遍[9]，万木沉秋阴。能令江月白，又令江水深。始知梧桐枝[10]，可以徽黄金[11]。"真可谓字字入妙，得琴之三昧者[12]。味此，则与昌黎之言迥别矣！

【注释】

[1] 昌黎：韩愈，字退之，祖籍河北昌黎，世称"韩昌黎"。"呢呢儿女语"四句：琴声轻柔细腻，就像情侣间亲密耳语，偶尔夹杂些责怪。忽然声势转成激越昂扬，就像猛士奔赴战场。呢呢，形容言辞亲切的样子。尔汝，这里指卿卿我我，表示男女间关系亲密。

[2] 失势一落千丈强：形容琴声由高而低、陡然降落。

[3] 欧阳公：指欧阳修。

[4] 静永古澹：静默、深远、古典、淡泊。

[5] 十三徽：琴弦音位的标志。琴头开始至琴尾，镶嵌有13个圆形的标志，以金、玉或贝等制成，称为"十三徽"。

[6] 冲夷：和平、平易。

[7] 金戈铁马：指兵事，形容琴声变得气势磅礴。

[8] 常建：唐代中期诗人，生卒年、字号均不详，与王昌龄同榜进士，仕途不顺，于是纵情诗酒、琴瑟。

[9] 泠泠（líng）：形容声音清越悠扬的样子。

[10] 梧桐枝：古琴多以桐木制作，有人就以桐称呼琴。

[11] 徽黄金：用黄金做的琴徽作装饰。徽，以……为琴徽。

[12] 三昧：奥妙、诀窍。

古来士大夫学琴，类不能学多操[1]。白香山止《秋思》一曲[2]，范文正公止《履霜》一曲[3]，高人抚弦动操[4]，自有夷旷冲澹之趣[5]，不在多也。古人制琴一曲，调适宫商[6]，但传指法，后人强被以语言文字[7]，失之远矣。甚至俗谱用《大学》及《归去来辞》《赤壁赋》强配七弦，一字予以一音。且有以山歌小曲溷之者[8]，其为唐突古乐甚矣，宜为雅人之所深戒也。

【注释】

[1] 类：大抵、大都。操：琴曲。

[2] 止：同“只”，仅仅。

[3] 范文正公：范仲淹，北宋政治家、文学家，字希文，谥“文正”。《履霜》：乐府琴曲名，周尹吉甫之子伯奇所作。范仲淹爱好弹琴，但平日只弹《履霜》，有“范履霜”之称。

[4] 抚弦动操：指弹琴。

[5] 夷旷冲澹：平易旷达，谦虚淡泊。

[6] 宫商：指五音中宫、商二音，借指音律。

[7] 强被：生搬硬套。被，施加。

[8] 溷（hùn）：扰乱。

大抵琴音以古澹为宗[1]，非在悦耳。心境微有不清，指下便尔荆棘[2]。清风朗月之时，心无机事[3]，旷然天真，时鼓一曲，不躁不懒[4]，则缓急轻重，合宜自然，正音出于腕下，清兴超于物表[5]。放翁诗曰：“琴到无人听处工[6]。”未深领斯妙者，自然闻古乐而欲卧，未足深论也。

【注释】

[1] 古澹：即“古淡”，古朴淡雅的样子。

[2] 荆棘：这里指琴声杂乱的样子。

[3] 机事：机密巧诈的事情。

[4] 不躁不懒：不急不慢的样子。

[5] 清兴：清雅的兴致。

[6] 工：精巧、细致。

圃翁曰：古人以“眠”“食”二者为养生之要务。脏腑肠胃，常令宽舒有余地，则真气得以流行而疾病少。吾乡吴友季善医，每赤日寒风[1]，行长安道上不倦。人问之，曰：“予从不饱食，病安得入？”此食忌过饱之明征也。燔炙熬煎、香甘肥腻之物最悦口[2]，而不宜于肠胃。彼肥腻易于粘滞，积久则腹痛气塞，寒暑偶侵，则疾作矣。放翁诗云：“倩盼作妖狐未惨[3]，肥甘藏毒鸩犹轻。”此老知摄生哉[4]！

【注释】

[1] 赤日寒风：夏冬极热极冷的天气。

[2] 燔（fán）炙熬煎：烧烤煎炸的食物。燔，烧烤以使肉熟。

[3] 倩盼：形容女子相貌美好、神态俏丽的样子。倩，含笑的样子。盼，美目流转的样子。惨：狠毒、恶毒。

[4] 摄生：养生、保养身体。

炊饭极软熟，鸡肉之类只淡煮，菜羹清芬鲜洁渥之[1]。食只八分饱，后饮六安苦茗一杯。若劳顿饥饿归，先饮醇醪一二杯[2]，以开胸胃。陶诗云“浊醪解劬饥”[3]，盖借之以开胃气也。如此，焉有不益人者乎？且食忌多品，一席之间，遍食水陆，浓淡杂进，自然损脾。予谓或鸡鱼凫豚之类[4]，只一二种，饱食良为有益。此未尝闻之古昔，而以予意揣当如此。

【注释】

[1] 渥：浓厚、浓郁。

[2] 醇醪（láo）：味厚的美酒。

[3] 浊醪解劬（qú）饥：用浓酒解除疲乏和饥饿，出自陶渊明诗《和刘柴桑》。劬，疲乏。

[4] 凫豚：水鸭和小猪。

安寝，乃人生最乐。古人有言：“不觅仙方觅睡方。”冬夜以二鼓为度[1]，暑月以一更为度[2]。每笑人长夜酣饮不休，谓之消夜。夫人终日劳劳[3]，夜则宴息[4]，是极有味，何以消遣为？冬夏皆当以日出而起，于夏尤宜。天地清旭之气[5]，最为爽神，失之甚为可惜。予山居颇闲，暑月日出则起，收水草清香之味，莲方敛而未开，竹含露而犹滴，可谓至快！日长漏永[6]，不妨午睡数刻，焚香垂幙[7]，净展桃笙[8]。睡足而起，神清气爽，真不啻天际真人[9]。

【注释】

[1] 二鼓：即二更，古代夜晚用鼓打更，所以二更天也称二鼓，相当于现在的晚上九时至十一时。

[2] 一更：相当于现在的晚上七点至九点。更，旧时夜间计时单位，一夜分为五更，每“更”时长为两个小时。

[3] 劳劳：辛劳、劳碌。

[4] 宴息：安寝休息。

[5] 清旭：指清朗的早晨。

[6] 漏永：指时间长。漏，古代计时器，可以滴水或漏沙，有刻度标志以计时间。

[7] 幙：同“幕”，帷帐。

[8] 桃笙：桃枝竹编制的席子。

[9] 不啻（chì）：不异于、如同。天际真人：天上神仙。

况居家最宜早起。倘日高客至，僮则垢面，婢且蓬头，庭除未扫[1]，灶突犹寒[2]，大非雅事。昔何文端公居京师[3]，同年诣之[4]，日晏未起[5]，久之方出。客问曰：“尊夫人亦未起耶？”答曰：“然。”客曰：“日高如此，内外家长皆未起[6]，一家奴仆，其为奸盗诈伪，何所不至耶？”公瞿然[7]，自此至老不晏起。此太守公亲为予言者[8]。

【注释】

[1] 庭除：庭前阶下，庭院。

[2] 灶突犹寒：还没有生火煮饭。灶突，烟囱。

[3] 何文端公：何如宠，字康侯，号芝岳，谥号“文端”，明代桐城人，官至武英殿大学士。

[4] 同年：古代科举考试同科中试者的互称。明清乡试、会试同榜登科者皆称“同年”。

[5] 日晏：时候已晚。晏，迟、晚。

[6] 家长：指一家中的男、女主人。

[7] 瞿（jù）然：惊慌恐惧的样子。

[8] 太守公：指姚文燮（xiè），字经三，清顺治十六年（1659）进士。

圃翁曰：人家僮仆，最不宜多畜，但有得力二三人，训谕有方，使令得宜，未尝不得兼人之用[1]。太多则彼此相诿[2]，恩养必不能周，教训亦不能及，反不得其力。且此辈当家道盛，则倚势作非，招尤结怨；家道替[3]，则飞扬跋扈，反唇卖主，皆势所必至。予欲令家仆皆各治生业[4]，可省游手游食之弊，不至于冗食为非也[5]。且僮仆甚无取乎黠慧者。吾辈居家居官，皆简静守理，不为暗昧之事[6]；至衙门政务，皆自料理，不烦干仆巧权门之应对[7]，为远道之输将[8]，打点机密，奔走势利。所用者不过趋蹡洒扫、负重徒步之事耳[9]，焉用聪明才智为哉？至于山中耕田锄圃之仆，乃可为宝，其人无奢望、无机智，不为主人敛怨。彼纵不遵约束，不过懒惰愚蠢之小过，不必加意防闲[10]，岂不为清闲之一助哉？

【注释】

[1] 兼人：兼任他人的工作。

[2] 诿：推诿，推卸责任。

[3] 替：衰落、衰微。

[4] 生业：产业。

[5] 冗食为非：吃闲饭、做坏事。

[6] 暗昧：指不光明磊落。

[7] 干仆：能干的仆人。巧权门之应对：巧妙地与有权势的人家周旋应付。

[8] 为远道之输将：到远地去送礼以打通关节。输将，缴纳财物。

[9] 趋蹡（qiāng）：赶路。蹡，行走。

[10] 防闲：防备。

圃翁曰：昔人论致寿之道有四，曰慈、曰俭、曰和、曰静。人能慈心于物，不为一切害人之事，即一言有损于人，亦不轻发。推之，戒杀生以惜物命，慎剪伐以养天和。无论冥报不爽[1]，即胸中一段吉祥恺悌之气[2]，自然灾沴不干[3]，而可以长龄矣。

【注释】

[1] 冥报不爽：冥冥中的报应不会有差错的。爽，错误、差错。

[2] 恺悌：和乐平易。

[3] 灾沴（lì）：灾害、伤害。

人生福享，皆有分数[1]。惜福之人，福尝有余；暴殄之人，易至罄竭[2]。故老氏以俭为宝。不止财用当俭而已，一切事常思俭啬之义，方有余地。俭于饮食，可以养脾胃；俭于嗜欲，可以聚精神；俭于言语，可以养气息非；俭于交游，可以择友寡过；俭于酬错[3]，可以养身息劳；俭于夜坐，可以安神舒体；俭于饮酒，可以清心养德；俭于思虑，可以蠲烦去扰[4]。凡事省得一分，即受一分之益。大约天下事，万不得已者，不过十之一二。初见以为不可已，细算之，亦非万不可已。如此逐渐省去，但日见事之少。白香山诗云："我有一言君记取，世间自取苦人多。"今试问劳扰烦苦之人，此事亦尽可已，果属万不可已者乎？当必恍然自失矣。

【注释】

[1] 分数：天命、定数。

[2] 罄竭：耗尽、匮乏。

[3] 酬错：应酬交际。错，交互。

[4] 蠲（juān）：免除、除去。

人常和悦，则心气冲而五脏安[1]，昔人所谓养欢喜神。真定梁公每语人[2]："日间办理公事，每晚家居，必寻可喜笑之事，与客纵谈，掀髯大笑[3]，以发舒一日劳顿郁结之气。"此真得养生要诀。何文端公时，曾有乡人过百岁，公扣其术[4]，答曰："予乡村人无所知，但一生只是喜欢，从不知忧恼。"噫，此岂名利中人所能哉！

【注释】

[1] 心气冲：心气平和。冲，平和、淡薄。

[2] 真定梁公：指梁清标，明末进士，后降清，官至保和殿大学士。

[3] 掀髯：笑时张口开须的样子。

[4] 扣：探问、请教。

传曰："仁者静。"又曰："知者动。"每见气躁之人，举动轻佻，多不得寿。古人谓："砚以世计，墨以时计，笔以日计。"[1]动静之分也。静之义有二：一则身不过劳，一则心不轻动。凡遇一切劳顿、忧惶、喜乐、恐惧之事，外则顺以应之，此心凝然不动，如澄潭，如古井，则志一动气[2]，外间之纷扰皆退听矣[3]。

【注释】

[1]“古人谓”句：砚台静止不动，使用的时间按年计算；墨是消耗品，使用的时间按季节计算；笔要天天练，使用时间最短。

[2] 志一动气：心志凝结浮动之气。

[3] 退听：不受影响。

此四者于养生之理，极为切实。较之服药引导[1]，奚啻万倍哉[2]！若服药，则物性易偏，或多燥滞[3]。引导吐纳[4]，则易至作辍。必以四者为根本，不可舍本而务末也。《道德经》五千言，其要旨不外于此。铭之座右，时时体察，当有裨益耳。

【注释】

[1] 引导：道家养生之法，指通过呼吸俯仰、屈伸手足使血气流通，促进健康。

[2] 奚啻：何止。

[3] 燥滞：干燥停滞。

[4] 吐纳：即吐故纳新，也是道家养生之法，吐出恶浊之气，吸入清新之气。

圃翁曰：人生不能无所适以寄其意[1]。予无嗜好，惟酷好看山种树。昔王右军亦云[2]：“吾笃嗜种果[3]，此中有至乐存焉。”手种之树，开一花，结一实，玩之偏爱，食之益甘，此亦人情也。

【注释】

[1] 适：舒适、满足。

[2] 王右军：王羲之，东晋书法家，官至右军将军，故称。

[3] 笃嗜：十分爱好。笃，甚、深。

阳和里五亩园，虽不广，倘所谓“有水一池，有竹千竿”者耶[1]。花有十二种，每种得十余本[2]，循环玩赏，可以终老。城中地隘，不能多植，然在居室之西数武[3]，花晨月夕，不须肩舆策蹇[4]，自朝至夜分，可以酣赏饱看。一花一草，自始开至零落，无不穷极其趣，则一株可抵十株，一亩可敌十亩。

【注释】

[1] 倘：或许、大概。

[2] 本：量词，草本植物一株称为一本。

[3] 武：量词，古代六尺为步，半步为武，泛指脚步。

[4] 肩舆策蹇（jiǎn）：乘轿骑马。舆，轿子。策，鞭马使行进。蹇，劣马或跛驴。

山中向营赐金园[1]，今购芙蓉岛，皆以田为本，于隙地疏池种树，不废耕耘。阅耕是人生最乐[2]。古人所云“躬耕”，亦止是课仆督农[3]，亦不在沾体涂足也[4]。

【注释】

[1] 赐金园：康熙二十年，张英回乡葬父，因钟爱双溪的水光山色和淳厚的民风，用康熙帝赐金的一半在此置方宅十余亩，筑草屋八九间，名曰“赐金园”。

[2] 阅耕：观察农耕。

[3] 课仆督农：考核监督仆役雇农。课，考核、督促。

[4] 沾体涂足：身体手脚沾上了泥土。

圃翁曰：山居宜小楼，可以收揽群峰众壑之势。竹杪松梢[1]，更有奇趣。予拟于芙蓉岛南向构一小楼[2]，题曰“千崖万壑之楼”。大溪环抱，群峰耸峙，可谓快矣！筑小斋三楹[3]，曰“佳梦轩”。夫人生如梦，信矣！使夕梦至此，岂不以为佳甚耶？陆放翁梦至仙馆，得诗云：“长廊下瞰碧莲沼，小阁正对青萝峰。”便以为极胜之景。予此中颇有之，可不谓之佳梦耶？香山诗云：“多道人生都是梦，梦中欢乐亦胜愁。”人既在梦中，则宜税驾咀嚼其梦[4]，而不当为梦幻泡影之嗟。予固将以此为睡乡，而不复从邯郸道上，向道人借黄粱枕也[5]。

【注释】

[1] 竹杪（miǎo）松梢：竹枝、松树的末梢。杪，树枝的细梢。

[2] 构：构设、建造。

[3] 小斋三楹：小屋三间。楹：量词，古代计算房屋的单位，一说房屋一间称一楹。

[4] 税驾：解驾、停车休息。税，通“脱”。

[5] 黄粱枕：指“黄粱一梦”的故事，在这里，作者是指自己不再追求短促而虚幻的荣华富贵。

圃翁曰：人生于珍异之物，决不可好。昔端恪公言[1]：“士人于一研一琴[2]，当得佳者；研可适用，琴能发音，其他皆属无益。”良然！磁器最不当好，瓷佳者必脆薄，一盏值数十金，僮仆捧持，易致不谨，过于矜束，反致失手。朋客欢宴，亦鲜乐趣，此物在席，宾主皆有戒心，何适意之有？瓷取厚而中等者，不至大粗，纵有倾跌，亦不甚惜，斯为得中之道也。名画法书及海内有名玩器，皆不可畜[3]，从来贾祸招尤[4]，可为龟鉴。购之不啻千金[5]，货之不值一文。且从来真赝难辨，变幻奇于鬼神，装潢易于窃换，一轴得善价，继至者遂不旋踵[6]，以伪为真，以真为伪，互相讪笑，止可供喷饭[7]。昔真定梁公有画字之好，竭生平之力收之，捐馆后为势家所求索殆尽[8]。然虽与以佳者，辄谓非是，疑其藏匿，其子孙深受斯累，此可为明鉴者也。

【注释】

[1] 端恪公：姚文然，字弱侯，号龙怀，谥号“端恪”，清初名臣、文学家。

[2] 研：同“砚”，砚台。

[3] 畜：同“蓄”，收藏。

[4] 贾（gǔ）祸招尤：招来灾祸、怨恨。贾，买，引申为招致。尤，怨恨。

[5] 不啻：不仅、不止。

[6] 不旋踵：来不及回转脚跟，比喻迅速。

[7] 喷饭：形容事情非常可笑的样子。

[8] 捐馆：对官员死亡的委婉说法。

圃翁曰：天体至圆，故生其中者无一不肖其体[1]。悬象之大者[2]，莫如日月，以至人之耳目手足、物之毛羽、树之花实。土得雨而成丸，水得雨而成泡，凡天地自然而生皆圆。其方者，皆人力所为。盖禀天之性者，无一不具天之体。万物做到极精妙处，无有不圆者。圣人之德，古今之至文法帖[3]，以至一艺一术，必极圆而后登峰造极。裕亲王曾畅言其旨[4]，适与予论相合。偶论及科场文，想必到圆处始佳。即饮食做到精美处，到口也是圆底。余尝观四时之旋运，寒暑之循环，生息之相因，无非圆转。人之一身，与天时相应，大约三四十以前是夏至前，凡事渐长；三四十以后是夏至后，凡事渐衰，中间无一刻停留。中间盛衰关头无一定时候，大概在三四十之间。观于须发可见：其衰缓者其寿多，其衰急者其寿寡。人身不能不衰，先从上而下者多寿，故古人以早脱顶为寿征；先从下而上者多不寿，故须发如故而脚软者难治。凡人家道亦然，盛衰增减，决无中立之理。如一树之花，开到极盛，便是摇落之期。多方保护，顺其自然，犹恐其速开，况敢以火气催逼之乎[5]？京师温室之花，能移牡丹、各色桃于正月，然花不尽其分量，一开之后根干辄萎。此造化之机，不可不察也。尝观草木之性，亦随天地为圆转，梅以深冬为春，桃、李以春为春，榴、荷以夏为春，菊、桂、芙蓉以秋为春。观其节枝含苞之处，浑然天地造化之理。故曰：“复，其见天地之心乎！”[6]

【注释】

[1] 肖：近似、类似。

[2] 悬象：天象，指日月星辰。

[3] 至文法帖：极至的文章和名家书法的字帖。

[4] 裕亲王：指裕宪亲王，清世祖顺治第二子，名福全，号“瀹园主人”。

[5] 火气：用人工方式加高温度。

[6]“复，其见天地之心乎”：复指复卦，为坤上震下，复卦代表一月，春天的开始，此时阳气萌动，万物生发，《易传》言：“天地之大德曰生。”所以说见天地之心。

圃翁曰：人往往于古人片纸只字，珍如拱璧[1]。其好之者，索价千金。

观其落笔神彩，洵可宝矣[2]。然自予观之，此特一时笔墨之趣所寄耳。

【注释】

[1] 拱璧：古代一种用于祭祀的大型玉璧，喻指极其珍贵之物。

[2] 洵：实在、的确。宝：动词，珍藏、珍视。

若古人终身精神识见[1]，尽在其文集中，乃其呕心刿肺而出之者[2]。如白香山、苏长公之诗数千首[3]，陆放翁之诗八十五卷[4]。其人自少至老，仕宦之所历，游迹之所至，悲喜之情，怫愉之色[5]，以至言貌謦欬[6]，饮食起居，交游酬错，无一不寓其中。较之偶尔落笔，其可宝不且万倍哉[7]！予怪世人于古人诗文集不知爱，而宝其片纸只字，为大惑也。

【注释】

[1] 若：文言助词，用于句首。

[2] 呕心刿（guì）肺：形容作诗写文费尽心思、呕心沥血。刿，割伤。

[3] 苏长公：后世对苏轼的敬称。

[4] 陆放翁：陆游，号放翁。

[5] 怫（fú）愉：抑郁和愉悦。

[6] 謦欬（qǐng kài）：咳嗽声，引申为谈笑。

[7] 且：将要、将近。

余昔在龙眠，苦于无客为伴。日则步屧于空潭碧涧[1]、长松茂竹之侧；夕则掩关读苏、陆诗[2]。以二鼓为度，烧烛焚香煮茶，延两君子于坐，与之相对，如见其容貌须眉然。诗云："架头苏陆有遗书，特地携来共索居[3]。日与两君同卧起，人间何客得胜渠[4]？"良非解嘲语也。

【注释】

[1] 步屧（xiè）：步行。屧，行走。

[2] 掩关：闭门。关，大门、门扉。

[3] 索居：离群独居。

[4] 渠：第三人称，他。

圃翁曰：予尝言享山林之乐者，必具四者而后能长享其乐，实有其乐，是以古今来不易觏也[1]。四者维何？曰道德，曰文章，曰经济，曰福命。所谓道德者，性情不乖戾、不谿刻、不褊狭、不暴躁[2]，不移情于纷华，不生嗔于冷暖。居家则肃雍闲静[3]，足以见信于妻孥；居乡则厚重谦和，足以取重于邻里[4]；居身则恬淡寡营[5]，足以不愧于衾影[6]。无忤于人，无羡于世，无争于人，无憾于己，然后天地容其隐逸，鬼神许其安享。无心意颠倒之病，无取舍转徙之烦[7]。此非道德而何哉？

【注释】

[1] 觏（gòu）：遇见。

[2] 谿（xī）刻：刻薄、苛刻。褊（biǎn）狭：度量狭小、狭隘。

[3] 肃雍：恭敬平和的样子。

[4] 取重：见重、受重视。

[5] 寡营：指欲望少，不为个人钻营谋利。

[6] 不愧于衾（qīn）影：出自北齐刘昼《刘子·慎独》：“独立不惭影，独寝不愧衾。”比喻即使是私下也不做亏心的事。

[7] 转徙：转移、变化，形容漂泊不定的样子。

佳山胜水，茂林修竹，全恃我之性情识见取之。不然，一见而悦，数见而厌心生矣。或吟咏古人之篇章，或抒写性灵之所见[1]，一字一句，便可千秋相契，无言亦成妙谛[2]。古人所谓：“行到水穷处，坐看云起时。”又云：“登东皋以舒啸[3]，临清流而赋诗。”断非不解笔墨人所能领略。此非文章而何哉？

【注释】

[1] 性灵：指人的性情、情感、性格等。

[2] 妙谛：指精妙的道理。

[3] 皋（gāo）：水边的高地。

夫茅亭草舍，皆有经纶[1]；菜塍瓜畦[2]，具见规划；一草一木，其布置亦有法度。淡泊而可免饥寒，徒步而不致委顿[3]。良辰美景，而匏樽不空[4]；岁时伏腊[5]，而鸡豚可办。分花乞竹[6]，不须多费，而自有雅人深致[7]；疏池结篱，不烦华侈，而皆能天然入画。此非经济而何哉[8]？

【注释】

[1] 经纶：这里指整理丝缕、理出思绪之事。

[2] 垄：田地分界的高起的埂。畦（qí）：田地里分成小块的区域。

[3] 委顿：疲劳、毁坏。

[4] 匏（páo）樽：以匏制作的酒杯。匏，葫芦的一种，果实形状圆大而扁，俗称"瓢葫芦"。

[5] 岁时伏腊：指四季时节更换之时。岁时，一年四季。伏腊，夏天的伏天和冬天的腊日。

[6] 分花乞竹：用自己种的花换别人的竹子。

[7] 雅人深致：风雅之士情趣深远的样子。致，情趣、情致。

[8] 经济：指耗费少而收益多。

从来爱闲之人，类不得闲[1]；得闲之人，类不爱闲。公卿将相，时至则为之。独是山林清福，为造物之所深吝。试观宇宙间几人解脱，书卷之中亦不多得。置身在穷达毁誉之外，名利之所不能奔走，世味之所不能缚束[2]。室有莱妻[3]，而无交谪之言[4]；田有伏腊[5]，而无乞米之苦。白香山所谓"事了心了"。此非福命而何哉？四者有一不具，不足以享山林清福。故举世聪明才智之士，非无一知半见，略知山林趣味，而究竟不能身入其中，职此之故也[6]。

【注释】

[1] 类：大抵、大都。

[2] 世味：人世滋味、社会人情。

[3] 莱妻：春秋时期楚国老莱子之妻，在丈夫欲应楚王之诏出仕时及时劝说丈夫，直言出仕会使身心受到限制，应继续归隐。后世以"莱妻"为贤妻的代称。

[4] 交谪（zhé）：交相谴责。谪，谴责、抱怨。

[5] 田有伏腊：指田地里一年四季都有收获。

[6] 职：由于。

圃翁曰：予于归田之后，誓不着缎，不食人参。夫古人至贵，犹服三浣之衣[1]。缎之为物，不可洗，不可染，而其价六七倍于湖州绉绸与丝绸[2]，佳者三四钱一尺，比于一匹布之价。初时华丽可观，一沾灰油，便色改而不可浣洗。况予素性疏忽，于衣服不能整齐，最不爱华丽之服。归田后惟着绒、褐、山茧、文布、湖绸[3]，期于适体养性。冬则羔裘[4]，夏则蕉葛[5]，一切珍裘细縠[6]，悉屏弃之，不使外物妨吾坐起也。老年奔走应事务，日服人参一二钱。细思吾乡米价，一石不过四钱，今日服参，价如之或倍之，是一人而兼百余人糊口之具，忍孰甚焉？侈孰甚焉？夫药性原以治病，不得已而取效于旦夕，用是补续血气，乃竟以为日用寻常之物，可乎哉？无论物力不及，即及亦不当为，予故深以为戒。倘得邀恩遂初[7]，此二事断然不渝吾言也[8]。

【注释】

[1] 三浣（huàn）之衣：经过多次洗涤的衣服。

[2] 绉（zhòu）：一种有皱纹的丝织品。

[3] 绒：细布。褐：古代贫贱之人穿的粗布衣服。山茧：即茧绸，是一种用野生柞茧丝织成的绸，也称“土绸”。文布：有花纹的布。文，同“纹”。

[4] 羔裘：用羊羔皮制成的皮衣，古时为诸侯、公卿、大夫的官服。

[5] 蕉葛：用蕉麻纤维织成的布，是夏布的一种。

[6] 珍裘细縠（hú）：珍贵的皮衣和精细的绸布。縠，有皱纹的纱，以轻薄著称，向来为贵重的衣料。

[7] 邀恩遂初：请求得到批准，完成归田的心愿。遂，完成、实现。初，本意，心愿。

[8] 渝：改变、违背。

圃翁曰：予性不爱观剧，在京师一席之费，动逾数十金。徒有应酬之劳，而无酣适之趣[1]，不若以其费济困赈急，为人我利溥也[2]。予六旬之期，老妻礼佛时，忽念：诞日例，当设梨园宴亲友[3]。吾家既不为此，胡不将此费制绵衣袴百领，以施道路饥寒之人乎？次日为余言，笑而许之。予意欲归里时，仿陆梭山居家之法：以一岁之费，分为十二股，一月用一分，每日于食用节省。月晦之日[4]，则总一月之所余，别作一封，以应贫寒之急。能多作好事一两件，其乐逾于日享大烹之奉多矣[5]！但在勉力而行之。

【注释】

[1] 酣适：畅快而舒适。

[2] 利溥：益处很大。溥，广大、普遍。

[3] 梨园：古代对戏曲班子的别称。

[4] 月晦：阴历每月最后一天。

[5] 大烹之奉：丰盛的食物。

圃翁曰：古人美王司徒之德，曰“门无杂宾”[1]，此最有味。大约门下奔走之客，有损无益。主人以清正、高简、安静为美[2]，于彼何利焉？可以啖之以利[3]，可以动之以名，可以怵之以利害[4]，则欣动其主人[5]。主人不可动，则诱其子弟，诱其僮仆：外探无稽之言，以荧惑其视听[6]；内泄机密之语，以夸示其交游。甚且以伪为真，将无作有，以侥幸其语之或验，则从中而取利焉。或居要津之位[7]，或处权势之地，尤当远之益远也。又有挟术技以游者，彼皆借一艺以售其身[8]，渐与仕宦相亲密，而遂以乘机遘会[9]，其本念决不在专售其技也。挟术以游者，往往如此。故此辈之朴讷迂钝者，犹当慎其晋接[10]。若狡黠便佞[11]、好生事端、踪迹诡秘者，以不识其人，不知其姓名为善。勿曰：“我持正，彼安能惑我？我明察，彼不能蔽我！”恐久之自堕其术中，而不能出也。

【注释】

[1] 门无杂宾：指交友谨慎，不交德行低劣的朋友。

[2] 清正、高简：清廉公正、清高简约。

[3] 啖（dàn）：喂养、引诱。

[4] 怵（chù）：恐惧、使恐惧。

[5] 欣动：使因喜悦而动心。

[6] 荧惑：迷惑。荧惑即火星，其亮度常变，且运行轨迹也多变化，令人迷惑，

所以古人称其为“荧惑”。这里作动词用。

[7] 要津：显要的地位。

[8] 借：假借、凭借。售其身：推销自己。

[9] 遘（gòu）会：投合、攀附。

[10] 晋接：接见、接触。

[11] 便佞：用花言巧语阿谀奉承。

圃翁曰：移树之法，江南以惊蛰前后半月为宜[1]。大约从土掘出之根，最畏春风，故须用土裹密，用草包之，不宜见风，甚不宜于隔宿[2]。所以吴门、建业来卖花者，行千里经一月而犹活，乃用金汁土密护其根[3]，不使露风之故。近地移植反不活者，不知此理之故也。其新生细白根，系生气所托[4]，尤不当损。人但知深根固蒂，不知亦不宜太深。种植书谓：“加旧迹一指[5]。”若太深，则泥水伤树皮，断然不茂矣！

【注释】

[1] 惊蛰：二十四节气中的第三个节气，在公历的3月5日或6日。此时气温回升，雨水增多，标志着我国大部分地区进入春耕季节。

[2] 隔宿：隔夜。

[3] 金汁土：用粪水浇灌过的泥土。

[4] 生气所托：生长气息所寄托。生气，使万物生长发育之气。

[5] 旧迹：指移植前根干露出土面的痕迹。

凡树大约花时移[1]，则彼精脉在枝叶[2]，易活，于桂尤甚。花已有蓓蕾，移之多开，然此最泄气。故移树而花盛开者，多不活；惟叶茂，则其树必活矣。牡丹移在秋，当春宜尽去其花，若少爱惜，则其气泄，树即活亦不茂，数年后多自萎。树之作花甚不易[3]，气泄则本伤。古人云：“再实之木[4]，其根必伤。”人之于文章功名也，亦然，不可不审也。

【注释】

[1] 花时：花期、花季。

[2] 精脉：指植物的生命力。

[3] 作花：开花。

[4] 再实：指果树一年两次结果。

予生平嗜卉木，遂成奇癖，亦自觉可哂[1]。细思天下歌舞声伎[2]，古玩书画，禽鸟博弈之属，皆多费而耗物力，惹气而多后患，不可以训子孙。惟山水花木，差可自娱，而非人之所争。草木日有生意[3]，而妙于无知[4]，损许多爱憎烦恼。京师难于树植，艰于旷土。书阁中置盆花数种，滋培收护，颇费心力，然亦可少供耳目之玩。琴荐书幌[5]，床头十笏之地[6]，无非落花填塞，亦一佳话也。

【注释】

[1] 哂（shěn）：讥讽、嘲笑。

[2] 伎：歌女、舞女。

[3] 生意：生机、生命力。

[4] 无知：指没有知觉。

[5] 琴荐书幌：弹琴、读书的地方。荐，草席、垫子。书幌，书斋的帷幕。

[6] 十笏（hù）之地：指小范围内。笏，古代臣子上朝时拿的记事手板。

圃翁曰：予少年嗜六安茶[1]，中年饮武夷而甘[2]，后乃知岕茶之妙[3]。此三种，可以终老，其他不必问矣。岕茶如名士，武夷如高士[4]，六安如野士[5]，皆可为岁寒之交。六安尤养脾，食饱最宜。但鄙性好多饮茶，终日不离瓯碗[6]，为宜节约耳！

【注释】

[1] 六安茶：中国传统历史名茶，中国十大名茶之一，产自安徽六安大别山一带，清朝时为朝廷贡茶。

[2] 武夷：即武夷茶，是产于福建武夷山的红茶，饮时甘馨可口，回味无穷。

[3] 岕（jiè）茶：历史名茶，生产于浙江长兴境内的罗岕山，为长兴茶中上品。

[4] 高士：高尚出俗之士。

[5] 野士：粗野、质朴之士。

[6] 瓯（ōu）：古代一种喝酒、饮茶时使用的器具。

圃翁曰：《论语》云：“不知命，无以为君子。”考亭注[1]：“不知命，则见利必趋，见害必避，而无以为君子。”予少奉教于姚端恪公，服膺斯语[2]。每遇疑难踌躇之事，辄依据此言，稍有把握。古人言“居易以俟命[3]”，又言“行法以俟命[4]”。人生祸福荣辱得丧，自有一定命数，确不可移。审此，则利可趋而有不必趋之利，害宜避而有不能避之害。利害之见既除，而为君子之道始出，此“为”字甚有力。既知利害有一定，则落得做好人也。权势之人，岂必与之相抗以取害？到难于相从处，亦要内不失己果。谦和以谢之，宛转以避之，彼亦未必决能祸我。此亦命数宜然，又安知委曲从彼之祸不更烈于此也？使我为州县官，决不用官银媚上官。安知用官银之祸不甚于上官之失欢也？

【注释】

[1] 考亭：指朱熹，字元晦，号晦庵，宋代著名理学家，儒学集大成者。因其讲学之所称“考亭”，世称“考亭先生”。

[2] 服膺：将名言、格言、道理等牢牢地记在心里。

[3] 居易以俟（sì）命：君子安于平易，不羡慕外在的物质，等候天命到来。俟，等待。

[4] 行法以俟命：奉公守法，等候天命到来。行法，指依法行事。

昔者米脂令萧君[1]，掘李贼之祖坟[2]。贼破京师后获萧君，置军中，欲甘心焉[3]。挟至山西，以二十人守之。萧君夜遁，后复为州守，自著《虎吻余生》记其事[4]。李贼杀人数十万，究不能杀一萧君。生死有命，宁不信然耶？

【注释】

[1] 米脂令：边大绶，明末政治人物，字素一，号长白，曾任陕西米脂县知县，因受崇祯密诏，掘了李自成的祖坟，被李自成捕获后又侥幸逃脱。

[2] 李贼：对明末农民起义领袖李自成的蔑称。

[3] 甘心：指快意戮杀。

[4] 虎吻：比喻极其危险的境地。

予官京师日久，每见人之数应为此官[1]，而其时本无此一缺；有人焉竭力经营，干办停当，而此人无端值之[2]，或反为此人之所不欲，且滋诟詈[3]。如此者，不一而足，此亦举世之人共知之，而当局则往往迷而不悟。其中之求速反迟，求得反失，彼人为此人而谋，此事因彼事而坏，颠倒错乱，不可究诘[4]。人能将耳目闻见之事，平心体察，亦可消许多妄念也！

【注释】

[1] 数：气数、命数。

[2] 值：遇到、逢着。

[3] 诟詈（lì）：辱骂、责骂。

[4] 究诘：深究追问。诘，盘问、追问。

圃翁曰：人生适意之事有三：曰贵、曰富、曰多子孙。然是三者，善处之则为福，不善处之则足为累。至为累而求所谓福者，不可见矣！何则？高位者，责备之地[1]，忌嫉之门，怨尤之府，利害之关，忧患之窟，劳苦之薮[2]，谤讪之的[3]，攻击之场，古之智人往往望而却步。况有荣则必有辱，有得则必有失，有进则必有退，有亲则必有疏。若但计丘山之得[4]，而不容铢两之失[5]，天下安有此理？但己身无大谴过[6]，而外来者平淡视之，此处贵之道也。

【注释】

[1] 责备之地：被指责、受批评的对象。

[2] 劳苦之薮（sǒu）：劳心尽力的聚集处。薮，聚集地。

[3] 谤讪之的：毁谤讥讽的目标。的，目标。

[4] 丘山：比喻大、多。

[5] 铢两：比喻细小、细微。

[6] 谴过：罪恶、过错。

佛家以货财为五家公共之物：一曰国家，二曰官吏，三曰水火，四曰盗贼，五曰不肖子孙。夫人厚积，则必经营布置，生息防守[1]，其劳不可胜言；则必有亲戚之请求，贫穷之怨望，僮仆之奸骗；大而盗贼之劫取，小而穿窬之鼠窃[2]；经商之亏折，行路之失脱，田禾之灾伤，攘夺之争讼，子弟之浪费；种种之苦，贫者不知，惟富厚者兼而有之。人能知富之为累，则取之当廉，而不必厚积以招怨；视之当淡，而不必深恨以累心。思我既有此财货，彼贫穷者不取我而取谁？不怨我而怨谁？平心息忿，庶不为外物所累。俭于居身，而裕于待物；薄于取利，而谨于盖藏[3]，此处富之道也。

【注释】

[1] 生息：收益取利。

[2] 穿窬（yú）：指翻墙头或钻墙洞的窃贼。窬，通“逾”，从墙上爬过去。

[3] 盖藏：储藏。

至子孙之累尤多矣！少小则有疾病之虑，稍长则有功名之虑，浮奢不善治家之虑，纳交匪类之虑。一离膝下，则有道路寒暑饥渴之虑，以至由子而孙，展转无穷，更无底止。夫年寿既高，子息蕃衍[1]，焉能保其无疾病痛楚之事？贤愚不齐，升沉各异[2]，聚散无恒，忧乐自别。但当教之孝友，教之谦让，教之立品，教之读书，教之择友，教之养身，教之俭用，教之作家[3]。其成败利钝，父母不必过为萦心[4]；聚散苦乐，父母不必忧念成疾。但视己无甚刻薄，后人当无倍出之患[5]；己无大偏私，后人自无攘夺之患；己无甚贪婪，后人自当无荡尽之患。至于天行之数，禀赋之愚，有才而不遇，无因而致疾，延良医慎调治，延良师谨教训，父母之责尽矣！父母之心尽矣！此处多子孙之道也。

【注释】

[1] 蕃衍：形容数量繁盛众多的样子。

[2] 升沉各异：得意、失意，指每人之间的处境各不相同。

[3] 作家：积储货财，兴立家业。

[4] 萦心：操心、忧心。

[5] 倍：通“悖”，悖逆。

予每见世人处好境而郁郁不快，动多悔吝忧戚[1]，必皆此三者之故。由不明斯理，是以心褊见隘[2]，未食其报[3]，先受其苦。能静体吾言，于扰扰之中，存荧荧之亮[4]，岂非热火坑中一服清凉散，苦海波中一架八宝筏哉[5]！

【注释】

[1] 动：常常、往往。吝：顾惜。

[2] 心褊（biǎn）见隘：指人心胸狭小、见识狭隘。褊，狭小、狭隘。

[3] 未食其报：还没有享受到成果。

[4] 荧荧：微弱的亮光。

[5] 八宝筏：佛教用语，指普度众生用的船。

圃翁曰：予自四十六七以来，讲求安心之法：凡喜怒哀乐、劳苦恐惧之事，只以五官四肢应之，中间有方寸之地[1]，常时空空洞洞、朗朗惺惺[2]，决不令之入，所以此地常觉宽绰洁净。予制为一城，将城门紧闭，时加防守，惟恐此数者阑入[3]，亦有时贼势甚锐，城门稍疏，彼间或阑入，即时觉察，便驱之出城外，而牢闭城门，令此地仍宽绰洁净。十年来渐觉阑入之时少，不甚用力驱逐。然城外不免纷扰，主人居其中，尚无浑忘天真之乐。倘得归田遂初[4]，见山时多，见人时少，空潭碧落[5]，或庶几矣！

【注释】

[1] 方寸之地：指内心。

[2] 朗朗惺惺：形容光明、清朗的样子。惺惺，清醒的样子。

[3] 此数者：指喜怒哀乐、劳苦恐惧等。

[4] 归田遂初：指去官隐居，实现最初的愿望。

[5] 空潭碧落：比喻心似海天般宽广澄澈。

圃翁曰：予之立训，更无多言，止有四语：读书者不贱，守田者不饥，积德者不倾，择交者不败。尝将四语律身训子，亦不用烦言夥说矣[1]。虽至寒苦之人，但能读书为文，必使人钦敬，不敢忽视。其人德性亦必温和，行事决不颠倒，不在功名之得失，遇合之迟速也。守田之说，详于《恒产琐言》[2]。积德之说，六经、语孟、诸史百家[3]，无非阐发此义，不须赘说。择交之说，予目击身历，最为深切。此辈毒人，如鸩之入口，蛇之螫肤，断断不易[4]，决无解救之说，尤四者之纲领也。余言无奇，止布帛菽粟[5]，可衣可食，但在体验亲切耳。

【注释】

[1] 烦言夥（huǒ）说：琐碎而繁多的言论。

[2]《恒产琐言》：张英著，告诫子孙如何保守田产、家业。

[3] 语孟：《论语》《孟子》。

[4] 断断不易：必然无法改变。

[5] 布帛菽（shū）粟：普通的衣物食品。菽，豆类。粟，小米。

康熙三十六年丁丑春，大人退食之暇[1]，随所欲言，取素笺书之，得八十四副，示长男廷瓒[2]。装成二册，敬置座右，朝夕览诵，道心自生，传示子孙，永为世宝。廷瓒敬识。

【注释】

[1] 大人：指张英。退食：指大臣退朝回家就餐、休息。

[2] 廷瓒：张廷瓒，字卣臣，号随斋，清代名臣、文学家，张英的长子，不幸先于张英而卒。

卷二

圃翁曰：人生必厚重沉静，而后为载福之器[1]。王谢子弟席丰履厚[2]，田庐仆役无一不具，且为人所敬礼，无有轻忽之者。视寒畯之士[3]，终年授读，远离家室，唇燥吻枯[4]，仅博束脩数金[5]，仰事俯育[6]，咸取诸此。应试则徒步而往，风雨泥淖，一步三叹；凡此情形，皆汝辈所习见。仕宦子弟，则乘舆驱肥[7]，即僮仆亦无徒行者，岂非福耶？乃与寒士一体怨天尤人，争较锱铢得失，讵非过耶[8]？古人云："予之齿者去其角，傅之翼者两其足[9]。"天道造物，必无两全。汝辈既享席丰履厚之福，又思事事周全，揆之天道[10]，岂不诚难？惟有敦厚谦谨，慎言守礼，不可与寒士同一般感慨欷歔，放言高论，怨天尤人，庶不为造物鬼神所呵责也。况父祖经营多年，有田庐别业[11]，身则劳于王事[12]，不获安享。为子孙者，生而受其福，乃又不思安享，而妄想妄行，岂不大可惜耶？思尽人子之责，报父祖之恩，致乡里之誉，贻后人之泽，惟有四事：一曰立品，二曰读书，三曰养身，四曰俭用。世家子弟原是贵重，更得精金美玉之品[13]。言思可道，行思可法。不骄盈、不诈伪、不刻薄、不轻佻，则人之钦重较三公而更贵。

予不及见祖父（赠光禄公恂所府君）[14]，每闻乡人言其厚德，邑人仰之如祥麟威凤[15]。方伯公己酉登科[16]，邑人荣之，赠以联曰："张不张威，愿秉文文名天下；盛有盛德，期可藩藩屏王家[17]。"至今桑梓以为美谈[18]。

【注释】

[1] 载福之器：能承受福德的人才。

[2] 王谢子弟：王、谢是东晋时期的名门望族，这里借指显赫世家大族的后代。席丰履厚：凭借祖先的丰厚积蓄，享受豪华的生活。

[3] 寒畯之士：出身寒微的读书人。

[4] 唇燥吻枯：口干舌燥，喻指读书诵读努力刻苦的样子。

[5] 束脩：十条干肉，常作为古人敬师的礼物或酬金。

[6] 仰事俯育：上要侍奉父母，下要养活妻儿，泛指维持一家生活。

[7] 驱肥：驱赶着、驾驭着肥壮的马。

[8] 讵（jù）：岂、难道。

[9] 傅：通"赋"，赋予。

[10] 揆：衡量。

[11] 别业：别墅。

[12] 劳于王事：勤于政事，为王事而忙碌操劳。

[13] 精金美玉：喻指人品纯洁或物品精美的样子。

[14] 祖父：指张英的祖父张士维，字立甫，号恂所，为人敦厚老实、行善积德，深得人心，官至抚州知府。府君：旧时对已故者的敬称，多用于碑版文字。

[15] 祥麟威凤：麒麟和凤凰，比喻德高望重的人。

[16] 方伯公：张秉文，字含之，万历年间进士，清代大臣张英的大伯父。

[17] 可藩：盛可藩，字屏之，明万历年间举人。藩屏王家：为帝王之家做藩篱、屏障。

[18] 桑梓：指乡亲父老。

父母之爱子，第一望其康宁[1]，第二冀其成名[2]，第三愿其保家。《语》曰：“父母惟其疾之忧[3]。”夫子以此答武伯之问孝。至哉斯言！安其身以安父母之心，孝莫大焉。

养身之道：一在谨嗜欲，一在慎饮食，一在慎忿怒，一在慎寒暑，一在慎思索，一在慎烦劳。有一于此，足以致病，以贻父母之忧，安得不时时谨凛也[4]！

【注释】

[1] 康宁：健康、平安。

[2] 冀：希望。

[3] 父母惟其疾之忧：做父母的担忧子女的身体健康。

[4] 谨凛：谨慎小心。

吾贻子孙，不过瘠田数处耳，且甚荒芜不治，水旱多虞[1]。岁入之数，仅足以免饥寒、畜妻子而已[2]。一件儿戏事做不得，一件高兴事做不得。生平最喜陆梭山过日治家之法[3]，以为先得我心，诚仿而行之，庶几无鬻产荡家之患[4]。予有言曰：“守田者不饥。”此二语足以长世[5]，不在多言。

【注释】

[1] 水旱多虞：时常担心发生水灾或旱灾。虞，担忧、忧虑。

[2] 畜：同“蓄”，养育、养活。

[3] 陆梭山：陆九韶，字子美，号梭山居士，南宋学者。过日治家之法：一种关于家庭开销与存留如何分配的具体方案，由陆九韶提出，在明清时期颇受重视。大学士张英极为推崇，视其为“居家简要可久之道”。

[4] 庶几：或许可以。鬻（yù）产：卖掉田产。鬻，卖。

[5] 长世：历世久远、永存于世。

凡人少年，德性不定，每见人厌之曰“悭”[1]，笑之曰“啬”，诮之曰“俭”[2]，辄面发热；不知此最是美名。人肯以此诮之，亦最是美事，不必避讳。人生豪侠周密之名至不易副[3]，事事应之，一事不应，遂生嫌怨；人人周之，一人不周，便存形迹[4]。若平素俭啬，见谅于人，省无穷物力，少无穷嫌怨，不亦至便乎？

【注释】

[1] 悭（qiān）：吝啬。

[2] 诮（qiào）：讥笑、讽刺。

[3] 副：相配、相称。

[4] 形迹：举动和神色。

四者立身行己之道[1]，已有崖岸[2]，而其关键切要，则又在于择友。人生二十内外，渐远于师保之严[3]，未跻于成人之列，此时知识大开，性情未定，父师之训不能入，即妻子之言亦不听，惟朋友之言，甘如醴而芳若兰。脱有一淫朋匪友[4]，阑入其侧[5]，朝夕浸灌，鲜有不为其所移者。从前四事，遂荡然而莫可收拾矣！此予幼年时知之最切。

【注释】

[1] 四者：指立品、读书、养身、俭用。立身行己：存身自立、处世待人。

[2] 崖岸：边界、边际。

[3] 师保：泛指老师。

[4] 脱：如果、假如。

[5] 阑入：混进、擅自闯入。

今亲戚中，倘有此等之人，则踪迹常令疏远，不必亲密。若朋友，则直以不识其颜面，不知其姓名为善。比之毒草哑泉[1]，更当远避。芸圃有诗云："于今道上揶揄鬼[2]，原是尊前妩媚人[3]。"盖痛乎其言之矣。择友何以知其贤否？亦即前四件能行者为良友，不能行者为非良友。

【注释】

[1] 哑泉：口感很甜的泉水，饮用过多就会中毒，人会变得沙哑失声，最终慢慢死去。

[2] 揶揄（yé yú）鬼：指喜欢戏弄、嘲笑他人的人。

[3] 尊前：酒樽之前，指酒筵上。妩媚人：取悦、谄媚他人的人。

予暑中退休，稍有暇晷[1]，遂举胸中所欲言者，笔之于此。语虽无文[2]，然三十余年涉履仕途[3]，多逢险阻，人情物理，知之颇熟，言之较亲。后人勿以予言为迂而远于事情也。

【注释】

[1] 暇晷（guǐ）：空闲的时间。晷，日影，指时光。

[2] 无文：指文章没有文采。

[3] 涉履：经受、经历。

古人读《文选》而悟养生之理[1]，得力于两句，曰："石蕴玉而山辉，水涵珠而川媚[2]。"此真是至言！尝见兰蕙芍药之蒂间，必有露珠一点，若此一点为蚁虫所食，则花萎矣。又见笋初出，当晓[3]，则必有露珠数颗在其末，日出则露复敛而归根，夕则复上。田间有诗云"夕看露颗上梢行"是也[4]！若侵晓入园[5]，笋上无露珠，则不成竹，遂取而食之。稻上亦有露，夕现而朝敛。人之元气，全在于此。故《文选》二语，不可不时时体察，得诀固不在多也[6]！

【注释】

[1]《文选》：即《昭明文选》，南朝梁昭明太子萧统编，选录自先秦至南朝梁时期的诗文 30 卷，唐李善加注至 60 卷，是我国最早的诗文总集。

[2] 石蕴玉而山辉，水涵珠而川媚：出自晋陆机《文赋》，意为平淡无奇的山川因出产了璞玉和宝珠，便有了光彩和柔美的魅力。

[3] 当晓：正当早晨。

[4] 田间：钱澄之，字饮光，自号"田间老人"，明末文学家，著有《田间易学》《田间诗学》等。

[5] 侵晓：天渐明时、拂晓。

[6] 诀：要诀，这里指养生之理。

人生以择友为第一事。自就塾以后，有室有家，渐远父母之教，初离师保之严。此时乍得友朋，投契缔交[1]，其言甘如兰芷，甚至父母'兄弟'妻子之言，皆不听受，惟朋友之言是信。一有匪人侧于间[2]，德性未定，识见未纯，鲜未有不为其移者。余见此屡矣。至仕宦之子弟尤甚，一入其彀中[3]，迷而不悟，脱有尊长诫谕，反生嫌隙，益滋乖张[4]。故余家训有云："保家莫如择友。"盖痛心疾首其言之也！

【注释】

[1] 投契：指人们之间意气或见解相合。

[2] 匪人：行为不端正的人。

[3] 彀（gòu）：圈套、陷阱。

[4] 益滋：愈加、越发。乖张：形容人行为偏执、不受驯服、与众不同的样子。

汝辈但于至戚中，观其德性谨厚，好读书者，交友两三人足矣！况内有兄弟，互相师友，亦不至岑寂[1]。且势利言之，汝则温饱，来交者岂能皆有文章道德之切劘[2]？平居则有酒食之费、应酬之扰。一遇婚丧有无，则有资给称贷之事[3]，甚至有争讼外侮，则又有关说救援之事。平昔既与之契密，临事却之[4]，必生怨毒反唇[5]。故余以为宜慎之于始也。

【注释】

[1] 岑寂：孤独、寂寞。

[2] 切劘（mó）：相互切磋、切磨。劘，切磋。

[3] 资给：资助、供给。称贷：借贷、举债。

[4] 却：退却、拒绝。

[5] 反唇：常指反对或对立，可理解为讥讽、责骂。

况且游戏征逐[1]，耗精神而荒正业，广言谈而滋是非，种种弊端，不可纪极[2]。故特为痛切发挥之[3]。昔人有戒"饭不嚼便咽，路不看便走，话不想便说，事不思便做"，洵为格言[4]。予益之曰："友不择便交，气不忍便动，财不审便取，衣不慎便脱。"

【注释】

[1] 征逐：特指不务正业，只在吃喝玩乐上保持往来。征，召唤。逐，追随。

[2] 纪极：终极、极限，引申为穷尽。

[3] 发挥：阐发、说明道理。

[4] 洵：实在、确实。

治家之道，谨肃为要。《易经·家人卦》义理极完备[1]，其曰："家人嗃嗃[2]，悔、厉，吉；妇子嘻嘻[3]，终吝[4]。""嗃嗃"近于烦琐，然虽厉而终吉。"嘻嘻"流于纵轶[5]，则始宽而终吝。余欲于居室自书一额，曰"惟肃乃雍[6]"，常以自警，亦愿吾子孙共守也。

【注释】

[1]《易经·家人卦》：巽上离下合成之卦，象征家庭内部各成员之间相互配合，提醒家长行事应有根据，并遵循一定的规矩和准则。

[2] 嗃（hè）嗃：形容态度强硬、严厉的样子。

[3] 嘻嘻：形容嬉戏打闹的样子。

[4] 终吝：最终难办。

[5] 纵轶：指放纵超过限度。

[6] 惟肃乃雍：只有严肃治家，才能使家庭达到和顺。雍，形容团结、和睦的样子。

人之居家立身，最不可好奇。一部《中庸》，本是极平淡，却是极神奇。人能于伦常无缺，起居动作、治家节用、待人接物，事事合于矩度，无有乖张，便是圣贤路上人，岂不是至奇？若举动怪异，言语诡激[1]，明明坦易道理，却自寻奇觅怪，守偏文过[2]，以为不坠恒境[3]，是穷奇梼杌之流[4]，乌足以表异哉[5]？布帛菽粟，千古至味，朝夕不能离，何独至于立身制行而反之也[6]？

【注释】

[1] 诡激：怪异偏激，异于常情。

[2] 守偏文过：追求不守正道的事物来掩饰错误。

[3] 不坠恒境：不落入恒定不变的固定境地中。

[4] 穷奇梼杌（táo wù）之流：穷奇、梼杌、浑敦、饕餮，是传说中远古时期的四大凶兽。这里指喜欢做凶险怪诞动作的人。

[5] 乌：何、哪里。表异：表现出特别的地方。

[6] 制行：制约、规范自己的行为。

与人相交，一言一事皆须有益于人，便是善人。余偶以忌辰著朝服出门[1]，巷口见一人，遥呼曰："今日是忌辰！"余急易之[2]。虽不识其人，而心感之。如此等事，在彼无丝毫之损，而于人为有益。每谓同一禽鸟也，闻鸾凤之名则喜，闻鸺鹠之声则恶[3]，以鸾凤能为人福，而鸺鹠能为人祸也。同一草木也，毒草则远避之，参苓则共宝之[4]，以毒草能鸩人，而参苓能益人也。人能处心积虑，一言一动皆思益人，而痛戒损人，则人望之若鸾凤，宝之若参苓，必为天地之所佑，鬼神之所服，而享有多福矣！此理之最易见者也。

【注释】

[1] 忌辰：忌日，先辈去世的日子，旧俗这一天忌宴会或娱乐。

[2] 易：更换、变更路线。

[3] 鸺鹠（xiū liú）：指猫头鹰，被古人视为恶鸟。

[4] 参苓(líng): 人参与茯苓,都具有很高的药用价值,对人体健康非常有利。

凡读书，二十岁以前所读之书与二十岁以后所读之书迥异。幼年知识未开，天真纯固，所读者虽久不温习，偶尔提起，尚可数行成诵。若壮年所读，经月则忘，必不能持久。故六经、秦汉之文，词语古奥[1]，必须幼年读。长壮后虽倍蓰其功[2]，终属影响[3]。自八岁至二十岁，中间岁月无多，安可荒弃或读不急之书？此时，时文固不可不读[4]，亦须择典雅醇正、理纯词裕、可历二三十年无弊者读之。若朝华夕落、浅陋无识、诡僻失体、取悦一时者，安可以珠玉难换之岁月而读此无益之文？何如诵得《左》《国》一两篇[5]，及东西汉典贵华腴之文数篇[6]，为终身受用之宝乎？

且更可异者：幼龄入学之时，其父师必令其读《诗》《书》《易》《左传》《礼记》、两汉、八家文[7]；及十八九，作制义、应科举时[8]，便束之高阁，全不温习。此何异衣中之珠，不知探取，而向涂人乞浆乎[9]？且幼年之所以读经书，本为壮年扩充才智，驱驾古人，使不寒俭，如蓄钱待用者然。

乃不知寻味其义蕴，而弁髦弃之[10]，岂不大相刺谬乎[11]？

【注释】

[1] 古奥：古拙、深奥。

[2] 倍蓰（xǐ）：数倍。倍，一倍。蓰，五倍。

[3] 影响：影子和回声，形容时间不持久。

[4] 时文：指科举时代应试的文章，明清时特指“八股文”。

[5]《左》《国》：指《左传》《国语》。

[6] 华腴（yú）：形容文辞华美。

[7] 八家文：指唐韩愈、柳宗元，宋欧阳修、王安石、苏洵、苏轼、苏辙、曾巩，即著名的“唐宋八大家”所写的古文。

[8] 制义：明、清时科举考试规定的文体，即“八股文”。

[9] 涂人：路人。乞浆：讨要水。

[10] 弁髦（biàn máo）：比喻没有用处的东西。

[11] 剌（là）谬：悖谬。剌，违背常情、事理。

古人有言：“终身让路，不失尺寸[1]。”老氏以“让”为宝[2]。左氏曰[3]：“让，德之本也。”处里闬之间[4]，信世俗之言，不过曰：“渐不可长。[5]”不过曰：“后将更甚。是大不然！”人孰无天理良心、是非公道？揆之天道，有“满损谦益”之义；揆之鬼神，有“亏盈福谦”之理。自古只闻“忍”与“让”，足以消无穷之灾悔，未闻“忍”与“让”，翻以酿后来之祸患也[6]。欲行忍让之道，先须从小事做起。余曾署刑部事五十日[7]，见天下大讼大狱，多从极小事起。君子敬小慎微，凡事从小处了。余行年五十余，生平未尝多受小人之侮，只有一善策：能转弯早耳[8]。每思天下事，受得小气则不致于受大气，吃得小亏则不致于吃大亏，此生平得力之处。凡事最不可想占便宜，子曰：“放于利而行[9]，多怨。”便宜者，天下人之所共争也。我一人据之，则怨萃于我矣[10]；我失便宜，则众怨消矣。故终身失便宜，乃终身得便宜也。

【注释】

[1] 终身让路，不失尺寸：一生谦让别人的人，结果不会有任何损失。

[2] 老氏：即老子。

[3] 左氏：左丘明，《左传》的作者。

[4] 里闬（hàn）：乡里。

[5] 渐不可长：对待不好的事物要在其刚露头时就阻止其蔓延滋长。

[6] 翻：反而。

[7] 署刑部事：暂时代理司法部门的工作。署，代理职务。

[8] 转弯：比喻另寻出路，不执着逞强。

[9] 放于利而行：只是依据利益大小、多少行事。放，依照、依据。

[10] 萃：聚集、集中。

汝曹席前人之资[1]，不忧饥寒，居有室庐，使有臧获[2]，养有田畴，读书有精舍[3]，良不易得。其有游荡非僻[4]，结交淫朋匪友，以致倾家败业，路人指为笑谈，亲戚为之浩叹者，汝曹见之闻之，不待余言也。其有立身醇谨[5]，老成俭朴，择人而友，闭户读书，名日美而业日成，乡里指为令器[6]，父兄期其远大者，汝曹见之闻之，不待余言也。二者何去何从，何得何失；何芳如芝兰，何臭如腐草；何祥如麟凤，何妖如鸺鹠，又岂俟余言哉？

【注释】

[1] 汝曹：你们。曹，辈、类。席：凭着、倚仗。

[2] 使：支使、使唤。臧获：古代对奴婢的贱称。

[3] 精舍：学舍、书斋。

[4] 其：如果。非僻：同“非辟”，邪恶不正。

[5] 醇谨：淳厚谨慎。醇，淳厚、质朴。

[6] 令器：优秀的人才。

座右箴：立品、读书、养身、择友。右四纲[1]。

戒嬉戏，慎威仪；谨言语，温经书；精举业，学楷字；谨起居，慎寒暑；节用度，谢酬应；省宴集，寡交游。右十二目[2]。

【注释】

[1] 纲：提纲、纲领。

[2] 目：名称、目录。

读书须明窗净几[1]，案头不可多置书。读文作文，皆须凝神静气，目光炯然。出文于题之上，最忌坠入云雾中，迷失出路。多读文而不熟，如将不练之兵[2]，临时全不得用，徒疲精劳神，与操空拳者无异。

【注释】

[1] 明窗净几：明亮的窗户，洁净的桌子，形容房间干净明亮，陈设整洁。几，小桌子。

[2] 将（jiàng）不练之兵：统帅没有训练过的士兵。将，率领、统率。

读书人独宿，是第一义[1]。试自己省察：馆中独宿时，漏下二鼓，灭烛就枕；待日出早起，梦境清明，神酣气畅。以之读书则有益，以之作文必不潦草枯涩[2]。真所谓一日胜两日也。

【注释】

[1] 第一义：首要的道理。

[2] 枯涩：枯燥无味。

《易经》一书，言“谦道”最为详备：“天道亏盈而益谦，地道变盈而流谦[1]，鬼神祸盈而福谦，人道恶盈而好谦。”又曰：“日中则昃[2]，月满则亏。”天地不能常盈，而况于人乎？况于鬼神乎？于此理不啻反复再三[3]，极譬罕喻[4]。《书》曰：“满招损，谦受益。”古昔贤圣，殆无异词[5]。尧舜大圣人，而史称之曰“允恭克让”[6]；孔子甚圣德，及门称之曰“恭俭让”[7]。况乎中人之才[8]，安能越斯义？古云“终身让路，不失尺寸”，言“让”之有益无损也。世俗瞽谈[9]，妄谓“让人则人欺之”，甚至有尊长教其卑幼无多让，此极为乱道。

【注释】

[1] 变：改变、变易。流：传布、弘扬。

[2] 日中则昃：过了正午，太阳开始偏西。昃，日偏西。

[3] 不啻（chì）：不止、不仅。

[4] 极譬罕喻：极其精辟、罕见的比喻。譬，比喻。

[5] 殆无异词：差不多没有一样的说法。殆，大概、几乎。

[6] 允恭克让：为人诚实、恭敬又能够谦让有礼。允，诚信。克，能够。

[7] 及门：指受业弟子。

[8] 中人：一般人、普通人。

[9] 瞽（gǔ）谈：无稽之谈，没有根据的说法。

以世俗论，富贵家子弟，理不当为人所侮，稍有拂意[1]，便自谓："我何如人，而彼敢如是以加我！"从傍人亦不知义理[2]，用一二言挑逗之，遂尔气填胸臆，奋不顾身，全不思富贵者众射之的也[3]，群妒之媒也。谚曰："一家温饱，千家怨忿。"惟当抚躬自返[4]：我所得于天者已多，彼同生天壤，或系亲戚，或同里闬，而失意如此，我不让彼而彼顾肯让我乎？尝持此心，深明此理，自然心平气和。即有拂意之事，逆耳之言，如浮云行空，与吾无涉。姚端恪公有言[5]："此乃成就我福德相[6]，愈加恭谨以逊谢之，则横逆之来，盖亦少矣！"愿以此为热火世界一帖清凉散也[7]。

【注释】

[1] 拂意：不如意。

[2] 从傍人：跟随在富贵家子弟身边的人。

[3] 众射之的：同"众矢之的"，喻指大家攻击的对象。的，箭靶中心。

[4] 抚躬自返：同"抚躬自问""反躬自省"，指回过头来反省自己的错误和过失。

[5] 姚端恪：姚文然，字弱侯，谥号端恪，清初名臣、文学家。

[6] 福德相：佛语，指能获得一切福分和德行的相貌。

[7] 热火世界：人心躁动不安的世俗世界。

谭子《化书》训"俭"字最详[1]，其言曰："天子知俭，则天下足；一人知俭，则一家足。且俭非止节啬财用而已也。俭于嗜欲，则德日修，体日固；俭于饮食，则脾胃宽；俭于衣服，则肢体适；俭于言语，则元气藏而怨尤寡；俭于思虑，则心神宁；俭于交游，则匪类远；俭于酬酢[2]，则岁月宽而本业修；俭于书札，则后患寡；俭于干请[3]，则品望尊；俭于僮仆，则防闲省[4]；俭于嬉游，则学业进。”其中义蕴甚广，大约不外于葆啬之道[5]。

【注释】

[1] 谭子：即谭峭，字景升，唐末五代道士，著名道教学者，著有《化书》，包括《道化》《术化》《德化》《仁化》《食化》《俭化》等6篇，大旨多出黄老之学而又附合于儒家。文中所引，出于《俭化》篇。

[2] 酬酢（zuò）：泛指交际、应酬。

[3] 干请：请托说情。

[4] 防闲：防备和禁阻。省：节省。

[5] 葆啬：珍视而不浪费。葆，通“宝”。

东坡千古才人，以百五十钱为一块，每日只用画杈挑取一块[1]，尽此钱为度[2]，决不用明日之钱。汝辈中人，可无限制？陆梭山训居家之法最妙：以一岁所入，除完官粮外，分为三分。存一分以为水旱及意外之费，其余二分析为十二分[3]，每月用一分，但许存余，不许过界。能从每日饮食杂用加意节省，使一月之用常有余，别置一处，不入经费，留以为亲戚朋友小小周济缓急之用，亦远怨积德之道，可恃以长久者也。

【注释】

[1] 画杈：雕有图案的木制器具，尾端分枝，可挑取物品。

[2] 尽此钱为度：以用完这些钱为限度。

[3] 析：分成。

人生髫稚[1]，不离父母；入塾则有严师傅督课，颇觉拘束。逮十六七岁时，父母渐视为成人，师傅亦渐不严惮[2]。此时，知识初开，嬉游渐习，则必视朋友为性命。虽父母师保之训，与妻孥之言[3]，皆可不听。而朋友之言，则投若胶漆，契若芳兰[4]。所与正，则随之而正；所与邪，则随之而邪。此必然之理，身验之事也。

【注释】

[1] 髫稚：幼年时期。

[2] 严惮：畏惧、害怕。

[3] 妻孥（nú）：妻子与儿女。孥，子女，亦指妻子儿女。

[4] 投若胶漆，契若芳兰：兴趣相投得如胶漆，性情默契得如芳兰。形容朋友关系亲密美好的样子。

余镌一图章[1]，以示子弟，曰："保家莫如择友。"盖有所叹息、痛恨、惩艾于其间也[2]。古人重朋友，而列之五伦[3]，谓其志同道合，有善相勉，有过相规，有患难相救。今之朋友，止可谓相识耳，往来耳，同官同事耳，三党姻戚耳[4]。朋友云乎哉[5]？

【注释】

[1] 镌（juān）：雕刻。

[2] 惩艾（yì）：惩戒、惩治。艾，治理。

[3] 五伦：古人以君臣、父子、夫妇、兄弟、朋友为"五伦"。

[4] 三党：即父、母、妻三族。

[5] 朋友云乎哉：算什么朋友呢？云乎哉，用于句末的语气助词，表反诘。

汝等莫若就亲戚兄弟中，择其谨厚老成，可以相砥砺者[1]，多则二人，少则一人，断无目前良友，遂可得十数人之理！平时既简于应酬，有事可以请教。若不如己之人，既易于临深为高[2]，又日闻鄙猥之言，污贱之行，浅劣之学，不知义理，不习诗书。久久与之相化，不能却而远矣！此《论语》所以首诫之也。

【注释】

[1] 砥砺：激励、勉励。

[2] 临深为高：自己已经处在深渊，却还以为身在高处。

人生第一件事，莫如安分。“分”者，我所得于天多寡之数也。古人以得天少者谓之“数奇”[1]，谓之“不偶”，可以识其义矣。董子曰：“予之齿者去其角，傅之翼者两其足。”啬于此则丰于彼[2]，理有乘除[3]，事无兼美。予阅历颇深，每从旁冷观，未有能越此范围者。功名非难非易，只在争命中之有无。尝譬之温室养牡丹，必花头中原结蕊，火焙则正月早开，然虽开而元气索然[4]，花既不满足，根亦旋萎矣[5]。若本来不结花，即火焙无益。既有花矣，何如培以沃壤，灌以甘泉，待其时至敷华[6]，根本既不亏，而花亦肥大经久。此余所深洞于天时物理，而非矫为迂阔之谈也[7]。

【注释】

[1] 数奇（jī）：指运气不好。数，命运、命数。奇，古代占法以偶为吉，以奇为凶。

[2] 啬：歉收，收成不好。

[3] 乘除：消减和增长。

[4] 索然：这里是形容花朵生气空乏的样子。

[5] 旋萎：不久就枯萎。旋，很快、不久。

[6] 敷华：开花。

[7] 迂阔：迂腐而不切实际。

曩时，姚端恪公每为余言，当细玩“不知命无以为君子”章。朱注最透，言“不知命则见利必趋，见害必避，而无以为君子矣”，“为”字甚有力！知命是一事，为君子是一事。既知命不能违，则尽有不必趋之利，尽有不必避之害，而为忠为孝，为廉为让，绰有余地矣！小人固不当取怨于他，至于大节目[1]，亦不可诡随[2]，得失荣辱，不必太认真，是亦知命之大端也[3]。

【注释】

[1] 大节目：关键。

[2] 诡随：不分别是非曲直地盲从他人。

[3] 大端：事情的主要部分。

《曾国藩家书》

曾国藩（1811—1872），字伯涵，号涤生，与李鸿章、左宗棠、张之洞合称为“晚清中兴四大名臣”，在政治、军事、理学、文学上都有建树。太平天国运动时，他组建湘军，镇压太平天国运动，令他饱受争议。但是，无论欣赏他的人还是鄙视他的人，都对他的家书推崇备至。本书精选的曾国藩家书包括修身、教子、持家、交友、用人、处世、理财、治学、治军、为政等内容，体现了其治政、治家、治学、为人之道。

禀父母·九弟习字长进

九弟之病[1]，自正月十六日后，日见强旺；二月一日开荤，现全复元矣。二月以来，日日习字，时有长进。男亦常习小楷[2]，以为明年考差之具[3]，近来改临智永《千字文》帖[4]，不复临颜、柳二家帖，以不合时宜故也。

孙男身体甚好，每日侁达欢呼[5]，曾无歇息。孙女亦好。

九弟前病中思归，近因难觅好伴，且闻道上有虞[6]，是以不复作归计。弟自病好后，亦安心不甚思家。

男等在京谨慎，望父母亲大人放心。

（道光二十二年二月廿十四日）

【注释】

[1] 九弟：即曾国荃。曾国藩有四个弟弟：曾国潢，字澄侯，族中排行第四；曾国华，字温甫，族中排行第六；曾国荃，字沅浦，族中排行第九；曾国葆，字季洪，是五兄弟中最幼者。

[2] 男：儿子。

[3] 考差：科举制度中考官的考选差派制度。具：准备。

[4] 智永：王法极，字智永，南朝书法家、佛学大师，“书圣”王羲之的

七世孙。他的书法对后世影响深远，有《千字文》等墨迹传世。

[5] 佻达：犹言“挑逗”“戏谑”，可理解为调皮、戏闹。

[6] 虞：忧虑、忧患，意即不太平。

致诸弟·读书应立志有恒

十一月前八日已将日课抄与弟阅，嗣后每次家书[1]，可抄三叶付回。日课本皆楷书，一笔不苟，惜抄回不能作楷书耳。冯树堂进功最猛，余亦教之如弟，知无不言。可惜九弟不能在京与树堂日日切磋，余无日无刻不太息也[2]。九弟在京年半，余懒散不努力。九弟去后，余乃稍能立志，盖余实负九弟矣。余尝语岱云曰：“余欲尽孝道，更无他事，我能教诸弟进德业一分[3]，则我之孝有一分；能教诸弟进十分，则我孝有十分；若全不能教弟成名，则我大不孝矣。”九弟之无所进，是我之大不孝也。惟愿诸弟发奋立志，念念有恒，以补我不孝之罪。幸甚幸甚。

岱云与易五近亦有日课册，惜其识不甚超越。余虽日日与之谈论，渠究不能悉心领会[4]，颇疑我言太夸。然岱云近极勤奋，将来必有所成。

何子敬近待我甚好，常彼此作诗唱和。盖因其兄钦佩我诗，且谈字最相合，故子敬亦改容加礼。子贞现临隶字，每日临七八叶，今年已千叶矣。近又考订《汉书》之讹，每日手不释卷。盖子贞之学长于五事：一曰《仪礼》精，二曰《汉书》熟，三曰《说文》精，四曰各体诗好，五曰字好。此五事者，渠意皆欲有所传于后。以余观之，此三者余不甚精，不知浅深究竟何如。若字，则必传千古无疑矣。诗亦远出时手之上，必能卓然成家。近日京城诗家颇少，故余亦欲多做几首。

黄子寿处，本日去看他，功夫甚长进，古文有才华，好买书，东翻西阅，涉猎颇多，心中已有许多古董。何世兄亦甚好，沈潜之至[5]，虽天分不高，将来必有所成。吴竹如近日未出城，余亦未去，盖每见则耽搁一天也。其世兄亦极沈潜，言动中礼[6]，现在亦学倭艮峰先生。吾观何、吴两世兄之资质，与诸弟相等，远不及周受珊、黄子寿；而将来成就，何、吴必更切实。此其故，诸弟能看书自知之，愿诸弟勉之而已。此数人者，皆后起不凡之人才也，安得诸弟与之联镳并驾[7]，则余之大幸也。

（道光二十二年十一月十七日）

【注释】

[1] 嗣后：今后、从今以后。

[2] 太息：叹息。

[3] 德业：指德行和功业。

[4] 渠：他。

[5] 沈潜：即“沉潜”，指人思想情感深沉，不轻易暴露内心。

[6] 言动中礼：言行举止合乎礼节。中，符合。

[7] 联镳并驾：喻指彼此的力量或才能不分上下。镳：马嚼子。

致诸弟·应立志猛进

自七月发信后，未接诸弟信，乡间寄信较省城百倍之难，故余亦不望也。九弟前信有意与刘霞仙同伴读书，此意甚佳。霞仙近来读朱子书，大有所见，不知其言语容止、规模气象何如？若果言动有礼，威仪可则，则直以为师可也，岂特友之哉！然与之同居，亦须真能取益乃佳，无徒浮慕虚名。人苟能自立志，则圣贤豪杰，何事不可为？何必借助于人？“我欲仁，斯仁至矣。”我欲为孔孟，则日夜孜孜，惟孔孟之是学，人谁得而御我哉[1]？若自己不立志，则虽日与尧舜禹汤同住，亦彼自彼我自我矣，何与于我哉？

去年温甫欲读书省城，吾以为离却家门局促之地，而与省城诸胜己者处，其长进当不可限量。乃两年以来，看书亦不甚多，至于诗文，则绝无长进，是不得归咎于地方之局促也。去年余为择师丁君叙忠，后以丁君处太远，不能从，余意中遂无他师可从。今年弟自择罗罗山改文，而嗣后杳无信息，是又不得归咎于无良友也。日月逝矣，再过数年则满三十，不能不趁三十以前立志猛进也。

余受父教，而余不能教弟成名，此余所深愧者。他人与余多有受余益者，而独诸弟不能受余之益，此又余所深恨者也。今寄霞仙信一封，诸弟可钞存信稿而细玩之，此余数年来学思之力，略具大端。

六弟前嘱余将所作诗抄录寄回，余往年皆未存稿，近年存稿者，不过百余首耳，实无暇钞写，待明年将全本付回可也。

（道光二十四年九月十九日）

【注释】

[1] 御：抵御、阻止。

致九弟·人而无恒，一事无成

来书谓“意趣不在此，则兴会索然”，此却大不可。凡人作一事，便须全副精神注在此一事，首尾不懈。不可见异思迁，做这样想那样，坐这山望那山。人而无恒，终身一无所成。

我生平坐犯无恒的弊病[1]，实在受害不小。当翰林时，应留心诗字，则好涉猎他书，以纷其志；读性理书时，则杂以诗文各集，以歧其趋。在六部时，又不甚实力讲求公事。在外带兵，又不能竭力专治军事，或读书写字以乱其志意。坐是垂老而百无一成，即水军一事，亦掘井九仞而不及泉，弟当以为鉴戒。

现在带勇，即埋头尽力以求带勇之法，早夜孳孳[2]，日所思，夜所梦，舍带勇以外则一概不管。不可又想读书，又想中举，又想作州县，纷纷扰扰，千头万绪，将来又蹈我之覆辙，百无一成，悔之晚矣。

带勇之法，以体察人才为第一，整顿营规、讲求战守次之，《得胜歌》中各条，一一皆宜讲求。至于口粮一事，不宜过于忧虑，不可时常发禀。弟营既得楚局每月六千，又得江局月二三千，便是极好境遇。李希庵十二来家，言迪庵意欲帮弟饷万金。又余有浙盐赢余万五千两在江省，昨盐局耑丁前来禀询[3]，余嘱其解交藩库充饷，将来此款或可酌解弟营，但弟不宜指请耳。

饷项既不劳心，全副精神讲求前者数事，行有余力则联络各营，款接绅士。身体虽弱，却不宜过于爱惜。精神愈用则愈出，阳气愈提则愈盛。每日作事愈多，则夜间临困愈快活。若存一爱惜精神的意思，将前将却，奄奄无气，决难成事。——凡此，皆因弟兴会索然之言而切戒之者也。弟宜以李迪庵为法，不慌不忙，盈科后进，到八九个月后，必有一番回甘滋味出来。

余生平坐无恒流弊极大，今老矣，不能不教诫吾弟吾子。邓先生品学极好，甲三八股文有长进，亦山先生亦请邓改文。亦山教书严肃，学生甚为畏惮。吾家戏言戏动积习，明年，当与两先生尽改之。

（咸丰七年十二月十四日）

【注释】

[1] 坐：因为、由于。

[2] 孳（zī）孳：勤勉、努力的样子。

[3] 耑（zhuān）丁：即“专丁”。

致四弟、九弟·早起乃千金妙方

澄弟服补剂而大愈，幸甚幸甚！丽参、鹿茸虽享福稍早，而体气本弱，亦属无可如何。吾生平颇讲求“惜福”二字之义，近来补药不断，且菜蔬亦较奢[1]，自愧享用太过，然亦体气太弱，不得不尔。李希庵常服辽参，则其享受更有过于余者。

家中后辈子弟体弱，学射最足保养，起早尤千金妙方、长寿金丹也。

（咸丰十年三月廿四日）

【注释】

[1] 奢：过分、过度。

致九弟·郁怒最易伤人

内疾外症，果愈几分？凡郁怒最易伤人，余有错处，弟尽可一一直说。

人之忌我者，惟愿弟做错事，惟愿弟之不恭。人之忌弟者，惟愿兄做错事，惟愿兄之不友。弟看破此等物情，则知世路之艰险，而心愈抑畏[1]，气反愈和平矣。

（同治三年五月廿三日）

【注释】

[1] 抑畏：谦抑敬畏。

禀父母·家和则福自生

男身体如常，新年应酬太繁，几至日不暇给。媳妇及孙儿女俱平安。正月十五接到四弟、六弟信，四弟欲偕季弟从汪觉庵师游，六弟欲偕九弟至省城读书。男思大人家事日烦，必不能常在家整照管诸弟；且四弟天分平常，断不能一日无师，讲书改诗文，断不可一课耽搁。伏望堂上大人俯从男等之请，即命四弟、季弟从觉庵师，其束脩银[1]，男于八月付回，两弟自必加倍发奋矣。

六弟实不羁之才，乡间孤陋寡闻，断不足以启其见识而坚其心志。且少年英锐之气，不可久挫。六弟不得入学，既挫之矣；欲进京而男阻之，再挫之矣；若又不许肄业省城，则毋乃太挫其锐气乎？伏望堂上大人俯从男等之请，即命六弟、九弟下省读书，其费用，男于二月间付银廿两至金竺虔家。

夫家和则福自生，若一家之中，兄有言弟无不从，弟有请兄无不应，和气蒸蒸而家不兴者，未之有也；反是而不败者，亦未之有也。伏望大人察男之志，即此敬禀叔父之人，恕不另具。六弟将来必为叔父克家之子，即为吾族光大门第，可喜也。

（道光二十三年正月十七日）

【注释】

[1] 束脩（xiū）：古代教师与学生初次见面时，学生向教师奉赠的礼物。

禀父母·以和睦兄弟为第一

去年十二月十一，祖父大人忽患伤风，赖神灵默佑，得以速痊，然游子闻之，尚觉心悸。六弟生女，自是大喜。初八日恭逢寿筵，男不克在家庆祝[1]，心尤依依。

诸弟在家不听教训，不甚发奋。男观诸来信，即已知之。盖诸弟之意，总不愿在家塾读书，自己亥年男在家时，诸弟即有此意，牢不可破。六弟欲从男进京，男因散馆去留未定[2]，故比时未许[3]。庚子年接家眷，即请弟等送，意欲弟等来京读书也。特以祖父母、父母在上，男不敢专擅，故但写诸弟，而不指定何人。迨九弟来京[4]，其意颇遂，而四弟、六弟之意尚未遂也。年年株守家园，时有耽搁，大人又不能常在家教之；近地又无良友，考试又不利。兼此数者，怫郁难申[5]，故四弟、六弟不免怨男，其所以怨男者有故。丁酉在家教弟，威克厥爱[6]，可怨一矣；己亥在家未曾教弟一字，可怨二矣；临进京不肯带六弟，可怨三矣；不为弟另择外傅，仅延丹阁叔教之，拂厥本意[7]，可怨四矣；明知两弟不愿家居，而屡次信回，劝弟寂守家塾，可怨五矣。惟男有可怨者五端，故四弟、六弟难免内怀隐衷。前此含意不申[8]，故从不写信与男。去腊来信甚长，则尽情吐露矣。

男接信时，又喜又惧。喜者，喜弟志气勃勃不可遏也；惧者，惧男再拂弟意，将伤和气矣。兄弟和，虽穷氓小户必兴；兄弟不和，虽世家宦族必败。男深知此理，故禀堂上各位大人俯从男等兄弟之请。男之意实以和睦兄弟为第一。

九弟前年欲归，男百般苦留，至去年则不复强留，亦恐拂弟意也。临别时，彼此恋恋，情深似海。故男自九弟去后，思之尤切，信之尤深。谓九弟纵不为科目中人，亦当为孝弟中人。兄弟人人如此，可以终身互相依倚，则虽不得禄位，亦何伤哉！

恐堂上大人接到男正月信必且惊而怪之，谓两弟到衡阳，两弟到省，何其不知艰苦，擅自专命？殊不知男为兄弟和好起见，故复缕陈一切，并恐大人未见四弟、六弟来信，故封还附呈。总愿堂上六位大人俯从男等三人之请而已。

伏读手谕，谓男教弟宜明责之，不宜琐琐告以阅历工夫。男自忆连年教弟之信不下数万字，或明责，或婉劝，或博称[9]，或约指[10]，知无不言，总之尽心竭力而已。

（道光二十三年二月十九日）

【注释】

[1] 克：能够。

[2] 散馆：清时翰林院设庶常馆，新进士朝考得庶吉士资格者入馆学习，三年期满举行考试后，成绩优良者留馆，授以编修、检讨之职，其余分发各部为给事中、御史、主事，或被任命为州县长官，称为“散馆”。

[3] 比时：当时。

[4] 迨（dài）：等到。

[5] 怫（fú）郁难申：心中的忧郁难以说明白，难以说出来。

[6] 威克厥爱：威严超过宠爱。

[7] 拂：拂逆、违背。

[8] 前此：在此之前。

[9] 博称：长篇大论。

[10] 约指：从小的地方指点。

致四弟·治家有八字诀

廿七日接弟信，欣悉合家平安。沅弟是日申刻到，又得详问一切，敬知叔父临终，毫无抑郁之情，至为慰念！

余与沅弟论治家之道，一切以星冈公为法。大约有八字诀，其四字即上年所称书蔬鱼猪也。又四字则曰早扫考宝。早者，起早也。扫者，扫屋也。考者，祖先祭祀敬奉显考王考曾祖考，言考而妣可该也。宝者，亲族、乡里时时周旋，贺喜吊丧，问疾济急。

星冈公常曰：“人待人，无价之宝也。”星冈公生平于此数端，最为认真，故余戏述为八字诀曰：“书蔬鱼猪，早扫考宝也。”此言虽涉谐谑，而疑即写屏上[1]，以祝贤弟夫妇寿辰，使后世子孙，知吾兄弟家教，亦知吾兄弟风趣也，弟以为然否？

（咸丰十年闰三月廿九日）

【注释】

[1] 疑：通“拟”，打算。

致九弟·周济受害绅民

二十七日接弟信，并《廿二史》七十二套。此书十七史系汲古阁本[1]，《宋》《辽》《金》《元》系弘简录[2]，《明史》系殿本[3]。较之兄丙申年所购者多《明史》一种，余略相类，在吾乡已极为难得矣。吾后在京，亦未另买有全史，仅添买《辽》《金》《元》《明》四史，及《史》《汉》各佳本而已，《宋史》至今未办，盖阙典也。

吉贼决志不窜，将来必与浔贼同一办法，想非夏末秋初，不能得手，弟当坚耐以待之，迪庵去年在浔于开濠守逻之外，间亦读书习字。弟处所掘长壕，如果十分可靠，将来亦有间隙，可以偷看书籍，目前则须极力讲求壕工巡逻也。

周济受害绅民，非泛爱博施之谓，但偶遇一家之中杀害数口者、流转迁徙归来无食者、房屋被焚栖止靡定者[4]，或与之数十金，以周其急。先星冈公云："济人须济急时无。"又云："随缘布施，专以目之所触为主。"即孟子所称"是乃仁术也"。若目无所触，而泛求被害之家而济之，与造册发赈一例，则带兵者专行沽名之事，必为地方官所讥，且有挂一漏万之虑。弟之所见，深为切中事理，余系因昔年湖口绅士受害之惨，无力济之，故推而及于吉安，非欲弟无故而为沽名之举也。

（咸丰八年正月廿九日）

【注释】

[1] 汲古阁本：明末毛晋所刻之书。

[2] 弘简录：明人邵经邦所撰之书。

[3] 殿本：清代武英殿官刻本的简称。

[4] 栖止靡定：形容流离失所、居无定所。

禀祖父母·请资助族人

四月十一日，由折差发第六号家信，十六日折弁又到[1]。

孙男等平安如常，孙妇亦起居维慎，曾孙数日内添吃粥一顿，因母乳日少，饭食难喂，每日两饭一粥。

今年散馆，湖南三人皆留。全单内共留五十二人，仅三人改部属，三人改知县。翰林衙门现已多至百四五十人，可谓极盛。

琦善已于十四日押解到京，奉上谕派亲王三人、郡王一人、军机大臣、大学士、六部尚书会同审讯，现未定案。

梅霖生同年因去岁咳嗽未愈，日内颇患咯血。同乡各京官宅皆如故。

澄侯弟三月初四日在县城发信，已经收到。正月廿五信，至今未接。

兰姊以何时分娩？是男是女，伏望下次示知。

楚善八叔事，不知去冬是何光景？如绝无解危之处，则二伯祖母将穷迫难堪，竟希公之后人将见笑于乡里矣[2]。孙国藩去冬已写信求东阳叔祖兄弟，不知有补益否？此事全求祖父大人作主，如能救焚拯溺，何难嘘枯回生[3]。伏念祖父平日积德累仁，救难济急，孙所知者，已难指数。如廖品一之孤、上莲叔之妻、彭定五之子、福益叔祖之母，及小罗巷、樟树堂各庵，皆代为筹划，曲加矜恤。凡他人所束手无策，计无复之者，得祖父善为调停，旋乾转坤，无不立即解危，而况楚善八叔同胞之亲、万难之时乎？

孙因念及家事，四千里外杳无消息，不知同堂诸叔目前光景，又念及家中此时亦甚难窘，辄敢冒昧饶舌，伏求祖父大人宽宥无知之罪。楚善叔事，如有说法之处，望详细寄信来京。

（道光二十一年四月十七日）

【注释】

[1] 折弁：即折差，古代专为地方大员送奏折到京城的邮差。

[2] 竟希公：曾国藩的曾祖父。

[3] 嘘枯回生：比喻将死之人起死回生。

禀祖父母·先馈赠亲族

二月十四孙发第二号信，不知已收到否。孙身体平安，孙妇及曾孙男女皆好。孙去年腊月十八曾寄信到家，言寄家银一千两，以六百为家中还债之用，以四百为馈赠亲族之用，其分赠数目，另载寄弟信中，以明不敢自专之义也。后接家信，知兑啸山百三十千，则此银已亏空一百矣。顷闻曾受恬丁艰[1]，其借银恐难遽完，则又亏空一百矣。所存仅八百，而家中旧债尚多，馈赠亲族之银，系孙一人愚见，不知祖父母、父亲、叔父以为可行否？伏乞裁夺。

孙所以汲汲馈赠者[2]，盖有二故：一则我家气运太盛，不可不格外小心，以为持盈保泰之道，旧债尽清，则好处太全，恐盈极生亏，留债不清，则好中不足，亦处乐之法也；二则各亲戚家皆贫，而年老者，今不略为资助，则他日不知何如。孙自入都后，如彭满舅曾祖、彭王姑母、欧阳岳祖母、江通十舅，已死数人矣。再过数年，则意中所欲馈赠之人，正不保何若矣，家中之债，今虽不还，后尚可还。赠人之举，今若不为，后必悔之！此二者，孙之愚见如此。

然孙少不更事，未能远谋一切，求祖父、叔父作主，孙断不敢擅自专权，其银待欧阳小岑南归，孙寄一大箱，衣物银两概寄渠处，孙认一半车钱。彼时再有信回。

（道光二十四年三月初十日）

【注释】

[1] 曾受恬：人名，曾任江西分宜知县。丁艰：遭逢父亲丧事。

[2] 汲汲：同“急急”，急切的样子。

致诸弟·应亲近益友

四月十六日，曾写信交折弁带回，想已收到。十七日，朱啸山南归，托带纹银百两，高丽参一斤半，书一包，计九套。兹因冯树堂南还，又托带寿屏一架，狼兼毫笔二十枝，鹿胶二斤，对联条幅一包（内金年伯耀南四条，朱岚暄四条，萧辛五对一幅，江岷山母舅四条，东海舅父四条，父亲横批一个，叔父折扇一柄），乞照单查收。前信言送江岷山东海高丽参六两，送金耀南年伯参二两，皆必不可不送之物，唯诸弟禀告父亲大人送之可也。

树堂归后，我家先生尚未定。诸弟若在省得见树堂，不可不殷勤亲近，亲近愈久，获益愈多。今年湖南萧史楼得状元，可谓极盛，八进士皆在长沙府，黄琴坞之胞兄及皆中[1]，亦长沙人也。余续具。

（道光二十五年四月廿四日）

【注释】

[1] 黄琴坞：黄辅辰，字琴坞，贵州贵筑人，原籍湖南醴陵，旧属长沙府。

致九弟·同甘苦共患难

十四日接弟初七夜信，得知一切。

贵溪紧急之说确否？近日消息何如？次青非常之才，带勇[1]虽非所长，然亦有百折不回之气。其在兄处，尤为肝胆照人，始终可感。兄在外数年，独惭无以对渠。去腊遣韩升至李家省视其家，略送仪物。又与次青约成婚姻，以申永好。目下两家儿女无相当者，将来渠或三索得男，弟之次女、三女可与订婚。兄信已许之矣。在吉安，望常常与之通信。专人往反，想十余日可归也。但得次青生还与兄相见，则同甘苦患难诸人中，尚不至留莫大之愧歉耳[2]。

昔耿恭简公谓居官以耐烦为第一要义[3]，带勇亦然。兄之短处在此，屡次谆谆教弟亦在此。二十七日来书，有云“仰鼻息于傀儡膻腥之辈，又岂吾心之所乐”，此已露出不耐烦之端倪，将来恐不免于龃龉。去岁握别时，曾以惩余之短相箴，乞无忘也。

李雨苍于十七日起行赴鄂，渠长处在精力坚强，聪明过人；短处在举止轻佻，言语易伤，恐润公亦未能十分垂青。温甫弟于二十一日起程，大约三月半可至吉安也。

（咸丰八年二月十七日）

【注释】

[1] 勇：兵勇。

[2] 愧歉：即遗憾。

[3] 耿恭简公：耿定向，明代学者，谥号“恭简”。

致九弟、季弟·述自己有负朋友

湖南之米，昂贵异常。东征局无米解来，安庆又苦于碾碓[1]无多，每日不能舂出三百石，不足以应诸路之求。每月解子药各三万斤，不能再多，望弟量入为出，少操几次，以省火药为嘱。

扎营图阅悉。得几场大雨，吟、昆等营必日松矣。处处皆系两层，前层拒城贼，后层防援贼，当可稳固无虞。

少泉代买之洋枪，今日交到一单，待物到即解弟处。洋物机括太灵[2]，多不耐久，宜慎用之。

次青之事，弟所进箴规，极是极是，吾过矣！吾过矣！吾因郑魁士享当世大名，去年袁、翁两处，及京师台谏尚累疏保郑为名将，以为不妨与李并举。又有郑罪重，李情轻，暨王锐意招之等语，以为比前折略轻。逮拜折之后[3]，通首读来，实使次青难堪。今弟指出，余益觉大负次青，愧悔无地。余生平于朋友中，负人甚少，惟负次青实甚。两弟为我设法，有可挽回之处，余不惮改过也。

（同治元年六月初二日）

【注释】

[1] 碾碓（duì）：古代用来舂米的石制工具。

[2] 机括：犹机关，亦作“机栝”，机械发动、击发的部分。

[3] 逮：等待、等到。

致诸弟·交友须常常来往

家中诸事，琐屑毕知，不胜欢慰！祖大人之病，竟以服沉香少愈，幸甚！然予终疑祖大人之体本好，因服补药太多，致火壅于上焦，不能下降。虽服沉香而愈，尚恐非切中肯綮剂之[1]，要须服清导之品，降火滋阴为妙，予虽不知医理，窃疑必须如此。上次家书，亦曾写及，不知曾与诸弟商酌否？丁酉年祖大人之病，亦误服补剂，赖泽六爷投以凉药而效，此次何以总不请泽六爷一诊？泽六爷近年待我家甚好，即不请他诊病，亦须澄弟到他处常常来往，不可太疏，大小喜事，宜常送礼。

尧阶既允为我觅妥地，如其觅得，即听渠买，买后或迁或否，仍由堂上大人作主，诸弟不必执见。上次信言，予思归甚切，属弟探堂上大人意思何如。顷奉父亲手书，责我甚切，兄自是谨遵父命，不敢作归计矣。郭筠仙兄弟于二月二十到京，筠仙与其叔及江岷樵住张相公庙，去我家甚近，翊臣即住我家，树堂亦在我家入场。我家又添二人伏侍李、郭二君，大约榜后退一人，只用一打杂人耳。

筠仙自江西来，述岱云母之意，欲我将第二女许配渠第二子，求婚之意甚诚。前年岱云在京，亦曾托曹西垣说及，予答以缓几年再议，今又托筠仙为媒，情与势皆不可却。岱云兄弟之为人，与其居官治家之道，九弟在江西一一目击。烦九弟细告父母，并告祖父，求堂上大人吩咐，或对或否，以便回江西之信。予夫妇现无成见，对之意已有六分，不对之意亦有四分，但求堂上大人主张。九弟去年在江西，予前信稍有微词，不过恐人看轻耳，仔细思之，亦无妨碍，且有莫之为而为者，九弟不必自悔艾也。

（道光二十七年三月初十日）

【注释】

[1] 切中肯綮（qìng）：比喻切中解决问题的关键。切中，恰当击中。肯綮，动物身上筋骨结合的地方，喻指要害或至关重要的地方。

致诸弟·不可占人便宜

自四月廿七日得大考谕旨以后，廿九发家信，五月十八又发一信，二十九又发一信，六月十八又发一信，不审俱收到否？廿五日，接到澄弟六月一日所发信，具悉一切，欣慰之至！发卷所走各家，一半系余旧友，惟屡次扰人，心殊不安。我自从己亥年在外把戏，至今以为恨事。将来万一作外官，或督抚，或学政，从前施情于我者，或数百，或数千，皆钓饵也[1]。渠若到任上来，不应则失之刻薄，应之则施一报十，尚不足以满其欲。故兄自庚子到京以来，于今八年，不肯轻受人惠，情愿人占我的便宜，断不肯我占人的便宜，将来若作外官，京城以内，无责报于我者。澄弟在京年余，亦得略见其概矣，此次澄弟所受各家之情，成事不说，以后凡事不可占人半点便宜，不可轻取人财，切记！切记！

（道光二十七年六月廿七日）

【注释】

[1] 钓饵：钓鱼用的食饵。

禀父母·不敢求非分之荣

九月十七日接读家信，喜堂上各位老人安康，家事顺遂，无任欢慰。男今年不得差[1]，六弟乡试不售[2]，想堂上大人不免内忧，然男则正以不得为喜。盖天下之理，满则招损，亢则有悔，日中则昃，月盈则亏，至当不易之理也。男毫无学识，而官至学士，频邀非分之荣，祖父母、父母皆康健，可谓盛极矣。

现在京官翰林中无重庆下者，惟我家独享难得之福。是以男栗栗恐惧，不敢求非分之荣，但求堂上大人眠食如常，阖家平安，即为至幸。万望祖父母、父母、叔父母无以男不得差。六弟不中为虑，则大慰矣。况男三次考差，两次已得；六弟初次下场，年纪尚轻，尤不必挂心也。

同县黄正斋，乡试当外帘差[3]，出闱即患痰病，时明时昏，近日略愈。男癣疾近日大好，头面全看不见，身上亦好了九分。在京一切，男自知谨慎。

（道光二十六年九月十九日）

【注释】

[1] 差：差事。

[2] 售：考试得中。

[3] 外帘：科举乡试、会试中，在贡院内阅卷的官员叫内帘，在考场提调监试的官员叫外帘。

致诸弟·进谏言劝天子戒除骄矜

四月初三日发第五号家信。厥后折差久不来[1]，是以月余无家书。五月十二折弁来，接到家中四号信，乃四月一日所发者，具悉一切[2]。植弟大愈，此最可喜。

京寓一切平安。癣疾又大愈，比去年六月更无形迹；去年六月之愈，已为五年来所未有，今又过之，或者从此日退，不复能为恶矣。皮毛之疾，究不甚足虑，久而弥可信也[3]。

四月十四日考差，题“乐民之乐者，民亦乐其乐”，经文题“必有忍，其乃有济；有容，德乃大”，“赋得濂溪乐处得焉字”。

二十六日，余又进一谏疏，敬陈圣德三端，预防流弊，其言颇过激切，而圣量如海，尚能容纳，岂汉唐以下之英主所可及哉！余之意，盖以受恩深重，官至二品，不为不尊；堂上则诰封三代，儿子则荫任六品，不为不荣，若于此时再不尽忠直言，更待何时乃可建言？而皇上圣德之美出于天亶自然，满廷臣工[4]遂不敢以片言逆耳，将来恐一念骄矜，遂至恶直而好谀，则此日臣工不得辞其咎。是以趁此元年新政，即将此骄矜之机关说破，使圣心日就兢业而绝自是之萌，此余区区之本意也。现在人才不振，皆谨小而忽于大，人人皆习脂韦唯阿之风[5]，欲以此疏稍挽风气，冀在廷皆趋于骨鲠[6]，而遇事不敢退缩，此余区区之余意也。

折子初上之时，余意恐犯不测之威，业将得失祸福置之度外。不意圣慈含容，曲赐矜全，自是以后，余益当尽忠报国，不得复顾身家之私。然此后折奏虽多，亦断无有似此折之激直者，此折尚蒙优容，则以后奏折必不致或触圣怒可知。诸弟可将吾意细告堂上大人，毋以余奏折不慎，或以戆直干天威为虑也[7]。

父亲每次家书，皆教我尽忠图报，不必系念家事。余敬体吾父之教训，是以公尔忘私，国尔忘家。计此后但略寄数百金偿家中旧债，即一心以国事为主，一切升官得差之念，毫不挂于意中。故昨五月初七大京堂考差，余即未往赴考。此次所寄折底，如欧阳家、汪家及诸亲族不妨钞送共阅，见余忝窃高位，亦欲忠直图报，不敢唯阿取容，惧其玷辱宗族，辜负期望也。余不一一。

（咸丰元年五月十四日）

【注释】

[1] 厥后：从那以后。

[2] 具悉：尽知，全都知晓。

[3] 弥：更加。

[4] 天亶：古人认为帝王的聪明出于天性，所以称帝王的天性为“天亶”。亶，聪明。

[5] 脂韦唯阿：比喻为人世故圆滑，唯唯诺诺、人云亦云的样子。

[6] 骨鲠：比喻为人正直、刚健。

[7] 干：侵犯。

致九弟·处事修身以明强为本

来信“乱世功名之际尤为难处”十字，实获我心。本日余有一片，亦请将钦篆、督篆二者分出一席，另简大员[1]。吾兄弟常存此兢兢业业之心，将来遇有机缘，即便抽身引退，庶几善始善终，免蹈大戾乎！

至于担当大事，全在明强二字。《中庸》学、问、思、辨、行五者，其要归于愚必明，柔必强。弟向来倔强之气，却不可因位高而顿改。凡事非气不举，非刚不济，即修身齐家，亦须以明强为本。巢县既克，和、含必可得手，以后进攻二浦，望弟主持一切余相隔太远，不遥制也。

（同治二年四月廿七日）

【注释】

[1] 简：选择、选拔。

致九弟·以求才为大急

四月初五日得一等归，接弟信，得悉一切。兄回忆往事，时形悔艾，想六弟必备述之。弟所劝譬之语，深中机要，“素位而行”一章，比亦常以自警。只以阴分素亏，血不养肝，即一无所思，已觉心慌肠空，如极饿思食之状。再加以憧扰之思，益觉心无主宰，怔悸不安。

今年有得意之事两端：一则弟在吉安声名极好，两省大府及各营员弁、江省绅民交口称颂，不绝于吾之耳；各处寄弟书及弟与各处禀牍信缄俱详实妥善，犁然有当[1]，不绝于吾之目。一则家中所请邓、葛二师品学俱优，勤严并著。邓师终日端坐，有威可畏，文有根柢又曲合时趋，讲书极明正义而又易于听受。葛师志趣方正，学规谨严，小儿等畏之如神明。此二者皆余所深慰，虽愁闷之际，足以自宽解者也。

第声闻之美，可恃而不可恃。兄昔在京中颇著清望，近在军营亦获虚誉。善始者不必善终，行百里者半九十里，誉望一损，远近滋疑。弟目下名望正隆，务宜力持不懈，有始有卒。治军之道，总以能战为第一义。倘围攻半岁，一旦被贼冲突，不克抵御，或致小挫，则令望隳于一朝[2]。故探骊之法，以善战为得珠[3]，能爱民为第二义，能和协上下官绅为三义。愿吾弟兢兢业业，日慎一日，到底不懈，则不特为兄补救前非，亦可为吾父增光泉壤矣。

精神愈用而愈出，不可因身体素弱过于保惜；智慧愈苦而愈明，不可因境遇偶拂遽尔摧沮[4]。此次军务，如杨、彭、二李、次青辈皆系磨炼出来，即润翁、罗翁亦大有长进，几于一日千里，独余素有微抱，此次殊乏长进。弟当趁此增番识见，力求长进也。

求人自辅，时时不可忘此意。人才至难，往时在余幕府者，余亦平等相看，不甚钦敬。洎今思之[5]，何可多得？弟当常以求才为急，其阘冗者[6]，虽至亲密友，不宜久留，恐贤者不愿共事一方也。

余自四月来，眠兴较好，近读杜佑《通典》，每日二卷，薄者三卷。惟目力极劣，余尚足支持。

（咸丰八年四月初九日）

【注释】

[1] 犁然有当：形容井然有序的样子。

[2] 令望：美好的名声。隳（huī）：毁坏、坠毁。

[3] 故探骊之法，以善战为得珠：《庄子》中有“探骊得珠”的典故，意思是在螭龙的颔下取得宝珠，原指冒大险得大利，后常比喻文章含义深刻，措辞扼要，深得要领。

[4] 遽尔：突然。

[5] 洎（jì）：至。

[6] 阘（tà）冗：庸碌低劣。

致沅弟、季弟·随时推荐出色的人

辅卿而外，又荐意卿、柳南二人，甚好！柳南之笃慎，余深知之，意卿亮亦不凡。余告筱辅观人之法，以有操守而无官气，多条理而少大言为主。又嘱其求润帅、左、郭及沅荐人，以后两弟如有所见，随时推荐，将其人长处短处，一一告知阿兄，或告筱荃，尤以习劳苦为办事之本。引用一班能耐劳苦之正人，日久自有大效。

季弟言出色之人，断非有心所能做得，此语确不可易。名位大小，万般由命不由人，特父兄之教家，将帅之训士，不能如此立言耳。季弟天分绝高，见道甚早，可喜可爱！然办理营中小事，教训弁勇，仍宜以勤字作主，不宜以命字谕众。

润帅先几陈奏[1]，以释群疑之说，亦有函来余处矣。昨奉六月二十四日谕旨，实授两江总督，兼授钦差大臣，恩眷方渥[2]，尽可不必陈明。所虑者，苏常、淮、扬，无一支劲兵前往。位高非福，恐徒为物议之张本耳。余好出汗，沅弟亦好出汗，似不宜过劳。

（咸丰十年七月初八日）

【注释】

[1] 先几：预先洞知细微。

[2] 恩眷方渥：指皇上恩典如此优厚、隆重。

致九弟·以多选替手为第一义

水师攻打金柱关时，若有陆兵三千在彼，当易得手。保彭杏南，系为弟处分统一军起见。弟军万八千人，总须另有二人堪为统带者[1]，每人统五六千，弟自统七八千，然后可分可合。

杏南而外，尚有何人可以分统？亦须早早提拔。办大事者，以多选替手为第一义。满意之选不可得，姑且取其次，以待徐徐教育可也。

（同治元年四月十二日）

【注释】

[1] 堪为：胜任。统带：世称“标统”，清末新兵制，为一标（团）的军事长官。

第二编

历代名人家训集萃

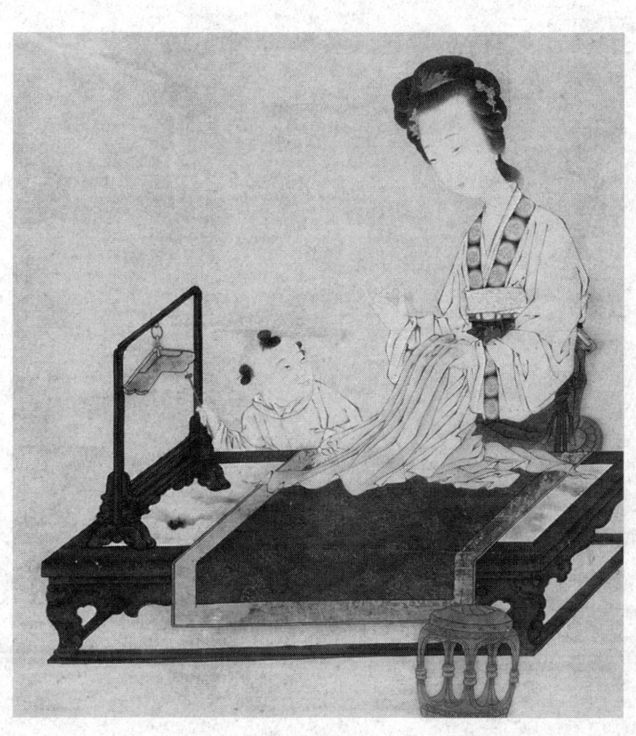

◎先秦篇

周公诫子

周公，姬姓，名旦，周文王姬昌第四子，周武王姬发的弟弟，因其采邑在周，故称周公。周公曾辅佐武王伐纣。武王死后，成王即位，少不更事，由周公摄政。在此期间，周公率军平定了管、蔡之乱，稳定了周初政局。同时，他还制订礼乐，建立朝纲制度，为周王朝的兴盛做出了卓越贡献。《周公诫子》是周公对将要前往鲁国封地的长子伯禽的告诫。周公以自己“握发”“吐哺”的亲身经历告诫儿子，不能因身份地位尊贵而怠慢人才，而应敬重贤才，礼贤下士。同时，周公以六种“谦德”教导儿子，谦虚谨慎的美德是保有封地长治久安的必备条件。

成王封伯禽于鲁[1]。周公诫子曰：“往矣，子无以鲁国骄士。吾，文王之子，武王之弟，成王之叔父也，又相天子[2]，吾于天下亦不轻矣。然一沐三握发[3]，一饭三吐哺[4]，犹恐失天下之士。吾闻，德行宽裕[5]，守之以恭者，荣；土地广大，守以俭者，安；禄位尊盛，守以卑者，贵；人众兵强，守以畏者[6]，胜；聪明睿智，守之以愚者，哲；博闻强记，守之以浅者，智。夫此六者，皆谦德也。夫贵为天子，富有四海，由此德也。不谦而失天下，亡其身者，桀，纣是也。可不慎欤！”

【注释】

[1] 伯禽：周公旦长子，周朝诸侯国鲁国第一任国君，在位期间坚持以周礼治国，使鲁国政治经济出现新局面。

[2] 相：辅佐。

[3] 沐：洗头发。

[4] 一饭三吐哺：周公急于迎客，进食时多次将嘴里的食物吐出来，停下不吃，极言周公礼贤下士。

[5] 宽裕：宽大、宽容。

[6] 畏：同“威”，威严。

孙叔敖戒子

孙叔敖（约前630年—前593年），春秋时期楚国人，以贤能闻名于世。他辅佐楚庄王施教导民，宽刑缓政，发展经济，政绩赫然，终使楚庄王称霸中原，成为“春秋五霸”之一。这篇文章是他临终时留给儿子的遗言。他告诫儿子在楚王封赏时不要接受肥沃的封地，而向楚王请求封给贫瘠且名声坏的山地，这样才能长久地保有它。这是孙叔敖传授给儿子的智慧：人要有远见，不以世俗眼中的利益为利益，以人之所恶为自己所喜，会得到意外的收获。

孙叔敖疾，将死，戒其子曰：“王数封我矣，吾不受也。为我死，王则封汝，必无受利地。楚、越之间有寝之丘者；此其地不利，而名甚恶。荆人畏鬼[1]，而越人信禨[2]。可长有者，其唯此也[3]。”孙叔敖死，王果以美地封其子，而子辞，请寝之丘[4]，故至今不失。孙叔敖之知，知不以利为利矣。知以人之所恶为己之所喜，此有道者之所以异乎俗也。

【注释】

[1] 荆人：楚国人。荆，春秋时期楚国别称。

[2] 禨：迷信鬼神。

[3] 其：恐怕、大概。

[4] 寝：本指睡觉，这里指被封赏之地。

庭训

本文选自《论语·季氏》。孔子在儿子孔鲤经过庭院时，询问他是否学《诗经》和《礼记》，并让他明白了《诗经》和《礼记》对恰当说话和在社会上立身的重要性。孔鲤退而学习，增强自身的修养。这段简短的文字可视为孔子的家训。

陈亢问于伯鱼曰[1]：“子亦有异闻乎[2]？”对曰：“未也。尝独立，鲤趋而过庭[3]。曰：‘学《诗》乎？’对曰：‘未也。’‘不学《诗》，无以言。’鲤退而学《诗》。他日又独立，鲤趋而过庭。曰：‘学《礼》乎？’对曰：‘未也。’‘不学《礼》，无以立。’鲤退而学《礼》。闻斯二者。”

【注释】

[1] 陈亢：字子元，孔子弟子。伯鱼：孔子之子孔鲤，字伯鱼。

[2] 异闻：指听到特别的教导。

[3] 趋：小步快走，表示恭敬的态度。

敬姜论劳逸

敬姜，春秋时期鲁国人，姜姓，谥为“敬”，鲁国大夫公父穆伯之妻，公父文伯之母，世称贤母。敬姜的儿子公父文伯反对母亲敬姜亲自纺麻，敬姜便通过先王的遗训，告诫儿子身居官位，不能懈怠懒惰、贪图安逸，以致废弃先祖的功业，给自己招致刑罚。

公父文伯退朝[1]，朝其母[2]，其母方绩[3]。文伯曰：“以歜之家而主犹绩[4]，惧忓季孙之怒也[5]。其以歜为不能事主乎[6]！”

其母叹曰：“鲁其亡乎！使僮子备官而未之闻耶[7]？居[8]，吾语女[9]。昔圣王之处民也，择瘠土而处之，劳其民而用之，故长王天下。夫民劳则思，思则善心生；逸则淫，淫则忘善；忘善则恶心生。沃土之民不材，逸也。瘠土之民向义，劳也。是故天子大采朝日[10]，与三公、九卿祖识地德[11]；日中考政，与百官之政事，使师尹惟旅、牧、相宣序民事[12]，少采夕月[13]，与太史、司载纠虔天刑[14]，日入，监九御[15]，使洁奉禘、郊之粢盛[16]，而后即安。诸侯朝修天子之业命，昼考其国职，夕省其典刑，夜儆百工[17]，使无慆淫[18]，而后即安。卿大夫朝考其职，昼讲其庶政，夕序其业，夜庀其家事[19]，而后即安。士朝受业，昼而讲贯，夕而习复，夜而计过，无憾，而后即安。自庶人以下，明而动，晦而休，无日以怠。王后亲织玄紞[20]，公侯之夫人，加之以纮、綖[21]。卿之内子为大带[22]，命妇成祭服[23]。列士之妻，加之以朝服。自庶士以下，皆衣其夫。社而赋事[24]，烝而献功[25]，男女效绩[26]，愆则有辟[27]。古之制也！君子劳心，小人劳力，先王之训也！自上以下，谁敢淫心舍力[28]？今我，寡也，尔又在下，朝夕处事[29]，犹恐忘先人之业。况有怠惰，其何以避辟？吾冀而朝夕修我[30]，曰：‘必无废先人。’尔今曰：‘胡不自安？’以是承君之官，余惧穆伯之绝祀也。”

仲尼闻之曰："弟子志之，季氏之妇不淫矣[31]！"

【注释】

[1] 公父文伯：姬姓，名歜，春秋时鲁国大夫，公父穆伯之子，母亲是敬姜。

[2] 朝：指古代臣子去见君王，或看望父母、谒见尊敬的人。

[3] 绩：纺麻，把麻搓捻成线或绳。

[4] 主：主母、女主人。

[5] 忓：冒犯、触犯。季孙：即季康子季孙肥，春秋时期鲁国的正卿，是当时鲁国的权臣。

[6] 事：服侍、供奉。

[7] 僮子：即童子。备官：做官。

[8] 居：坐。

[9] 女：通"汝"，你。

[10] 大采：五彩礼服，是古代天子祭日时所穿的礼服。朝日：古代帝王祭祀太阳的仪式。

[11] 祖识：熟习知晓。地德：古人认为土地生产万物，养育人民，这是土地的恩泽和德行，称为地德。

[12] 惟：与、和。旅：指军队。牧：州牧，这里指地方官员。相：国相。宣序：全面安排。

[13] 少采：三彩礼服。夕月：指古代帝王祭月的仪式。

[14] 太史：官职名，负责记载史事、编写史书，兼管天文历法、祭祀等事务。司载：官名，负责考察天文。纠：纠正、矫正。虔：诚心。天刑：上天的法则。

[15] 九御：即女御，天子宫中的女官。

[16] 禘：古代帝王或诸侯对祖先的一种盛大祭祀。郊：古代君王带领诸大臣依据礼法于国都郊外祭祀天地的一种祭祀活动。粢（zī）盛：古代盛在祭器内用来祭祀的谷物。

[17] 儆：警醒、警戒。百工：众官、百官。

[18] 慆（tāo）淫：享乐过度、怠慢放纵。

[19] 庀（pǐ）：治理、办理。

[20] 玄紞（dǎn）：冠冕两旁用来悬玉的黑色丝带。

[21] 纮（hóng）：冠冕系在颌下的帽带。綖（yán）：覆盖在冕上的布。

[22] 内子：卿大夫的嫡妻。大带：古代礼服所用腰带。

[23] 命妇：大夫的妻子。

[24] 社：春祭，指春分时祭祀土地神的活动。赋事：安排劳作事宜。

[25] 烝：冬祭。献功：指在冬祭时奉献五谷、布帛等。

[26] 效绩：效劳、立功。

[27] 辟：刑罚。

[28] 淫心舍力：喻指挖空心思地偷懒。

[29] 处事：办事。

[30] 冀：希望、期望。而：代词，同“尔”，你。修：勉励。

[31] 淫：贪图安逸。

曾子杀彘

曾子（前505年—前435年），名参，字子舆，春秋时期鲁国人。著名思想家，孔子的弟子，在儒学发展史上占有重要地位，被后世尊奉为“宗圣”。有一次，曾子的妻子为了哄孩子，随口答应要杀猪给孩子吃，曾子为了妻子这句话便真的杀了猪。因为曾子明白父母的言行对孩子的影响很大，便以身作则，以实际行动来教导孩子诚实守信的道理，从小事上培养孩子良好的品德。

曾子之妻之市，其子随之而泣。其母曰：“女还，顾反为女杀彘[1]。”妻适市反[2]，曾子欲捕彘杀之，妻止之曰：“特与婴儿戏耳[3]。”曾子曰：“婴儿非与戏耳。婴儿非有知也，待父母而学者也[4]，听父母之教。今子欺之，是教子欺也。母欺子，子而不信其母，非所以成教也。”遂烹彘也。

【注释】

[1] 顾反：返回。

[2] 适：从、往。

[3] 特：不过、仅仅。戏：玩笑。

[4] 待：依赖。

孟母断织教子

孟母（前 392 年—前 317 年），孟子的母亲仉氏，战国时期鲁国邹邑人，以教子有方著称。孟子三岁丧父，全靠她教养长大，她的精心培育和辛勤教导，对孟子的思想和成长产生了深远的影响。孟母十分重视家教的作用，不仅多次搬家为儿子创造良好的学习环境，更注重督促他勤奋学习，甚至用剪断快要织好的布来教育儿子：做学问懈怠懒惰，半途而废，不仅会前功尽弃，而且会招致严重的后果。孟子遵从母亲的教导，日夜勤学不息，终于成了闻名于世的儒学大师。

孟子之少也，既学而归，孟母方绩，问曰："学何所至矣？"孟子曰："自若也[1]。"孟母以刀断其织。孟子惧而问其故，孟母曰："子之废学，若我断斯织也。夫君子学以立名，问则广知，是以居则安宁，动则远害。今而废之[2]，是不免于斯役，而无以离于祸患也。何以异于织绩而食，中道废而不为，宁能衣其夫子而长不乏粮食哉[3]？女则废其所食，男则堕于修德[4]，不为窃盗，则为虏役矣[5]。"孟子惧，旦夕勤学不息，师事子思[6]，遂成天下之名儒。君子谓孟母知为人母之道矣。

【注释】

[1] 自若：依然如故。

[2] 而：你。

[3] 宁能：难道能。宁，难道。

[4] 堕：荒废。

[5] 虏役：奴隶、奴仆。

[6] 事：侍奉。子思：孔伋，字子思，孔子之孙，孔鲤之子，春秋时期著名思想家。

楚子发母

战国时期楚将子发的母亲是一位贤母，对儿子要求十分严格。当她得知作为将军的儿子每天早晚都吃好饭好肉，而他手底下的士兵们却只能分吃豆粒充饥时，便派人责备他，不让他进家门。子发的母亲是深明大义的，她教导儿子：身为将军，不能独自享乐，要体察下情，与士兵同甘共苦，这才是用兵的正道。可见，子发之母对儿子的爱，更多表现在对儿子的人格塑造上，教导其通过立身、正行来保障走上统兵正道。

楚子发母[1]，楚将子发之母也。子发攻秦绝粮，使人请于王[2]，因归问其母。母问使者曰："士卒得无恙乎？"对曰："士卒并分菽粒而食之[3]。"又问："将军得无恙乎？"对曰："将军朝夕刍豢黍粱[4]。"子发破秦而归，其母闭门而不内[5]，使人数之曰："子不闻越王句践之伐吴耶？客有献醇酒一器者[6]，王使人注江之上流，使士卒饮其下流，味不及加美，而士卒战自五也。异日，有献一囊糗糒者[7]，王又以赐军士，分而食之，甘不踰嗌[8]，而战自十也。今子为将，士卒并分菽粒而食之，子独朝夕刍豢黍粱，何也？《诗》不云乎：好乐无荒[9]，良士休休[10]，言不失和也，夫使人入于死地，而自康乐于其上，虽有以得胜，非其术也。子非吾子也，无入吾门！"子发于是谢其母，然后内之。

【注释】

[1] 子发：战国时期楚宣王的将军。

[2] 请于王：向楚王请求援助。

[3] 菽粒：豆粒。菽，豆类的总称。

[4] 刍豢：牛羊猪狗等牲畜，泛指肉类食品。黍粱：精细的粮食。黍，黄米。粱，高粱。

[5] 内：同"纳"，使进入。

[6] 醇酒：味浓、纯正的美酒。

[7] 糗糒（qiǔ bèi）：干粮。

[8] 嗌（yì）：咽喉。

[9] 荒：荒废。

[10] 休休：形容欢乐、喜悦的样子。

◎秦汉篇

刘邦：手敕太子书

汉高祖刘邦(前256年—前195年),字季,沛郡丰邑人。秦时曾任泗水亭长,起兵于沛，称沛公。秦亡后被封为汉王。后于楚汉战争中打败项羽，成为汉朝开国皇帝。本文为刘邦在病重时，对当时年仅16岁的太子刘盈的告诫和嘱托。刘邦首先对自己之前的“读书无用论”进行了反思，肯定了读书的重要性，勉励刘盈勤奋读书。其次，他对刘盈能请来“商山四皓”予以高度肯定，认为刘盈有能力承担重任。另外，刘邦教导刘盈要尊敬年长的公卿大臣，以得到他们的尽心辅佐。最后，刘邦说出了自己的牵挂和忧虑，嘱咐刘盈要照顾好刘如意母子。

吾遭乱世，当秦禁学[1]，自喜，谓读书无益。洎践阼以来[2]，时方省书，乃使人知作者之意。追思昔所行，多不是。

尧舜不以天下与子而与他人，此非为不惜天下，但子不中立耳。人有好牛马尚惜，况天下耶？吾以尔是元子[3]，早有立意，群臣咸称汝友四皓[4]，吾所不能致，而为汝来，为可任大事也。今定汝为嗣。

吾生不学书，但读书问字而遂知耳。以此故不大工[5]，然亦足自辞解[6]。今视汝书犹不如吾，汝可勤学习，每上疏宜自书，勿使人也。

汝见萧、曹、张、陈诸公侯[7]，吾同时人，倍年于汝者，皆拜。并语于汝诸弟。

吾得疾遂困[8]，以如意母子相累[9]。其余诸儿，皆自足立，哀此儿犹小也。

【注释】

[1] 禁学：指秦始皇焚书坑儒事件。

[2] 洎（ji）：等到。践阼：登基。

[3] 元子：嫡长子。刘邦的太子刘盈是吕后所生。

[4] 友：结交，与……为友。四皓：又称“商山四皓”，指秦朝末年隐居商山的四位隐士，分别为东园公唐秉、甪（lù）里先生周术、绮里季吴实、夏黄公崔广，因须眉皆白，故称“四皓”。刘邦曾经多次征召，他们认为刘邦轻士善骂，拒不从命。后来刘邦欲废太子刘盈，吕后用张良的计谋，派人卑辞厚礼迎请“四皓”，请他们辅佐刘盈，刘邦得知后认为刘盈羽翼已成，强行更立太子会导致政局混乱，就打消了另立太子的念头。刘盈即位后，皇权旁落在吕后手中，四人深感报国无望，于是重返商山，终老山林。

[5] 工：擅长。

[6] 自辞解：用言辞解释自己的意思。

[7] 萧、曹、张、陈：指汉王朝的四个开国功臣：萧何、曹参、张良、陈平。

[8] 困：指身陷艰难痛苦或无法摆脱的环境中。

[9] 如意母子：指刘邦宠妃戚夫人与赵隐王刘如意。刘邦十分宠爱戚夫人和儿子刘如意，曾多次想废掉太子刘盈，改立刘如意为太子。累：托付、烦劳。

司马谈：命子迁

司马谈（约前165年—前110年），西汉史学家，司马迁之父。他有着广博的学识素养，曾做过汉武帝的太史令，负责记录史事、整理典籍、推算天文历法以及记载朝廷大事等。在担任太史令期间，司马谈对先秦诸子百家著作进行了系统研究，撰写了名篇《论六家之要旨》，为先秦诸子学说研究奠定了基础。另外，他开始搜集资料，尝试编撰通史。汉武帝元封元年（前110年），武帝赴泰山封禅，司马谈途中染病留在洛阳，未能继续随行，深感遗憾。弥留之际，他嘱咐赶来探望的儿子司马迁：自孔子撰述《春秋》后，长达四百年的时间中，没有一部经典的历史著述，这段时间的历史近乎空白，自己为此感到担忧。作为史官，修撰一部贯通古今的通史是他的历史使命，他期望儿子能继承他的遗志，撰写史书。司马谈遗命中强烈的修史愿望和著述历史的理想深深地影响着司马迁，成为司马迁日后撰写《史记》的指南和精神动力。

余先周室之太史也。自上世尝显功名于虞夏[1]，典天官事[2]。后世中衰，绝于予乎？汝复为太史，则续吾祖矣。今天子接千岁之统，封泰山[3]，而余不得从行，是命也夫，命也夫！余死，汝必为太史；为太史，无忘吾所欲论著矣。且夫孝始于事亲，中于事君，终于立身。扬名于后世，以显父母，此孝之大者。夫天下称诵周公，言其能论歌文、武之德[4]，宣周、邵之风[5]，达太王、王季之思虑[6]，爰及公刘[7]，以尊后稷也[8]。幽、厉之后[9]，王道缺，礼乐衰，孔子修旧起废，论《诗》《书》，作《春秋》，则学者至今则之[10]。自获麟以来四百有余岁[11]，而诸侯相兼，史记放绝[12]。今汉兴，海内一统，明主贤君忠臣死义之士[13]，余为太史而弗论载，废天下之史文，余甚惧焉，汝其念哉！

【注释】

[1] 虞夏：指有虞氏和夏朝。有虞氏是上古时代的部落，是黄帝的后裔，后来舜成为有虞氏部落的首领。据说司马迁家族自有虞至周朝，一直世代相传地担任天官。

[2] 典天官事：指掌管天文、历法等事务。典，掌管。

[3] 封：封禅，是古代帝王在太平盛世时进行的祭祀天地的大型典礼。

[4] 文、武：周文王和周武王。

[5] 周：指周公旦。邵：邵公，姓姬名奭，西周宗室。他们都曾辅助周武王灭商，为西周王朝的建立与巩固做出了重要贡献，深受百姓爱戴。

[6] 达：通晓、明白。太王：周太王，周文王祖父古公亶父的尊号。王季：古公亶父第三子，周文王之父。

[7] 爰：句首语气词，无义。公刘：周部落首领，周文王的祖先，曾带领族人开垦荒地，兴修水利，种植五谷，发展畜牧，传播农耕文化，奠定了周族兴盛的基业。

[8] 后稷：周朝始祖，教民耕种，被称为“农神”。

[9] 幽、厉：周幽王和周厉王，西周时期两个有名的昏君。

[10] 则：效法。

[11] 获麟：指鲁哀公十四年（前 481 年）猎获麒麟事。

[12] 史记放绝：史书废弃。放绝，废弃。

[13] 死义：甘愿为义而死、恪守大义。

东方朔：诫子书

东方朔（前154—前93），字曼倩，西汉著名文学家，官至太中大夫给事中。为人博学多才、诙谐多智、能言善辩，常在与武帝谈笑时讽谏时事。他的处世哲学是“朝隐”，又称“大隐”，是身在朝堂仍保持心灵自由、人格独立的一种隐逸方式。在这封写给儿子的信中，东方朔认为，明智的人崇尚中庸之道，为人处世能做到恰到好处、顺乎时势而主动变化，以此告诫子弟居官处世之道。

明者处世，莫尚于中[1]。优哉游哉[2]，与道相从。首阳为拙[3]，柳惠为工[4]。饱食安步[5]，以仕代农[6]。依隐玩世[7]，诡时不逢[8]。是故才尽者身危，好名者得华；有群者累生，孤贵者失和[9]；遗余者不匮，自尽者无多。圣人之道，一龙一蛇[10]，形见神藏，与物变化，随时之宜，无有常家。

【注释】

[1] 中：中正、中庸之道。

[2] 优哉游哉：形容闲适自如的样子。

[3] 首阳：代指伯夷、叔齐。他们是商末孤竹国君的两个儿子，因相互让国而离开孤竹国。周武王讨伐商纣王建立周朝后，二人认为周武王以暴制暴的方法很可耻，发誓再不吃周朝的粮食，到首阳山上采薇菜吃，直至饿死在首阳山上。

[4] 柳惠：即柳下惠，春秋时期鲁国人，名展获，字子禽，因出生在柳下邑，谥号为“惠”，故后世尊称为“柳下惠”。他曾做过鲁国大夫，后来隐遁，成为“逸民”，也被称为“和圣”。工：高明、精明。

[5] 安步：缓步慢行。

[6] 以仕代农：以做官治事的方式代替隐退耕作，即所谓的“大隐隐于朝”。

[7] 依隐玩世：依照隐者的生活态度游戏世间。

[8] 诡时不逢：不会遇到险恶的局面。

[9] 孤贵者：指自命清高、孤芳自赏的人。

[10] 一龙一蛇：忽而像龙般显现，忽而像蛇般蛰伏。形容变化多端，随着情况的变化而变更。

刘向：戒子歆书

刘向（约前77年—前6年），字子政，西汉后期著名经学家、文学家、目录学家，精研经学与天文，代表作有《新序》《说苑》《战国策》等。刘歆是刘向少子，西汉后期著名学者，在儒学、校勘学、天文历法学、史学、诗歌等方面都堪称“大家”。他少年时代就已显示出非凡的才华，得到汉成帝的赏识，被任命为黄门郎。这封家书便是刘向在刘歆出任黄门郎时写的。

刘向担忧儿子少年得志，受福骄奢，忘乎所以，便引述西汉儒学大师董仲舒的名言“吊者在门，贺者在闾；贺者在门，吊者在闾”说明福因祸生、祸藏于福、福祸相依的道理，告诫儿子身居要职，一定要有忧患意识，只有谦虚谨慎、兢兢业业，才能免除祸害。刘向在儿子初登仕途时便如此告诫，可谓非常及时，只可惜刘歆没有听进去，他锋芒慑人，不得善终，落得个被迫自杀的结局。

告歆无忽[1]：若未有异德[2]，蒙恩甚厚，将何以报？董生有云[3]：“吊者在门[4]，贺者在闾[5]。”言有忧则恐惧敬事[6]，敬事则必有善功，而福至也。又曰：“贺者在门，吊者在闾。”言受福则骄奢，骄奢则祸至，故吊随而来。齐顷公之始[7]，藉霸者之余威，轻侮诸侯，亏跂蹇之容[8]，故被鞌之祸[9]，遁服而亡[10]，所谓“贺者在门，吊者在闾”也。兵败师破，人皆吊之，恐惧自新，百姓爱之，诸侯皆归其所夺邑，所谓“吊者在门，贺者在闾”。今若年少，得黄门侍郎，要显处也。新拜皆谢[11]，贵人叩头，谨战战慄慄[12]，乃可必免[13]。

【注释】

[1] 无：通“勿”。忽：轻视、忽略。

[2] 异德：出众的德行。

[3] 董生：董仲舒，汉武帝时期的儒学大师。

[4] 吊者：吊丧的人。

[5] 闾：里巷的大门。

[6] 敬事：认真地对待本职工作。

[7] 齐顷公：春秋时期齐国国君，齐桓公之孙，执政前期傲慢无礼，曾因

戏弄晋国使者而引发“鞌之战”，险些被俘。齐国国势衰落后，他低调内敛，减轻赋税、赈济孤寡、周济穷人，对诸侯厚礼相待，颇得民心。

[8] 跛蹇：跛足。齐顷公六年（前593年）春，晋国派遣大夫郤克出使齐国，齐顷公发现晋国的这位使者跛足，觉得好笑，为博母亲一笑，齐顷公让母亲萧桐叔子藏在帷幕中观看。郤克跛足登阶，引起萧桐叔子的嘲笑，令郤克深感受辱。

[9] 鞌之祸：指齐晋“鞌之战”。公元前589年，晋国大夫郤克为报齐国羞辱之仇，借鲁、卫求援的机会，发兵攻齐，大败齐军。因主战场为鞌地，故称“鞌之战”。

[10] 遁服而亡：指换衣逃亡。遁，隐藏。亡，逃跑。“鞍之战”中齐顷公大败，为求脱身，他与大夫逄丑父互换了衣服，让逄丑父冒充自己，并假意指挥自己取水，才借机逃脱。

[11] 新拜：指新就职的官员。拜，授予官职。

[12] 战战慄慄：即“战战栗栗”，形容因戒惧而小心谨慎的样子。战战，戒惧的样子。慄慄，发抖的样子。

[13] 必免：有“避免灾祸”的意思。

马援：诫兄子严敦书

马援（前14—49），字文渊，著名军事家，东汉开国功臣之一，为光武帝刘秀东征西讨，战功赫赫，官至“伏波将军”。本篇是马援写给侄子马严和马敦的一封家书。信中，马援针对两个侄子好议论人是人非、结交轻薄侠客的行为，规劝他们予以改正。同时，他举龙伯高和杜季良两人为例，指出两人虽德行廉正，但龙伯高可学而杜季良不可学，因为一旦学杜季良而不得其要，便可能会“画虎不成反类犬”，就会沦为世间的轻薄子弟。这封家书语言恳切真诚，饱含着长辈对晚辈的深切关怀和殷殷期待。

吾欲汝曹闻人过失[1]，如闻父母之名，耳可得闻，口不可得言也。好议论人长短，妄是非正法[2]，此吾所大恶也[3]，宁死不愿闻子孙有此行也。汝曹知吾恶之甚矣，所以复言者，施衿结缡[4]，申父母之戒，欲使汝曹不忘之耳。

龙伯高敦厚周慎[5]，口无择言[6]，谦约节俭，廉公有威，吾爱之重之，愿汝曹效之。杜季良豪侠好义[7]，忧人之忧，乐人之乐，清浊无所失，父丧致客，数郡毕至。吾爱之重之，不愿汝曹效也。效伯高不得，犹为谨敕之士[8]，所谓刻鹄不成尚类鹜者也[9]；效季良不得，陷为天下轻薄子，所谓画虎不成反类狗者也。讫今季良尚未可知[10]，郡将下车辄切齿[11]，州郡以为言，吾常为寒心，是以不愿子孙效也。

【注释】

[1] 汝曹：你们。汝，你。曹，辈。

[2] 是非：动词，评论、褒贬。正法：正当的法则、制度。

[3] 大恶：非常厌恶、痛恨的事情。

[4] 施衿（jīn）结缡（lí）：指古代女子出嫁时，母亲将佩带和佩巾系在女儿身上，为她整衣，后喻指父母对子女的教训、教诲。衿，佩带。缡，佩巾。

[5] 龙伯高：龙述，字伯高，东汉名士，官至零陵郡太守。他待人宽厚，清正廉洁，勤政为民的精神成为历代楷模。周慎：考虑事情周密而谨慎。

[6] 口无择言：说出来的话没有可选择的，都符合道理。

[7] 杜季良：即杜保，字季良，东汉人，官至越骑司马，后被光武帝免官。

[8] 谨敕：谨慎自饬。

[9] 鹄：天鹅。鹜：鸭子。

[10] 讫：通“迄”，到、至。

[11] 郡将：郡守。下车：指官员到任。切齿：咬着牙齿，表示痛恨。

郑玄：诫子益恩书

郑玄（127—200），字康成，东汉末年经学大师。郑玄在整理古代历史文献方面贡献卓著。他痴心学术，勤于游学，遍注儒家经典，以古文经学为主，兼采今文经学，成为汉代经学的集大成者，世称“郑学”。他为人潜心著述，淡泊名利，屡召不就，丰富的学术成就和高尚的人格操守受到后人敬仰。

七十岁时，郑玄身染重病，恐不久于人世，便给独子郑益恩写下了这封情深意切的诫子书。信中，郑玄回顾了他在奔波流离中为学、修身的一生，从道德、学业、生活等方面对后代提出了期望与要求。在道德上，他以自己淡泊高远的人生态度来教导儿子修身养性，努力践行君子之道。在学业上，他以自己勤奋严谨的治学精神来启发儿子勤于治学、深入钻研，继承自己奋斗一生的学业。在生活上，他教导儿子勤奋、节俭、自立。总之，字里行间饱含着深沉的父子之情，堪称为学、为人、教子的经典之作。

吾家旧贫[1]，不为父母昆弟所容[2]，去厮役之吏[3]，游学周、秦之都[4]，往来幽、并、兖、豫之域[5]，获觐乎在位通人、处逸大儒[6]，得意者咸从捧手[7]，有所受焉。遂博稽六艺[8]，粗览传记[9]，时睹秘书纬书之奥[10]。年过四十，乃归供养，假田播殖[11]，以娱朝夕。遇阉尹擅势[12]，坐党禁锢[13]，十有四年，而蒙赦令，举贤良方正、有道[14]，辟大将军、三司府。公车再召[15]，比牒并名[16]，早为宰相。惟彼数公，懿德大雅，克堪王臣，故宜式序[17]。吾自忖度，无任于此，但念述先圣之元意[18]，思整百家之不齐，亦庶几以竭吾才[19]，故闻命罔从。而黄巾为害[20]，萍浮南北，复归邦乡，入此岁来，已七十矣。宿素衰落[21]，仍有失误，案之礼典[22]，便合传家[23]。今我告尔以老，归尔以事，将闲居以安性，覃思以终业[24]。自非拜国君之命[25]，问亲族之忧，展敬冢墓[26]，观省野物，胡尝扶杖出门乎？家事大小，汝一承之。咨尔茕茕一夫[27]，曾无同生相依。其勖求君子之道[28]，研钻勿替[29]，敬慎威仪，以近有德。显誉成于僚友，德行立于己志。若致声称，亦有荣于所生[30]，可不深念邪！可不深念邪！吾虽无绂冕之绪[31]，颇有让爵之高[32]，自乐以论赞之功[33]，庶不遗后人之羞。末所愤愤者，徒以亡亲坟垄未成，所好群书率皆腐敝，不得于礼堂写定[34]，传与其人。日西方暮，其可图乎！家今差多于昔[35]，勤力务时，无恤饥寒[36]，菲饮食[37]，薄衣服，节夫二者，尚令吾寡恨。若忽忘不识，亦已焉哉。

【注释】

[1] 旧贫：一向贫穷。旧，长久地。

[2] 昆弟：兄弟。

[3] 厮役：泛指受人驱使的低贱小吏。郑玄 18 岁时，曾迫于生计和父兄的

压力，在乡里担任乡啬夫，掌管诉讼和税收等事务。

[4] 周、秦之都：指长安，西周和秦朝都定都长安。

[5] 幽、并、兖、豫：均为古代地域名，中国古代九州之一。

[6] 觐：拜见。在位通人：学识渊博的官员。通人，学识通达的人。处逸大儒：指隐居不仕、满腹经纶的儒学大师。处逸，隐居。

[7] 得意：满意。捧手：拱手，表示恭敬之意。

[8] 稽：研习。六艺：指儒家学派的六部经典著作，分别为《诗》《书》《礼》《乐》《易》《春秋》。

[9] 传记：经书的注释。

[10] 秘书纬书：指用隐语预卜吉凶的谶纬之书，在东汉被称为“内学”。

[11] 假田：租种田地。假，租种。播殖：播种。

[12] 阉尹：古代宫中管领太监的官职。

[13] 坐党：定罪为党人。汉灵帝建宁元年（168），党锢之祸再次发生，郑玄因做过杜密故吏，得到过杜密的赏识、提携而被宦官集团污蔑为结党营私，禁止他担任任何官职，时间长达 14 年。

[14] 贤良、方正：汉代选拔统治人才的科目之一，即选拔德才兼备的正直人才进入权力机构。

[15] 公车：汉代官署名，负责接待臣民上书和征召事宜。

[16] 比牒：连牒，指在同一授官簿上。牒，授予官职的文书。并名：齐名。

[17] 式序：按顺序，这里指被任用而班列在朝堂上。

[18] 元意：本意。

[19] 庶几：或许、也许。

[20] 黄巾：东汉晚期的黄巾起义，是以宗教形式组织的暴动，由张角等人领导，对东汉朝廷的统治产生了巨大的冲击。

[21] 宿素：往常、平素。

[22] 案：同“按”，根据、按照。礼典：礼书。

[23] 合：应该、应当。传家：将家事传给子孙。

[24] 覃思：深入思考。覃，深入。

[25] 自非：倘若不是。

[26] 展敬：祭拜。

[27] 咨：叹息。茕茕：孤独无依的样子。

[28] 勖：勉励。

[29] 替：废弃。

[30] 所生：生身父母。

[31] 绂（fú）冕：比喻高官。绂，古代系官印的丝带。冕，古代帝王或地位高于大夫者所戴的官帽。绪：功业、事业。

[32] 让爵：辞让官位。

[33] 论赞：古代作史者用来表达思想或议论史事的一种文体。这里是郑玄喻指自己著书立说之事。

[34] 礼堂：古代习礼的讲堂。

[35] 差：稍微。

[36] 恤：忧虑。

[37] 菲：使微薄。

蔡邕：女训

蔡邕（132—192），字伯喈，东汉文学家、书法家，为人博学多识，精通经史、音律、天文、辞赋、书法等。蔡邕有两个女儿，一个是西晋名臣羊祜的母亲，另一个是三国时期著名才女蔡文姬，二人皆德才兼备，与蔡邕对她们的严格教育有关。

在这篇《女训》中，蔡邕以女子修面来比拟女子修身，用女子梳洗打扮中的小细节，如拭面、傅脂、加粉、泽发、用栉、立髻、摄鬓等，来比拟修心思善的洁、和、鲜、顺、理、正、整。蔡邕借此告诫女儿：容貌的修饰固然重要，但学识和品德修养对女子而言更重要，修饰面容时，千万不要忘记自身品德和学识的修养。

心犹首面也，是以甚致饰焉[1]。面一旦不修饰，则尘垢秽之[2]；心一朝不思善，则邪恶入之。咸知饰其面，不修其心，惑矣。夫面之不饰，愚者谓之丑；心之不修，贤者谓之恶。愚者谓之丑犹可，贤者谓之恶，将何容焉？故览照拭面[3]，则思其心之洁也；傅脂则思其心之和也[4]；加粉则思其心之鲜也；泽发则思其心之顺也；用栉则思其心之理也[5]；立髻则思其心之正也[6]；摄鬓则思其心之整也[7]。

【注释】

[1] 致饰：修饰。

[2] 秽：弄脏。

[3] 览照：照镜子。览，观看。拭面：擦脸。

[4] 傅脂：往脸上涂抹胭脂。

[5] 栉：梳子和篦子的总称，梳理头发的工具。

[6] 立髻：端正发髻。髻，古代汉族女子将头发挽结于头顶的发式，魏晋南北朝时期的贵族妇女中十分流行。

[7] 摄鬓：修整鬓发。摄，整理。

◎魏晋南北朝篇

曹操：遗令

曹操（155—220），字孟德，三国时期曹魏政权的奠基人，杰出的政治家、军事家、文学家。这篇遗令写于建安二十五年（220）正月，在遗令中，曹操对自己的过往进行了反思，既指出自己依法治军的正确性，也告诫子孙自己意气用事的地方不应效仿。他病重时仍然保持着高度警惕，要求各级官吏和将士都要坚守职责，不能疏忽。曹操要求自己的葬礼从简，并对其中一些细节，做了详细安排。另外，他为妻妾和歌舞艺人做了周到的安排，要求子孙善待她们，同时也提醒她们自食其力以维持生计。

吾夜半觉小不佳，至明日饮粥汗出，服当归汤。

吾在军中执法是也，至于小忿怒，大过失，不当效也。天下尚未安定，未得遵古也。吾有头病，自先著帻[1]。吾死之后，持大服如存时[2]，勿遗。百官当临殿中者，十五举音[3]，葬毕便除服；其将兵屯戍者，皆不得离屯部[4]；有司各率乃职。敛以时服[5]，葬于邺之西冈上，与西门豹祠相近，无藏金玉珠宝。

吾婢妾与伎人皆勤苦[6]，使著铜雀台[7]，善待之。于台堂上安六尺床，施繐帐[8]，朝晡设脯糒之属[9]。月旦十五日[10]，自朝至午，辄向帐中作伎乐[11]。汝等时时登铜雀台，望吾西陵墓田。余香可分与诸夫人，不命祭。诸舍中无所为，可学作组履卖也[12]。吾历官所得绶[13]，皆著藏中。吾余衣裘，可别为一藏，不能者，兄弟可共分之。

【注释】

[1] 著帻（zé）：戴上头巾。帻，头巾。

[2] 大服：指古代帝王、王后死后，国人为之服丧。

[3] 举音：指为悼念死者而放声哀哭。

[4] 屯部：前线军事驻防之处。

[5] 时服：当时通行的服装、时兴的服装。

[6] 伎人：女歌舞艺人，古代以表演歌舞为业的女子。

[7] 铜雀台：建安十五年（210）建成，是曹操会见群臣、接见来使、宴请宾客的重要居所，也是建安文学的发祥地。

[8] 繐（suì）帐：用细而疏的麻布制成的灵帐。

[9] 朝：朝时（辰时）。晡：晡时（申时）。脯：肉干。属：类。

[10] 月旦：农历每月初一。

[11] 伎乐：乐舞。

[12] 履：鞋子。组：丝带。

[13] 绶：丝带，古代用来系官印等。绶带和官印一样，由国家统一发放，是身份的象征。官员外出时，必须将官印装在腰间的口袋里，将绶带垂在腰际，作为官阶的标识。

王修：诫子书

王修，生卒年不详，字叔治，三国魏藏书家，官至大司农、郎中令。为人纯孝正直、廉洁自律、忠于职守，深得百姓爱戴。这篇《诫子书》是他写给在外地求学的儿子的。在家书中，王修教育儿子要珍惜时间，利用宝贵的时间学习读书和做人，并着重强调做人。他认为，想要成为有德行的人，一方面要谨慎交友，不交损友，要交益友，向有高尚节操的人学习。另一方面，要把握好为人处世的原则，言行要谨慎适度，充分考虑实际情况，努力做到合情合理。家书文字纯情真挚，字里行间满含慈父对儿子的思念和期待之情。

自汝行之后，恨恨不乐，何者？我实老矣，所恃汝等也，皆不在目前[1]，意惶惶也。

人之居世，忽去便过，日月可爱也[2]。故禹不爱尺璧而爱寸阴[3]。时过不可还，若年大不可少也。欲汝早之，未必读书，并学做人。汝今逾郡县、越山河、离兄弟、去妻子者，欲令见举动之宜，效高人远节，闻一得三，志在善人。左右不可不慎[4]，善否之要[5]，在此际也。行止与人，务在饶之，言思乃出，行详乃动，皆用情实道理，违斯败矣。

父欲令子善，唯不能杀身，其余无惜也。

【注释】

[1] 目前：眼前、跟前。

[2] 日月：时令、时光。可爱：值得珍惜。

[3] 尺璧：直径一尺的璧玉，极其珍贵。寸阴：日影移动一寸的时间。

[4] 左右：指身边的人。

[5] 善否：善恶、好坏。要：关键。

刘备：遗诏敕后主

刘备（161—223），字玄德，涿郡涿县人，三国时蜀汉政权建立者。东汉末年，刘备由镇压黄巾军发迹，先后投靠过公孙瓒、陶谦、曹操、袁绍、刘表等，后在诸葛亮辅佐下，联孙拒曹，以荆州为起点，逐渐占据益州和汉中，于221年称帝，年号章武。在与东吴的“夷陵之战”失败后，逃至白帝城（今重庆奉节东北），并病死在那里。

本篇是刘备死前告诫其子刘禅的遗诏。在这份诏书中，刘备首先对儿子才智品行的提升予以鼓励，又细致周到地为刘禅列出应读的书目，勉励刘禅重善重学、修德为政。文中尤以“勿以恶小而为之，勿以善小而不为。惟贤惟德，能服于人”意蕴深刻，流传甚广。诏书言辞恳切，舐犊之情令人动容。

朕初疾但下痢耳[1]，后转杂他病，殆不自济[2]。人五十不称夭[3]，年已六十有余，何所复恨，不复自伤，但以卿兄弟为念。

射君到[4]，说丞相叹卿智量，甚大增修，过于所望，审能如此[5]，吾复何忧！勉之，勉之！勿以恶小而为之，勿以善小而不为。惟贤惟德，能服于人。汝父德薄，勿效之。可读《汉书》《礼记》，闲暇历观诸子及《六韬》《商君书》，益人意智。闻丞相为写《申》《韩》《管子》《六韬》一通已毕，未送，道亡[6]，可自更求闻达。

【注释】

[1] 但：只是。下痢：腹泻。

[2] 殆：大概、几乎。济：救助。

[3] 夭：短命、早死。

[4] 射君：人名，蜀汉臣子。

[5] 审：确实、果真。

[6] 亡：丢失、散失。

诸葛亮：诫子书

诸葛亮(181—234),字孔明,号卧龙,三国时期蜀汉丞相、政治家、军事家。他不仅在政治上和军事上卓有成就，还非常重视对子侄的教育，经常撰写家书勉励他们，这些家书包含着诸葛亮独到的思想理念，对当时与后世都产生了深远的影响。

《诫子书》作于蜀汉建兴十二年（234），是诸葛亮晚年写给儿子诸葛瞻的家书。在这封家书中，诸葛亮提出了自己对修身和治学之道的独到见解。在修身上，他提出了“静以修身，俭以养德”的思想，指明了修身、立德的途径。在治学上，诸葛亮指出立志、广才、成学三者之间的内在联系，说明立志是广才、成学的前提，教导儿子只有树立远大的志向，戒骄戒躁，努力学习，才能增长才干，成就一番事业。最后，他告诫子孙要惜时勤学，不要虚度光阴。家书文字智慧理性、简练严谨，堪称修身立志的名篇。

夫君子之行[1]，静以修身，俭以养德。非淡泊无以明志，非宁静无以致远[2]。夫学须静也，才须学也。非学无以广才，非志无以成学。淫慢则不能励精[3]，险躁则不能冶性[4]。年与时驰，意与岁去，遂成枯落，多不接世[5]；悲守穷庐[6]，将复何及？

【注释】

[1] 行：品行。

[2] 致远：指实现远大的目标。

[3] 淫慢：放纵懈怠。励精：振奋精神。励，振奋。

[4] 险躁：轻薄浮躁。

[5] 接世：被社会接纳、为社会所用。

[6] 穷庐：穷败、破旧的房子。

诸葛亮：诫外甥书

这是诸葛亮写给外甥庞涣的一封家信，在这封信中，诸葛亮首先强调了人应该树立高远志向的观点，并围绕“志向”展开论述，说明了实现远大志向的途径：学习先贤、清心静气、排除不利因素。诸葛亮还从反面进行论述，说明了没有远大志向，就会使人沦为庸俗下流之辈的道理。

夫志当存高远，慕先贤，绝情欲，弃凝滞[1]，使庶几之志[2]，揭然有所存[3]，恻然有所感[4]。忍屈伸，去细碎[5]，广咨问，除嫌吝[6]，虽有淹留[7]，何损于美趣？何患于不济[8]？若志不强毅，意不慷慨[9]，徒碌碌滞于俗[10]，默默束于情，永窜伏于凡庸[11]，不免于下流矣[12]。

【注释】

[1] 凝滞：拘泥，心思受限于某个范围。

[2] 庶几：指贤人。

[3] 揭然：指受到激发的样子。

[4] 恻然：恳切的样子。

[5] 细碎：琐碎的杂念。

[6] 嫌吝：怨恨耻辱的内心情绪。

[7] 淹留：指长时间受困而羁留在某种状态中。

[8] 济：成就、成功。

[9] 慷慨：情绪激昂的样子。

[10] 碌碌：碌碌无为的样子。

[11] 窜伏：沦落、隐藏。

[12] 下流：低微、低下的社会地位。

羊祜：诫子书

羊祜（221—278），西晋大臣，字叔子，蔡邕外孙，著名军事家、政治家和文学家。为人博学能文，清廉正直，致力修德，颇得人心，官至征南大将军，在襄阳与吴将陆抗对峙。据传，本篇《诫子书》为羊祜为子侄而作。在这篇家书中，羊祜提出了“恭为德首，慎为行基”的观点，告诫子侄恭敬、谨慎是为人处世的基础，教导子孙要谨言慎行，才能避免祸患。羊祜严格的家庭教育是卓有成效的，他的继子羊篇不负父望，自律严格，为官清慎，成为西晋一代循吏。

吾少受先君之教[1]，能言之年，便召以典文；年九岁，便诲以《诗》《书》。然尚犹无乡人之称，无清异之名[2]。今之职位，谬恩之加耳[3]，非吾力所能致也。吾不如先君远矣！汝等复不如吾。咨度弘伟[4]，恐汝兄弟未之能也；奇异独达，察汝等将无分也。恭为德首，慎为行基，愿汝等言则忠信，行则笃敬[5]，无口许人以财，无传不经之谈，无听毁誉之语。闻人之过，耳可得受，口不得宣，思而后动。若言行无信，身受大谤，自入刑论[6]，岂复惜汝？耻及祖考！思乃父言，纂乃父教[7]，各讽诵之[8]。

【注释】

[1] 先君：指已故的父亲。

[2] 清异：高洁的、突出的。

[3] 谬恩：指误受恩遇，系自谦之辞。

[4] 咨度：咨询、商酌，有“策划谋略”的意思。

[5] 笃敬：忠厚恭敬的样子。笃，忠实。

[6] 刑论：判刑论罪。

[7] 纂：同“缵”，继承。

[8] 讽诵：背诵。

陶渊明：与子俨等疏

陶渊明（约365—427），又名潜，字元亮，号“五柳先生”，又因私谥“靖节”

而世称“靖节先生”。东晋末至刘宋初年著名文学家，我国第一位田园诗人。曾做过几年小官，后在彭泽县令任上辞官回家，归隐田园。陶渊明五十多岁时生过一场大病，重病中他自恐来日无多，便给五个儿子留下了这封带有遗嘱性质的家信。在信中，陶渊明怀着“生死有命”的达观态度，回顾了自己五十余年的人生历程，叙说个人隐居的情怀。他嘱咐孩子们要向先贤学习，互相扶持，和睦相处，字里行间流露出陶渊明对自己所选择的人生道路的一分不确定感和一分疑惑，还有对孩子们贫困生活的一分歉意。这种隐蔽幽微的情怀，在我国文学史上是非常罕见的。

告俨、俟、份、佚、佟[1]：天地赋命，生必有死；自古圣贤，谁能独免？子夏有言：“死生有命，富贵在天。”四友之人[2]，亲受音旨。发斯谈者，将非穷达不可妄求[3]，寿夭永无外请故耶？

吾年过五十，少而穷苦，每以家弊[4]，东西游走。性刚才拙，与物多忤。自量为己，必贻俗患[5]。僶俛辞世[6]，使汝等幼而饥寒。余尝感孺仲贤妻之言[7]，败絮自拥[8]，何惭儿子？此既一事矣，但恨邻靡二仲[9]。室无莱妇，抱兹苦心，良独内愧。

少学琴书，偶爱闲静，开卷有得，便欣然忘食。见树木交荫[10]，时鸟变声，亦复欢然有喜。尝言：五六月中，北窗下卧，遇凉风暂至，自谓是羲皇上人[11]。意浅识罕，谓斯言可保;日月遂往，机巧好疏[12]。缅求在昔[13]，眇然如何[14]！

疾患以来，渐就衰损，亲旧不遗，每以药石见救，自恐大分将有限也[15]。汝辈稚小家贫，每役柴水之劳，何时可免？念之在心，若何可言！然汝等虽不同生，当思四海皆兄弟之义。鲍叔、管仲，分财无猜[16]；归生、伍举，班荆道旧[17]；遂能以败为成[18]，因丧立功[19]。他人尚尔，况同父之人哉！颍川韩元长[20]，汉末名士，身处卿佐，八十而终，兄弟同居，至于没齿。济北氾稚春，晋时操行人也，七世同财，家人无怨色。《诗》曰：“高山仰止，景行行止[21]。”虽不能尔，至心尚之。汝其慎哉，吾复何言！

【注释】

[1] 俨、俟、份、佚、佟：指陶渊明五子陶俨、陶俟、陶份、陶佚、陶佟。其中，长子俨为陶渊明前妻所生，后四子为陶渊明续弦翟氏所生。

[2] 四友：指孔子四个学生颜渊、子贡、子张、子路。

[3] 将非：岂不是。穷达：困顿与显达。

[4] 家弊：家境贫寒的样子。

[5] 贻：遗留、留下。

[6] 僶俛（mǐn miǎn）：勤勉、努力。辞世：避世、隐居。

[7] 孺仲：王霸，字孺仲，东汉隐士，与妻同为志向高洁之人，不被世俗羁绊。王霸曾经看到别人儿子仪容非凡，自己儿子却蓬发疏齿，觉得很惭愧。他的妻子劝慰他说，既然立志隐居，就不必为儿子蓬发疏齿感到惭愧。

[8] 败絮自拥：裹着破棉絮御寒。败絮，破棉絮。

[9] 靡：没有。二仲：汉代的两位隐士羊仲、求仲。

[10] 交荫：树与树枝荫交叉的样子。

[11] 羲皇上人：伏羲氏以前的人，即远古时期的人。羲皇，伏羲氏，汉族传说中的上古部落首领。

[12] 机巧：指投机取巧的事情。

[13] 缅求：追念、追忆。缅，遥远。在昔：从前、以前。

[14] 眇然：遥远的样子。

[15] 大分：寿数、在世的时间。

[16] 分财无猜：管仲和鲍叔牙曾一起经商，赚钱后管仲总是分给自己多，分给鲍叔牙少。鲍叔牙知道管仲家贫，并不因此认为管仲贪财，他也从未怀疑管仲的人品。

[17] 班荆道旧：春秋时期，蔡国大夫公孙归生和楚国大夫伍举是好友，伍举因避祸逃奔晋国，在途中与出使晋国的公孙归生相遇。两人便铺荆坐地，共叙情怀。公孙归生办完公事，即刻去楚国向令尹子木诉说楚才晋用的危害，于是楚国召回了伍举。

[18] 以败为成：指管仲被俘后依靠鲍叔牙的推荐得到齐桓公赏识，被起用为相，成就一番事业。

[19] 因丧立功：指伍举因得到公孙归生的帮助返回楚国，辅佐公子围继承了王位，立下功劳。

[20] 韩元长：韩融，字元长，汉献帝时大臣。

[21] 高山仰止，景行行止：仰望高山，遵行大路，指向往并追求崇高的品德。景行，大路，比喻正直崇高的品行。

◎隋唐五代篇

苏瑰：中枢龟镜

苏瑰（639—710），字昌容，唐代京兆武功人，官至宰相。本文是一篇阐明治国的关键及其要求的专论性文章，苏瑰以此劝诫族中子弟要有正直、缜密的规章制度，在面临重大事件决策或决断某种道德行为时，要以正道作为决策、评判的标准。他还提到在个人修养上要谨守法典，谨慎自洁，简朴持家，不忘保家卫国的初心。

宰相者，上佐天子，下理阴阳，万物之司命也[1]。居司命之位，苟不以道应命[2]，翱翔自处，上则阻天地之交泰，中则绝性命之至理，下则阻生物之阜植[3]。苟安一日，是稽阴诛[4]，况久之乎？

临大事，断大议，正道以当之。若不能，即速退。中枢之地[5]，非偷安之所。平心以应物，无生妄虑。似觉非正，则速回之，使久而不失正也。敷奏宜直勿婉[6]，应对无常，速机可以回小事，沉机可以成大计。

同列之间，随器以应之，则彼自容矣。容则自峻其道以示之，无令庸者其来浼我也[7]。贤者亲而狎之，无过狎而失敬，则事无不举矣。举一官一职，一将一帅，须其材德者，听众议以命之，公是非即无爽矣。人不可尽贤尽愚，汝惟器之。

【注释】

[1] 司命：神话传说中掌管人的生命的神。

[2] 以道应命：用道来对应自己的使命。

[3] 阜植：生长繁茂的样子。阜，盛、多。

[4] 阴诛：冥冥中的惩罚。

[5] 中枢：朝廷、中央政府，这里指宰相之位。

[6] 敷奏：陈奏，向君主报告。

[7] 浼（měi）：干扰。

与正人言，则其道坚实而不渝。材人可以责成办事[1]，办事不可与议。与之议，则失根本，归权道也。常贡外妄进献者，小人也，抑之。审奸吏，辞烦而忘亲者，去之。崇儒则笃敬，侈靡之风不作，不作则平和，平和则自臻理道矣[2]。刺史县令，久次以居之，不能者立除之。无奸柄施恩，交驰道路，既失为官之意，受弊者随之矣。

欲庶而富，在乎久安。不教而战，是谓弃之。佐理在乎谨守制度[3]，俾边将严兵修斥堠[4]，使封疆不侵，不必务广，徒费中国，事无益也。古者用刑，轻中重之三典，各有攸处[5]。方今为政之道，在乎中典，谨而守之。无为人之所贰[6]，无请数赦[7]，以开幸门[8]。勿畏强御而损制度。教令少而确守，则民情胶固矣[9]。勿大刚以临人，事虑不尽，臣不密则失身。非所议者，勿与之言。勤思虑，不以小事而忽机。管财无多蓄，计有三年之用，外散之亲族。多蓄甚害义，令人心不宁，不宁则理事不当矣。清身检下，无使邪隙微开，而货流于外矣。

远妻族，无使扬私于外，仍须先自戒。谨检子弟，无令开户牖[10]，毋以亲属挠有司[11]，一挟私，则无以提纲在上矣。子弟婿居官，随器自任，调之勿过其器，而居人之右。子弟车马服用，无令越众，则保家，则能治国。居第在乎洁，不在华，无令稍过，以荒厥心[12]。

【注释】

[1] 材人：即“人才”，有能力的人。

[2] 臻：达到。

[3] 佐理：协助治理，这里指协助长官治事的副职。

[4] 俾（bǐ）：使、让。斥堠（hòu）：原指古代的侦察兵，代指瞭望敌情的土堡。

[5] 攸（yōu）处：长处。

[6] 贰：被人左右、干扰。

[7] 无请数赦：不要数次请求大赦天下。

[8] 幸门：侥幸之门。

[9] 胶固：团结稳固。

[10] 户牖：指流派。

[11] 挠：干扰。司：官司。

[12] 厥心：本心。

姚崇：遗令诫子孙文

姚崇（651—721），原名元崇，字元之，谥号“文献”，陕州硖石人，唐朝政治家，历官武则天、中宗、睿宗三朝，两次拜为宰相，并兼任兵部尚书，封梁国公。他提出“十事要说”，实行新政，辅佐唐玄宗开创“开元盛世”，被称为“救时宰相”，与房玄龄、杜如晦、宋璟并称“唐朝四大贤相”。姚崇家训的主要思想：一是强调“廉慎”，即为官清廉谨慎；二是强调为人处世要公派正道，以身作则；三是强调要知止知足，切不可贪图富贵。《遗令诫子孙文》强调的是第三点，文中提到“位逾高而益惧，恩弥厚而增忧”，告诫子孙勿图富贵、知足知止、厚德修身，以使家业长久延续。

古人云：“富贵者，人之怨也。贵则神忌其满，人恶其上；富则鬼瞰其室[1]，虏利其财[2]。”自开辟以来，书籍所载，德薄任重而能寿考无咎者[3]，未之有也。故范蠡、疏广之辈[4]，知止足之分[5]，前史多之[6]。况吾才不逮古人，而久窃荣宠，位逾高而益惧，恩弥厚而增忧。往在中书，遘疾虚惫[7]，虽终匪懈，而诸务多缺。荐贤自代，屡有诚祈：人欲天从，竟蒙哀允。优游园沼，放浪形骸，人生一代，斯亦足矣。田巴云[8]：“百年之期，未有能至。”王逸少云[9]：“俯仰之间，已为陈迹。”诚哉此言！

比见诸达官身亡以后[10]，子孙既失覆荫，多至贫寒，斗尺之间，参商是竞[11]。岂惟自玷，乃更辱先，无论曲直，俱受嗤毁。庄田水碾，既众有之，递相推倚，或至荒废。陆贾、石苞[12]，皆古之贤达也，所以预为定分，将以绝其后争，吾静思之，深所叹服。

【注释】

[1] 瞰：窥探、窥视。

[2] 虏：奴仆、奴隶。利：占有、牟取。

[3] 寿考：长寿。

[4] 疏广：西汉名臣，字仲翁，号黄老，少好学，明《春秋》，曾担任汉

宣帝太子刘奭的太子太傅，功成名就之时主动告老还乡，得以善终。

[5] 止足：适可而止、知足。

[6] 多：称赞。

[7] 遘（gòu）疾：生病。遘（gòu），遭遇。

[8] 田巴：战国时期齐国辩士。

[9] 王逸少：王羲之，字逸少。

[10] 比：近来。

[11] 参（shēn）商是竞：指参星与商星，二者在星空中此出彼没。古人以此比喻彼此对立，特指兄弟之间有矛盾的情况。

[12] 陆贾：西汉思想家、政治家、外交家，口才极佳，常出使诸侯。陆贾称病辞官后，变卖了出使南越时所得的财物，均分给自己的五个儿子，让他们各治产业。石苞：字仲容，三国时曹魏和西晋重要将领，官至西晋大司马，封乐陵郡公。石苞生有六子，他生前曾预为《终制》，预分田产。

昔孔丘至圣，母墓毁而不修；梁鸿至贤[1]，父亡席卷而葬。昔杨震、赵咨、卢植、张奂[2]，皆当代英达，通识今古，咸有遗言，属以薄葬。或濯衣时服，或单帛幅巾[3]，知真魂去身，贵于速朽，子孙皆遵成命，迄今以为美谈。凡厚葬之家，例非明哲。或溺于流俗，不察幽明，咸以奢厚为忠孝，以俭薄为悭惜[4]，至令亡者致戮尸暴骸之酷[5]，存者陷不忠不孝之诮，可为痛哉！可为痛哉！死者无知，自同粪土，何烦厚葬，使伤素业[6]。若也有知，神不在柩，复何用违君父之令，破衣食之资？吾身亡后，可殓以常服，四时之衣，各一副而已。吾性甚不爱冠衣[7]，必不得将入棺墓。紫衣玉带，足便于身，念尔等勿复违之。且神道恶奢，冥途尚质，若违吾处分，使吾受戮于地下，于汝心安乎？念而思之。

【注释】

[1] 梁鸿：字伯鸾，汉光武帝建武初期名士，他博览群书，好学不倦，经书、诸子、诗赋无一不通。

[2] 赵咨：字文楚，东汉人，历任敦煌太守、东海相等职，为官清廉，临终遗言薄葬。卢植：字子干，东汉人，灵帝时历任博士、庐江太守、尚书等职，

临终令其子俭葬于土穴，不用棺椁。张奂：字然明，东汉人，历任使匈奴中郎将、武威太守、度辽将军等职。灵帝时因党锢之祸归故里，临终令子薄葬。

[3] 幅巾：古代男子用来束发的巾。

[4] 悭（qiān）惜：吝啬、小气。

[5] 酷：惨祸、灾难。

[6] 素业：平常所操持的家业。

[7] 冠衣：指官服。

今之佛经，罗什所译[1]，姚兴执本[2]，与什对翻。姚兴造浮屠于永贵里[3]，倾竭府库，广事庄严[4]，而兴命不得延，国亦随灭。又齐跨山东[5]，周据关右，周则多除佛法而修缮兵威[6]，齐则广置僧徒而依凭佛力。及至交战，齐氏灭亡，国既不存，寺复何有？修福之报，何其蔑如[7]！梁武帝以万乘为奴[8]，胡太后以六宫入道[9]，岂特身戮名辱，皆以亡国破家。近日孝和皇帝发使赎生[10]，倾国造寺，太平公主、武三思、悖逆庶人、张夫人等皆度人造寺[11]，竟术弥街[12]，咸不免受戮破家，为天下所笑。经云：“求长命，得长命；求富贵，得富贵”，“刀刃段段坏，火坑变成池”。比来缘精进得富贵长命者为谁[13]？生前易知，尚觉无应，身后难究，谁见有征。且五帝之时，父不葬子，兄不哭弟，言其致仁寿、无夭横也。三王之代，国祚延长，人用休息。其人臣则彭祖、老聃之类，皆享遐龄[14]。当此之时，未有佛教，岂抄经铸象之力，设斋施佛之功耶？《宋书·西域传》，有名僧为《白黑论》[15]，理证明白，足解沉疑，宜观而行之。

【注释】

[1] 罗什：鸠摩罗什（344—413），天竺人，东晋高僧，位列中国佛教四大译经家（鸠摩罗什、玄奘、不空、真谛）之首，被誉为“翻译学鼻祖”，译经和佛学成就极高。

[2] 姚兴（366—416）：后秦高祖，字子略。他尊崇佛教，曾迎请著名高僧鸠摩罗什译经讲法，促进了佛教在北方的广泛流行。

[3] 浮屠：又作“浮图”，佛塔。

[4] 广事庄严：推广、事奉佛教。庄严，代指佛教。

[5] 齐：指北朝时期的北齐。北齐统治者笃信佛教，在境内广建佛寺，大规模刻经。公元 577 年，北齐为北周所灭。

[6] 周：指北朝时的北周。周武帝为富国强兵，曾禁断佛、道二教，注重发展生产，终于灭掉了北齐，一统北方。

[7] 蔑如：浅薄、微小的样子。

[8] 梁武帝：萧衍，字叔达，南北朝时期梁政权的建立者。梁武帝晚年笃信佛法，曾几次入寺做和尚，无心理政，广建佛寺，致使朝政昏暗。

[9] 胡太后：指北魏胡太后，在孝明帝即位后被尊为皇太后，临朝执政。她崇信佛教，在北魏大兴佛寺、佛塔、佛石窟。

[10] 孝和皇帝：指唐中宗李显。

[11] 太平公主：唐高宗李治与武则天唯一的女儿。武三思：武则天之侄，武则天称帝后封梁王。悖逆庶人：指中宗之女安乐公主，韦后所生。她在中宗时恃宠纵横，权倾天下，生活奢侈，后被诛杀，追贬为“悖逆庶人”。

[12] 竟术：用尽手段。

[13] 缘：因为。精进：佛教语，指奋勉修行。

[14] 遐龄：高龄、长寿。

[15]《白黑论》：也称《均善论》《均圣论》，南朝刘宋沙门慧琳著。该书内容主要针对当时兴佛与反佛双方争执的根本问题辩难，对佛教的基本理论颇多讥评。

且佛者觉也[1]，在乎方寸[2]，假有万像之广，不出五蕴之中[3]。但平等慈悲，行善不行恶，则福道备矣。何必溺于小说[4]，惑于凡僧，仍将喻品[5]，用为实录，抄经写像，破业倾家，乃至施身，亦无所吝，可谓大惑也。亦有缘亡人造像，名为追福，方便之教，虽则多端，功德须自发心，旁助宁应获报？递相欺诳，浸成风俗，损耗生人，无益亡者。假有通才达识，亦为时俗所拘。如来普慈，意存利万，损众生之不足，厚豪僧之有余，必不然矣。且死者是常，古来不免，所造经像，何所施为？

夫释迦之本法，为苍生之大弊，汝等各宜警策，正法在心，勿效儿女子曹，终身不悟也。吾亡后，必不得为此弊法，若未能全依正道，须顺俗情，从初七至终七，任设七僧斋。若随斋须布施，宜以吾缘身衣物充，不得辄用余财，为无益之枉事；亦不得妄出私物，徇追福之虚谈[6]。道士者，本以玄牝为宗[7]，初无趋竞之教，而无识者慕僧家之有利，约佛教而为业。敬寻老君之说，亦无过斋之文，抑同僧例，失之弥远。汝等勿拘鄙俗，辄屈于家。汝等身没之后，亦教子孙依吾此法云。

【注释】

[1] 觉：觉悟。

[2] 方寸：指内心。

[3] 五蕴：佛教名词。狭义指构成现实人的五种事物和现象，广义指物质世界（色蕴）和精神世界（受、想、行、识四蕴）的总和。

[4] 小说：指浅薄琐屑的言论。

[5] 喻品：比喻。

[6] 徇：顺从。追福：为死者祈福的法事活动。

[7] 玄牝：道教术语，指衍生万物的本源。

姜公辅：太公家教

姜公辅（730—805），字德文，祖籍甘肃天水，官至谏议大夫。后因言语忤逆唐德宗，罢为太子庶子，再贬泉州别驾。贞元二十一年，唐顺宗即位，提为吉州刺史，未及到任而卒。

《太公家教》发现于清代光绪二十五年（1899）的“敦煌石窟”内，据考证为唐朝宰相姜公辅编撰的唐人写本一卷，收录在《鸣沙石室佚书》。它是我国最古老的治家格言，是唐宋时期流行的儿童启蒙读物，唐代时曾风靡全国。全书以四言为主，自始至终贯穿了“忠孝、仁爱、修身、勤学”的思想，强调“弟子事师，敬同于父”“一日为师，终身为父”等，提倡尊师重教，自被发现以来多有学者著录研究，是我国重要的教育史料。

得人一牛，还人一马，往而不来，非成礼也。知恩报恩，风流儒雅，有恩不报，岂成人也。事君尽忠，事父尽敬。礼闻来学[1]，不闻往教[2]。舍父事师，敬同于父。慎其言语，整其容貌。善能行孝，勿贪恶事，莫作诈巧，直实在心，勿生欺诳。孝心事父，晨省暮看[3]，知饥知渴，知暖知寒；忧时共戚[4]，乐时同欢，父母有疾，甘美不餐，食无求饱，居无求安。闻乐不乐[5]，闻喜不看，不修身体，不整衣冠，得治疾愈，止亦不难。弟子事师，敬同于父，习其道也，学其言语。黄金白银，乍可相与，好言善述，曼出口舌。忠臣无境外之交，弟子有束修之好。一日为师，终日为父；一日为君，终日为主。

教子之法，常令自慎；言不可出，行不可亏。他篱莫越，他事莫知；他贫莫笑，他病莫欺；他财莫取，他色莫侵；他强莫触，他弱莫欺；他弓莫挽，他马莫骑；弓折马死，偿他无疑。财能害己，必须畏之；酒能败身，必须戒之；色能招害，必须远之；愤能积恶，必须忍之；心能造恶，必须净之；口能招祸，必须慎之。见人善事，必须赞之；见人恶事，必须掩之。邻有灾难，必须救之；见人打斗，即须谏之；意欲去处，即须审之[6]；见人不是，即须教之；非是时流，即须避之。罗网之鸟，悔不高飞；吞钩之鱼，恨不忍饥；人生误计，恨不三思；祸将及己，恨不忍之。其父出行，子须从后；路逢尊者，齐脚敛手；尊人之前，不得唾地；尊人赐酒，必须拜寿；尊人赐肉，骨不与狗；尊者赐果，怀核在手，苦也弃之，为礼大丑。对客之前，不得垂涕，亦不漱口。记而莫忘，终身无咎。

【注释】

[1] 来学：学子虚心登门求学。

[2] 往教：老师前往学生住所施教。

[3] 晨省暮看：早晨、晚上都问安探视。省，探望、问候尊长。

[4] 戚：悲伤、忧愁的样子。

[5] 闻乐（yuè）不乐（lè）：因担忧父母病情，即使听到音乐也不觉得快乐。

[6] 审：仔细思考、深入分析。

少为人子，长为人父，出则敛容，动则庠序[1]，敬慎口言，终身无苦。含血损人，先恶其口。十言九中，不语者胜。居必择邻，慕近良友；侧立齐庭，厚待宾客；侣无新疏[2]，来者当受，合食与酒。开门不看，还同禽兽；拔贫作富，事须方寸；看客不贫，古今宝语；握发吐餐[3]，先有常据；开门不看，不如狗鼠。高山之树，苦于风雨；路边之树，苦于刀斧；当道作舍[4]，苦于客侣；不慎之家，苦于官府；牛羊不圈，苦于狼虎；禾熟不收，苦于雀鼠；屋漏不覆，苦于梁柱；兵将不慎，败于军旅；人生不学，费其言语。近朱者赤，近墨者黑；蓬生麻中，不扶自直，近佞者谄，近偷者痴；近愚者疑，近圣者明；近贤者德，近淫者色。

闻人善事，乍可称扬；知人有过，密掩深藏；是故罔谈彼短，靡恃己长。鹰鹞虽迅，不能快于风雨；日月虽明，不照盆覆之下；唐虞虽圣[5]，不能化其明主；微子虽贤[6]，不能谏其暗君；比干虽惠[7]，不能自免其身；蛟龙虽猛，不杀岸上之人；刀剑虽利，不能杀清洁之士[8]；罗兰虽细[9]，不能执无事之人；非灾横祸，不入慎者之门。人无远虑，必有近忧，邪僻坏于良，谗言败于善。君子之怀，有如大海，博纳山川，宽则得众，敏则有功。以法治人，人即得治；治国信谗，必杀忠臣；治家信谗，家必败亡；兄弟信谗，分别异居；夫妇信谗，男女生分；朋友信谗，必致死怨。天雨五谷，荆棘蒙恩。抱薪救火，火必成灾；扬汤止沸，不如去薪。千人排门[10]，不如一人拔关；一人守险，万人莫当。贪心害心，利己伤身。

【注释】

[1] 庠（xiáng）序，指学校教育。

[2] 侣无新疏：朋友没有新旧亲疏的分别。侣，朋友。

[3] 握发吐餐：比喻礼贤下士、殷切求才。

[4] 当道作舍：把道路当作屋舍，比喻居无定所。

[5] 唐虞：指尧、舜。

[6] 微子：殷商贵族，纣王庶兄。纣王无道时，微子曾多次劝谏纣王，不被采纳，于是惧祸出走。

[7] 惠：同“慧”，聪明。

[8] 清洁：清白、纯洁。

[9] 罗兰：应为“罗网”，指法律条文。

[10] 排门：推门。

瓜田不整履，李下不整冠[1]。圣君虽渴，不饮盗泉之水[2]；暴风疾雨，不入寡妇之门。孝子不隐情于父，忠臣不陷情于君。法不化于君子，礼不知于小人。君浊则用武，君清则用文。多言不益其体，日使不妨其身。明君不爱邪佞之臣，慈父不爱无力之子。道之以德[3]，齐之以礼[4]。小人不择地而息，君子固穷[5]，小人不择官而事。屈厄之人，不羞执鞭之事；饥寒在身，不羞乞食之耻。贫不可欺，富不可恃，阴阳相催，终而复始。太公未遇[6]，钓鱼渭水。相如未达[7]，卖卜于市。鲁连海水[8]，义不受爵。孔鸣盘桓，候时而起[9]。鹤鸣九皋，声闻于天；电里燃火，烧气成云。家中有恶，人必知之；身有德行，人必称传。孟母三移，为子择邻。不患人不知己，唯患己不知人。己欲立身，先立于人；己欲达者，先达于人。立身行道，始于事亲；孝无终始，不离其身。修身慎行，恐辱先人；己所不欲，勿施于人。近鲍者臭，近兰者香；近愚者暗，近智者良。明珠不营，焉放其光；人生不学，言不成章。小儿学者，如日出之光；长而学者，如日中之光；老而学者，如日暮之光。老而不学，冥冥如夜。

【注释】

[1] 瓜田不整履，李下不整冠：指避免做可能给自己带来偷盗嫌疑的动作。

[2] 盗泉：传说中喝了会让人变贪婪的泉水。

[3] 道：通“导”，引导。

[4] 齐：约束、规范。

[5] 固穷：安守不得志的状态，指君子能安贫乐道，不失节操。

[6] 太公：指姜太公。

[7] 相如：指司马相如。

[8] 鲁连海水：又称“鲁连蹈海”，是说战国时期齐国人鲁仲连对秦王的称帝计划非常不满，声称如果秦君称帝，他就投东海而死，表现出宁死不受强敌屈辱的气节。鲁连，鲁仲连。海水，投海自尽。

[9] 孔鸣盘桓，候时而起：孔子先在局势混乱时发声，等候时机成熟时才开始从政。

韩愈：符读书城南

韩愈(768—824)，字退之，唐代文学家、哲学家、思想家、政治家，河阳人，祖籍河北昌黎，世称“韩昌黎”。他晚年任吏部侍郎，又称“韩吏部”。谥号“文”，又称“韩文公”。韩愈是唐代“古文运动”的倡导者，后人尊他为“唐宋八大家”之首，与柳宗元并称“韩柳”，有“文章巨公”和“百代文宗”之名。这首诗是韩愈教导其儿子韩符勤勉学习的诗篇，值得后人借鉴。

木之就规矩[1]，在梓匠轮舆[2]。人之能为人，由腹有诗书。诗书勤乃有，不勤腹空虚。欲知学之力，贤愚同一初。由其不能学，所入遂异闾[3]。两家各生子，提孩巧相如。少长聚嬉戏，不殊同队鱼[4]。年至十二三，头角稍相疏[5]。二十渐乖张[6]，清沟映污渠。三十骨骼成，乃一龙一猪。飞黄腾踏去，不能顾蟾蜍。一为马前卒，鞭背生虫蛆。一为公与相，潭潭府中居[7]。问之何因尔，学与不学欤。金璧虽重宝，费用难贮储。学问藏之身，身在则有余。君子与小人，不系父母且[8]。不见公与相，起身自犁钽[9]。不见三公后，寒饥出无驴。文章岂不贵，经训乃菑畲[10]。潢潦无根源[11]，朝满夕已除。人不通古今，马牛而襟裾[12]。行身陷不义，况望多名誉。时秋积雨霁[13]，新凉入郊墟。灯火稍可亲，简编可卷舒。岂不旦夕念，为尔惜居诸[14]。恩义有相夺，作诗劝踌躇。

【注释】

[1] 木之就规矩：木材能合乎规矩。就，符合。

[2] 梓匠：木工。轮舆：指制作车轮和造车的古代工匠。

[3] 异闾：里门。秦时贫民居里门左侧，富人居里门右侧，后代指富贵者与贫贱者异里而居。

[4] 不殊：没有区别、一样。队鱼：指群鱼。

[5] 头角：喻指人之间不同的气概、才华表现。

[6] 乖张：指彼此间差异变大，表现不相合。

[7] 潭潭府中：指豪华广阔的深府大院。潭潭，深广的样子。

[8] 且：文言助词，用在句末，与“啊”相似。

[9] 犁钽（chú）：犁和锄，借指农家。

[10] 菑畲（zī shē）：耕地为民之本，喻指事物的根本。

[11] 潢潦（huáng lǎo）：地上流淌的雨水。

[12] 马牛而襟裾：骂人的话，言说如同是穿人衣的牛马禽兽。

[13] 霁：指天放晴。

[14] 居诸：居、诸本是语气词，这里指时光、光阴。

元稹：诲侄等书

元稹（779—831），字微之，河南府人，唐代著名诗人。元稹聪明机智过人，年少即有才名，与白居易同科及第，并结为终生诗友。二人共同倡导“新乐府运动”，世称“元白”，其诗被称为“元和体”，现存诗830余首。本文是元稹被贬不久后写给子侄的家书，信中表达了对子侄后辈的牵挂之情，并告诫子侄要发奋读书以供养家人。

告仑等：吾谪窜方始[1]，见汝未期[2]，粗以所怀，贻诲于汝。汝等心志未立，冠岁行登。古人讥十九童心，能不自惧？吾不能远谕他人[3]，汝独不见吾兄之奉家法？吾家世俭贫，先人遗训常恐置产怠子孙，故家无樵苏之地[4]，尔所详也。吾窃见吾兄自二十年来，以下士之禄持窘绝之家，其间半是乞丐羁游以相给足。然而吾生三十二年矣，知衣食之所自，始东都为御史时[5]。吾常自思：尚不省受吾兄正色之训，而况于鞭笞诘责乎！呜呼！吾所以幸而为兄者，则汝等又幸而为父矣！有父如此，尚不足为汝师乎？

吾尚有血诚将告于汝[6]：吾幼乏岐嶷[7]，十岁知文，严毅之训不闻，师友之资尽废。忆得初读书时，感慈旨一言之叹[8]，遂志于学。是时尚在凤翔，每借书于齐仓曹家，徒步执卷就陆姊夫师授，栖栖勤勤，其始也若此。至年十五，得明经及第，因捧先人旧书于西窗下，钻仰沉吟，仅于不窥园井矣[9]。如是者十年，然后粗沾一命[10]，粗成一名。及今思之，上不能及乌鸟之报复[11]，下未能减亲戚之饥寒，抱衅终身[12]，偷活今日。故李密云：“生愿为人兄，得奉养之日长。”吾每念此言，无不雨涕。

汝等又见吾自为御史来，效职无避祸之心，临事有致命之志，尚知之乎？吾此意，虽弟兄未忍及此。盖以往岁忝职谏官，不忍小见，妄干朝听，谪弃河南，泣血西归，生死无告。幸余命不殒，重戴冠缨，常誓效死君前，扬名后代，歿有以谢先人于地下耳。呜呼！及其时而不思，既思之而不及，尚何言哉！今汝等父母天地，兄弟成行，不于此时佩服诗书以求荣达[13]，其为人耶？其曰人耶？

吾又以吾兄所职易涉悔尤[14]，汝等出入游从，亦宜切慎。吾诚不宜言及于此。吾生长京城，朋从不少，然而未尝识倡优之门，不曾于喧哗纵观，汝信之乎？吾终鲜姊妹，陆氏诸生，念之倍汝，小婢子等，既抱吾歿身之恨[15]，未有吾克己之诚，日夜思之，若忘生次。汝因便录吾此书寄之，庶其自发，千万努力，无弃斯须。稹付仑、郑等。

【注释】

[1] 谪窜：贬谪、流放。

[2] 未期：不知什么时候。

[3] 谕：同“喻”，使人明白、理解。

[4] 樵苏之地：指可以耕种的薄田。樵苏，指砍柴割草。

[5] 东都：指洛阳，又有“东京”或“神都”等别称。

[6] 血诚：比喻极其真诚的言语，肺腑之言。

[7] 岐嶷（yí）：形容年幼聪明。

[8] 慈旨：慈母的教诲。

[9] 不窥园井：形容在屋里专心读书，不为外事分心的样子。

[10] 粗沾一命：指草草地得到了一个官职。

[11] 乌鸟之报复：即“乌鸦反哺”，喻指奉养长辈的孝心。

[12] 抱衅：负罪。衅，罪过、过失。

[13] 佩服：铭记、牢记。

[14] 悔尤：怨恨。

[15] 歿身之恨：终身的遗憾。

◎宋元篇

范仲淹：告诸子及弟侄

范仲淹（989—1052），字希文，苏州吴县人，北宋著名政治家、文学家，官至枢密副使、参知政事，力主新政，颇有作为，但一生坎坷，几遭贬斥。本篇文章出自范仲淹的几封书信，反映了他在为人处世方面的重要主张。

吾贫时，与汝母养吾亲，汝母躬执爨[1]，而吾亲甘旨[2]，未尝充也。今而得厚禄，欲以养亲，亲不在矣。汝母已早世[3]，吾所最恨者，忍令若曹享富贵之乐也。

吾吴中宗族甚众，于吾固有亲疏，然以吾祖宗视之，则均是子孙，固无亲疏也。苟祖宗之意无亲疏，则饥寒者吾安得不恤也。自祖宗来积德百余年，而始发于吾，得至大官，若独享富贵而不恤宗族，异日何以见祖宗于地下，今何颜以入家庙乎？

【注释】

[1] 执爨（cuàn）：烧火做饭。

[2] 亲甘旨：亲自端上奉养双亲的食物。

[3] 早世：早逝、早死。

京师交游，慎于高论，不同当言之地也。且温习文字，清心洁行，以自树立。平生之称，当见大节，不必窃论曲直，取小名招大悔矣。

京师少往还，凡见利处，便须思患。老夫屡经风波，惟能忍穷，方得免祸。

大参到任，必受知也。惟勤学奉公，勿忧前路。慎勿作书，求人荐拔，但自充实为妙。

将就大对[1]，诚吾道之风采，宜谦下兢畏，以副士望。

青春何苦多病，岂不以摄生为意耶[2]？门户才起立，宗族未受赐；有文学称，亦未为国家用，岂肯循常人之情，轻其身汩其志哉[3]！

贤弟请宽心将息，虽清贫，但身安为重。家间苦淡，士之常也，省去冗口可矣。请多着功夫看道书，见寿而康者，问其所以，则有所得矣。

汝守官处小心不得欺事[4]，与同官和睦多礼，有事只与同官议，莫与公人商量，莫纵乡亲来部下兴贩，自家且一向清心做官，莫营私利。当看老叔自来如何，还曾营私否？自家好，家门各为好事，以光祖宗。

【注释】

[1] 大对：指殿试。

[2] 摄生：养生、保养身体。

[3] 汩（gǔ）：消沉、泯灭。

[4] 欺事：以轻慢的态度对待世事。

欧阳修：书示子侄

欧阳修（1007—1072），字永叔，号醉翁、六一居士，吉州永丰人，北宋政治家、文学家，谥号“文忠”，世称“欧阳文忠公”。欧阳修历任翰林学士、枢密副使、参知政事等职，是北宋“古文运动”的倡导者和领导者，与韩愈、柳宗元和苏轼并称“千古文章四大家”，为“唐宋八大家”之一，编撰有《新唐书》《新五代史》等史书。在这篇家书中，欧阳修说明了动静养身、勤勉进学的途径和方法，告诫子侄在为官时要清廉公正、持守节义，对今人具有很大的参考价值。

藏精于晦则明[1]，养神于静则安。晦，所以畜用；静，所以应动。善畜者不竭，善应者无穷。此君子修身治人之术，然性近者得之易也。勉诸子：玉不琢不成器，人不学不知道。玉之为物，有不变之常，虽不琢以为器，犹不害为玉也[2]。人之性因物则迁，不学则舍君子而为小人，可不念哉！

与侄通理：自南方多事以来，日夕忧汝。得昨日递中书，顿解忧。想欧阳氏自江南归明[3]，累世蒙朝廷官禄，吾今又被荣显，致汝等并列官品，当思报效。偶此多事[4]，如有差使，尽心向前，不得避事。至于临难死节亦是汝荣事[5]。但存心尽公，神明自佑，汝慎不可思避事也。昨中书言：欲买朱砂来。吾不缺此物，汝于官下，宜守廉，何得买官下物[6]。吾在官所，除饮食外，不曾买一物，汝可观此为戒也。

【注释】

[1] 晦（huì）：昏暗、微暗的地方。

[2] 不害：不妨碍。

[3] 归明：归于圣明的朝廷。

[4] 偶：借为“遇”，恰逢，正赶上。多事：指事故或事变繁多的时期。

[5] 临难死节：指危难时舍身取义。

[6] 官下物：指为官者职权管辖范围内出产或生产的物品。

邵雍：戒子孙

邵雍（1011—1077），字尧夫，谥号“康节”，自号“安乐先生”“伊川翁”，北宋哲学家，后人称为“百源先生”，祖籍范阳。他创立“先天学”，认为万物都由“太极”演化而成，著有《观物篇》《先天图》《皇极经世》等，其思想对后世“宋明理学”的发展有深远影响。这篇家训中，邵雍提出了自己对上品之人、中品之人、下品之人的理解，劝诫子孙要亲近贤人，远离小人，不做违背礼节之事，从善务正，如此才能家业安定、生生不息。

上品之人，不教而善；中品之人，教而后善；下品之人，教亦不善。不教而善，非圣而何？教而后善，非贤而何？教亦不善，非愚而何？是知善者，吉之谓也；不善者，凶之谓也。吉者，目不观非礼之色，耳不听非礼之声，口不道非礼之言，足不践非礼之地，人非善不交，物非义不取，亲贤如就芝兰，避恶如畏蛇蝎。或曰不谓之吉人，则吾不信也。凶也者，语言诡谲，动止阴险，好利饰非[1]，贪淫乐祸，疾良善如雠隙[2]，犯刑宪如饮食，小则殒身灭性，大则覆宗绝嗣。或曰不谓之凶人，则吾不信也。《传》有之曰："吉人为善，惟日不足；凶人为不善，亦惟日不足。"汝等欲为吉人乎？欲为凶人乎？

【注释】

[1] 饰非：粉饰、掩盖错误。

[2] 雠隙：仇恨、怨恨。

家颐：教子语

家颐，生卒年不详，字养正，宋代眉山人，著有《子家子》。本文选录自家颐的《教子语》十章。这篇家训里，作者强调了读书和教子的重要性，认为读书是人生最大的乐事，而教子是最重要的事。他列举了教子的五项基本内容："导其性，广其志，养其才，鼓其气，攻其病"，以为"废一不可"。同时，他还强调，不同家庭的教子方法也应不同，但无论如何都应把子女教育成为至贤、至孝、德才兼备之人。作者从不同的侧面，对教子的重要性、教子方法和教子内容进行了论述，其中一些观点和主张是非常值得我们借鉴和实行的。

人生至乐无如读书，至要无如教子。父子之间不可溺于小慈。自小律之以威，绳之以礼，则长无不肖之悔。教子有五：导其性，广其志，养其才，鼓其气，攻其病，废一不可。养子弟如养芝兰，既积学以培植之，又积善以滋润之。人家子弟，惟可使觌德[1]，不可使觌利。富者之教子须是重道，贫者之教子须是守节。子弟之贤不肖系诸人，其贫富贵贱系之天。世人不忧其在人者而忧其在天者，岂非误耶？士之所行，不溷流俗[2]，一以抗节于时[3]，一以诒训于后[4]。士人家切勤教子弟，勿令诗书味短。孟子以惰其四支为一不孝[5]，为人子孙游惰而不知学，安得不愧？

【注释】

[1] 觌（dí）德：显出品德。觌，显现、显出。

[2] 溷（hùn）：“混”的异体字，混杂。

[3] 抗节：坚持高尚的气节。

[4] 诒（yí）训于后：传家训给后代。诒，传给。

[5] 四支：即“四肢”。支，通“肢”。

陆游：放翁家训

陆游（1125—1210），字务观，号放翁，越州山阴人，南宋爱国诗人，今存世诗篇有9300余首，是我国现有存诗最多的诗人。本文中陆游以追述家史的方式来教育子女，例举“先祖夫人去世时棺木仅上一道漆”“四次结婚都不是大家显贵之人”“晚年回乡仍住旧房”这三件事，讲述先祖为官廉洁、正直和孝悌、诚信的家风，教育子女宁可清贫度日，也不能不择手段地追求高官厚禄、重利忘义，要儿女们以先祖为榜样，把廉洁、俭诚的美德赋予行动，并代代相承。这种以熟悉的人、事、物为喻的教子方法最有说服力，也最值得后世倡导。

昔唐之亡也，天下分裂，钱氏崛起吴越之间[1]。徒隶乘时[2]，冠屦易位[3]。吾家在唐为辅相者六人，廉直忠孝，世载令闻。念后世不可事伪国，苟富贵，以辱先人，始弃官不仕。东徙渡江，夷于编氓[4]。孝悌行于家，忠信著于乡，家法凛然，久而弗改。宋兴，海内一统，祥符中[5]，天子东封泰山，于是陆氏乃与时俱兴。百余年间，文儒继出，有公有卿，子孙宦学相承，复为宋世家[6]，亦可谓盛矣！然游于此切有惧焉。

天下之事，常成于困约[7]，而败于奢靡。游童子时，先君谆谆为言，太傅出入朝廷四十余年[8]，终身未尝为越产[9]，家人有少变其旧者辄不怿[10]。其夫人棺才漆，四会婚姻，不求大家显人。晚归鲁墟，旧庐一椽不可加也。

楚公年少时尤苦贫[11]，革带敝[12]，以绳续绝处。秦国夫人尝作新襦，积钱累月乃能就，一日覆羹污之，至泣涕不能食。太尉与边夫人方寓宦舟[13]，见妇至喜甚，辄置酒，银器色黑如铁，果醢数种[14]，酒三行而已。姑嫁石氏，归宁，食有笼饼，亟起辞谢曰：“昏耄不省是谁生日也[15]。”左右或匿笑，楚公叹曰："吾家故时数日乃啜羹，岁时或生日乃食笼饼，若曹岂知耶？"是时楚公见贵显，顾以啜羹食饼为泰，愀然叹息如此。

游生晚，所闻已略，然少于游者又将不闻，而旧俗方以大坏，厌藜藿[16]，慕膏梁，往往更以上世之事为讳。使不闻此风，放而不还，且有陷于危辱之地，沦于市井降于皂隶者矣！复思如往时，父子兄弟相从，居于鲁墟，葬于九里，安乐耕桑之业，终身无愧悔，可得耶？呜呼！仕而至公卿，命也；退而为农，亦命也。若夫挠节以求贵[17]，市道以营利，吾家之所深耻，子孙戒之，尚无坠厥初[18]。

【注释】

[1] 钱氏：指钱镠（liú），字具美，五代十国时吴越国的创建者。

[2] 徒隶：指服劳役的人。乘时：乘机起事。

[3] 冠屦（jù）易位：鞋帽颠倒，比喻尊卑贵贱的社会地位发生了变化。冠，帽子。屦，用麻、葛等制成的鞋。

[4] 夷于编氓（méng）：指迁徙到一个地方，沦为一般老百姓。氓，特指外来的人。

[5] 祥符：大中祥符（1008—1016），北宋真宗第三个年号。

[6] 宋世家：宋朝时世代享有官禄的家族。

[7] 困约：贫困俭约。

[8] 太傅：指陆游的高祖陆轸，字齐卿，官至吏部郎中，追赠太傅。

[9] 越产：指过多的财富。

[10] 怿（yì）：欢喜、高兴。

[11] 楚公：指陆游的祖父陆佃，字农师，官至尚书右丞，追封楚国公。

[12] 革带：皮质的束衣带。

[13] 太尉：指陆游的父亲陆宰，字符钧，死后赠少师。

[14] 果醢（hǎi）：水果、肉类。

[15] 昏耄：对自己的谦称，等同于"老夫"。省：了解。

[16] 藜藿：比喻粗茶淡饭。藜，草本植物，嫩叶可食。藿，豆类植物的叶子。

[17] 挠节：折腰、屈节。挠，弯曲。

[18] 坠厥初：指败坏陆家从前的好名声。坠，坠落，引申为败坏。

吾平生未尝害人，人之害吾者，或出忌嫉，或偶不相知，或以为利，其情多可谅，不必以为怨，谨避之，可也。若中吾过者，尤当置之。汝辈但能寡过，勿露所长，勿与贵达亲厚，则人之害己者自少。吾虽悔，已不可追，以吾为戒，可也。

诉讼一事，最当谨始。使官司公明可恃，尚不当为，况官行关节，吏取货贿。或官司虽无心，而其人天资暗弱，为吏所使，亦何所不至，有是而后悔之，固无及矣！况邻里间所讼，不过侵占地界，逋欠钱物及凶悖陵犯耳，徐徐谕之，勿遽兴讼也，若能置而不较尤善。

世之贪夫，溪壑无餍，固不足责。至若常人之情，见他人服玩，不能不动，亦是一病。大抵人情慕其所无，厌其所有，但念此物若我有之，竟何使用？使人歆艳[1]，于我何补？如是思之，贪求自息，若天性淡然，或学问已到者，固无待此也。

人士有吾辈行同者，虽位有贵贱，交有厚薄，汝辈见之，当极恭逊。已虽高官，亦当力请居其下。不然，则避去可也。吾少时，见士子有其父之朋旧同席而剧谈大噱者[2]，心切恶之，故不愿汝曹为之也。

后生才锐者，最易坏。若有之，父兄当以为忧，不可以为喜也。切须常加检束[3]，令熟读经子，训以宽厚恭谨，勿令与浮薄者游处，如此十许年，志趣自成。不然，其可虑之事，盖非一端[4]。吾此言，后人之药石也[5]，各须谨之，毋贻后悔。

风俗方日坏，可忧者非一事，吾幸老且死矣，若使未遽死，亦决不复出仕，惟顾念子孙，不能无老妪态。吾家本农也，复能为农，策之上也。杜门穷经[6]，不应举，不求仕，策之中也。安于小官，不慕荣达，策之下也。舍此三者，则无策也矣。汝辈今日闻吾此言，心当不以为事，他日乃思之耳。暇日时兄弟一观以自警，不必为他人言也。

吾承先人遗业，家本不至甚乏，亦可为中人之产。仕宦虽龃龉[7]，亦不全在人后，恒素不闲生事，又赋分薄，俸禄入门，旋即耗散，今已悬车[8]，目前萧然，意甚安之，他人或不谅，汝辈固不可欺也。

【注释】

[1] 歆艳：歆羡、羡慕。

[2] 大噱（jué）：大笑。

[3] 检束：检点、约束。

[4] 一端：指一个方面。

[5] 药石：治病的药和针石，指规劝的话语。

[6] 杜门穷经：关起门来专心研究经文。杜门，关门闭户，不走出家门与外人交往。穷经，专心地钻研经籍。

[7] 龃龉（jǔ yǔ）：指仕途不顺达。

[8] 悬车：悬车之年，指人七十岁的年纪。古人一般至七十岁辞官家居，不再用车。

许衡：训子诗

许衡（1209—1281），字仲平，号鲁斋，世称“鲁斋先生”，怀庆河内人，金末元初著名思想家、理学家、教育家。许衡少年时勤学善思，学识渊博，宣扬儒家伦理学说，为理学在中国封建社会后期统治地位的确立起了重要作用，死后追封魏国公，谥号“文正”。此诗中，许衡告诫儿子要学习古人的廉洁和真诚、淳朴，辛勤耕作，不能苟且度日，无论在朝为官还是身居乡野，都要思考“致君”和“济民”的方略，以存留“磊落忠信”之名，而非徒有虚名却敷衍了事。

干戈恣烂漫[1]，无人救时屯[2]。中原竟失鹿[3]，沧海变飞尘。

我自揣何能，能存乱后身。遗芳籍远祖，阴理出先人。[4]

俯仰意油然，此乐难拟伦[5]。家无担石储[6]，心有天地春。

况对汝二子，岂复知吾贫。大儿愿如古人淳，小儿愿如古人真。

平生乃亲多苦辛，愿汝苦辛过乃亲。身居畎亩思致君[7]，身在朝廷思济民。

但期磊落忠信存，莫图苟且功名新。斯言殆可书诸绅[8]。

【注释】

[1] 干戈恣烂漫：形容时局动荡。

[2] 无人救时屯：没有人挺身而出挽救危局。时屯，指世事艰难。

[3] 中原竟失鹿：指蒙古入主中原，建立元朝。失鹿，形容丧失政权，失去天下。

[4] 遗芳籍远祖，阴理出先人：指自己靠着祖先的保佑才能苟存至今。籍，借助。

[5] 拟伦：相比、匹敌。

[6] 家无担石储：家里没有粮食存储。

[7] 畎（quǎn）亩：田地。致君：辅佐国君。

[8] 书诸绅：古人常把警句等写在腰间的大带子上，一低头就能看到，从而时刻警示自己。绅，古代人束腰的大带子。

陈栎：与子勋书

陈栎（1252—1334），字寿翁，安徽休宁人，宋末元初学者，晚年自称东阜老人。宋亡后隐居不出，潜心著述。这篇训子书是陈栎写给离家在外任教的儿子的一封信，信中陈栎首先强调儿子要自我独立、求上进，成长要靠自己，不能像以往那样无所事事。他要求儿子在任教中，要做到为人师表，把心思、精力都放在学生身上。他还教导儿子如何安排作息时间，如何注意仪表，如何与人处好关系，要坚守“勤”“谨”二字。陈栎的教子之法，严中有爱，爱中有严，无论哪一方面，对于儿女的教育、成长都是不可缺少的。

我本未欲遣汝出，偶遇机会，故如此。汝须是自卓立、自争气、自求长进、自做取成人，不可如前日悠悠见笑于人。今幸遇亲家执敬老师，重厚典刑，可亲炙取法。姊夫子静先生博淹修洁[1]，可以资问请益。好文字、好说话，随手录取，归日要观。仲文非特益友[2]，实足为汝师，渠之言一一谨守[3]，不可一毫违之。按渠之言而力行之，永永无失。

【注释】

[1] 博淹修洁：指学识渊博、德行高洁。淹，广博、深入。

[2] 非特：非但、不仅。

[3] 渠：他。

今受人子弟之托，须是且以教人为急，自己事且放缓。然教人读书，即是我读；教人做文字，即是如我自做；教人解书，即是我自解；教人熟而记得，即是我自熟自记得。教人便是自学。如此力行，不特人有长进[1]，我亦自有长进。又，教人谈书，今虽不必与人尽解，然我却不可不自晓得。须是每日随人所上之书逐段自检，看解得晓得，不可徒读其句读而不晓其道理[2]，如和尚念经也。

【注释】

[1] 不特：不但、不仅。

[2] 舂句读（dòu）：形容读书时像捣碎药末一样碾碎每一句话。

每日早起晏眠[1]，除登厕外莫妄出一步，不可与人闲说一句惹是非，待学生必正色端庄，如此，决不遭侮。夏楚人家多不乐此[2]，不宜施。须是勤而有常，谨审而不敢轻易[3]。能守得“勤”与“谨”二字，万万无失。言语要简而当、从容而分明，最不要夸张妄诞。学生事业与主人商量，各人具一日程而日日谨守之。

【注释】

[1] 晏：夜晚。

[2] 夏楚：古代学校体罚越礼犯规学生的两种用具，后泛指体罚工具。

[3] 轻易：轻率、随便。

◎明清篇

张居正：示季子懋书

张居正（1525—1582），字叔大，号太岳，湖广江陵人，明朝政治家、改革家，主持了“万历新政”，推行“一条鞭法”。本文是张居正在其子张懋修两次参加科举考试失败后所写的家书，为的是告诫其子不能因此颓废，而更要刻苦学文习字，只有端正态度、遵循正确的学习方法才能有所成就。

汝幼而颖异，初学作文，便知门路，吾尝以汝为千里驹。即相知诸公见者，亦皆动色相贺曰：“公之诸郎，此最先鸣者也。”乃自癸酉科举之后，忽染一种狂气，不量力而慕古，好矜己而自足，顿失邯郸之步[1]，遂至匍匐而归。丙子之春，吾本不欲求试，乃汝诸兄咸来劝我，谓不宜挫汝锐气，不得已黾勉从之[2]，竟致颠蹶[3]。艺本不佳，于人何尤？然吾窃自幸曰：“天其或者欲厚积而钜发之也[4]。”又意汝必惩再败之耻，而俯首以就矩镬也[5]。岂知一年之中，愈作愈退，愈激愈颓。以汝为质不敏耶？固未有少而了了[6]，长乃懵懵者，以汝行不力耶？固闻汝终日闭门，手不释卷。乃其所造尔尔[7]，是必志骛于高远，而力疲于兼涉，所谓之楚而北行也[8]！欲图进取，岂不难哉！

【注释】

[1] 邯郸之步：此处借“邯郸学步”的典故，喻指儿子一味地模仿古人，不仅没有学到精髓，反而失去了原来的才学。

[2] 黾（mǐn）勉：勉强。

[3] 颠蹶：失败、挫败。

[4] 厚积而钜发：同“厚积薄发”，指充分准备之后才能办好事情。

[5] 矩镬（huò）：规矩、准则。

[6] 了了：清楚明白。

[7] 所造尔尔：指才学造诣十分平常。尔尔，如此而已、不过如此。

[8] 之楚而北行：同“南辕北辙”，指行为与志向相反，难以达到目的。

夫欲求古匠之芳躅[1]，又合当世之轨辙[2]，惟有绝世之才者能之。明兴以来，亦不多见。吾昔童稚登科，冒窃盛名，妄谓屈宋班马[3]，了不异人[4]，区区一第，唾手可得，乃弃其本业，而驰骛古典。比及三年，新功未完，旧业已芜。今追忆当时所为，适足以发笑而自点耳[5]。甲辰下第[6]，然后揣己量力，复寻前辙，昼作夜思，殚精毕力，幸而艺成。然亦仅得一第止耳，犹未能掉鞅文场[7]，夺标艺院也。今汝之才，未能胜余，乃不俯寻吾之所得，而蹈吾之所失，岂不谬哉！

【注释】

[1] 芳躅（zhú）：前贤的踪迹。

[2] 轨辙：车轮碾过的痕迹，比喻规范、途径。

[3] 屈宋班马：指屈原、宋玉、班固、司马迁。

[4] 了不异人：完全与一般人没有区别。

[5] 自点：自污、自辱。

[6] 甲辰下第：张居正在甲辰年（1544）落第。下第，同“落第”。

[7] 掉鞅文场：比喻从容显示才华。掉鞅，指在敌阵前，下车整理马胸前的皮带，以显示驾车技术高超。

吾家以诗书发迹，平生苦志励行，所以贻则于后人者，自谓不敢后于古之世家名德，固望汝等继志绳武[1]，益加光大，与伊巫之俦[2]，并垂史册耳！岂欲但窃一第，以大吾宗哉！吾诚爱汝之深，望汝之切，不意汝妄自菲薄，而甘为辕下驹也[3]。今汝既欲我置汝不问，吾自是亦不敢厚责于汝矣！但汝宜加深思，毋甘自弃，假令才质驽下，分不可强，乃才可为而不为，谁之咎？与己则乖谬，而徒诿之命耶[4]？惑之甚矣！且如写字一节，吾呶呶谆谆者几年矣[5]，而潦倒差讹，略不少变，斯亦命为之耶？区区小艺，岂磨以岁乃能工耶[6]？吾言止此矣，汝其思之！

【注释】

[1] 绳武：沿袭武王的道路，指继承祖先事业。

[2] 伊巫：指伊尹和巫咸。伊尹，商朝初年著名丞相、政治家，辅助商汤灭夏，为商朝的建立和强盛做出了伟大贡献。巫咸，据说是商王太戊身边的一位贤臣，用筮占卜的创始者，是一个著名的占星家。俦（chóu）：同类。

[3] 辕下驹：比喻人少见世面、格局狭隘、见识短浅。

[4] 徒诿（wěi）之命：只推说命运。诿，推脱。

[5] 呶（náo）呶谆谆：形容唠唠叨叨、谆谆教导的样子。呶呶，喋喋不休的样子。

[6] 工：擅长。

吕坤：为善说示诸儿

吕坤（1536—1618），字叔简，号心吾，明宁陵人，明代文学家、思想家，著有《呻吟语》《实政录》等，内容涉及政治、经济、军事、水利、教育等各个方面。这篇家训中，吕坤劝导儿子要以善为本，融入平常的生活中，从身边的一事做起，每日都做一件善事，时间长了就是积善。他强调“善则吉，不善则凶”“善则福，不善则祸”“善则誉，不善则毁”，以及什么是善、如何为善的道理，小中见大，深入浅出，从字里行间显示出吕坤的人格力量。

问吉凶于卜筮者，惑也。善则吉，不善则凶。登泰山、造浮图、衣冠土木、谄事鬼神者[1]，亵也。善则福，不善则祸。求人之誉、怨人之毁者，劳也。善则誉，不善则毁。虽然，此理也，此古圣教人，不得已之说也。至其自为则不然。善者皆凶，而君子不敢避善以趋吉；善者皆祸，而君子不敢忘善以徼福[2]；善者百毁，而君子不敢违善以要誉。父慈子孝，兄爱弟敬，夫义妇顺，家人和，姻族睦，不伤人，不害物，安常处顺，以求无负于民彝[3]，如斯而已矣！其吉也、福也、誉也，君子之为善自若也。反是，君子之为善，亦自若也。吾为所当为，如饥之食、渴之饮耳；吾不为所不当为，如饥不食堇、渴不食鸩耳[4]。吉凶、祸福、毁誉，听其自来也，于我何与焉？虽然，善难言也。不择善者每失之，或日忘其贵贱，同其尊卑，忍耻包羞，纳侮受欺。善乎？日非也。此老庄也，不然，是以宽为阱也。君子临下怜爱，乐施好予，善乎？日非也。此释氏也。不然，是以恩为市也。君子推恩有序，由亲及疏，不惜有罪。不忍无辜，是故有杀不为暴，而赦不为仁者，此类是也。或曰：正色直言，切责愚悖，尽我实心，忘人怨怼。善乎？曰非也。此亲师之道也，不然，是以直贾祸也[5]。君子较其厚薄，观人审己，和平奖劝，以远辱耻，是故有薄责于人为是。而攻人之恶为非者，此类是也。儿辈亦有为善之心矣，余惧其昧于是非，过不及之间也，作此以示之。

【注释】

[1] 造浮图：建造寺庙，指做善事。

[2] 徼（jiǎo）福：祈福、求福。

[3] 民彝：同“人伦”，指人与人之间的伦理、道德准则。

[4] 饥不食堇：再饥饿也不能吃毒野菜。堇，毒野菜。渴不食鸩：再渴也不能喝鸩酒。鸩，鸩酒，一种剧毒的酒。

[5] 以直贾（gǔ）祸：因为正直招引祸端。贾，招引、招惹。

王夫之：示子侄书

王夫之（1619—1692），字而农，号姜斋、夕堂，明末衡阳人。入清后隐居不仕，学者称“船山先生”，与顾炎武、黄宗羲并称为“明清之际三大思想家”。因身遭明亡之痛，所以论著都富有强烈的民族思想，著述计52种。这篇家训是作者写给子侄的训诫文，强调做人首先要立志，立志之前必须摒除恶习，否则最终会一事无成。他认为，做人还要拓宽胸襟、开阔眼界，为人要洒脱恢宏、安详和顺，这样才坦然无愧，进而从容应付未来的人生。

立志之始，在脱习气。习气薰人[1]，不醪而醉[2]。其始无端，其终无谓。袖中挥拳[3]，针尖竞利；狂在须臾，九牛莫制。岂有丈夫，忍以身试？彼可怜悯，我实惭愧！前有千古，后有百世；广延九州，旁及四夷。何所羁络，何所拘执？焉有骐驹，随行逐队。无尽之财，岂吾之积？目前之人，皆吾之治，特不屑耳，岂为吾累！

潇洒安康，天君无系[4]。亭亭鼎鼎[5]，风光月霁。以之读书，得古人意；以之立身，踞豪杰地；以之事亲，所养惟志；以之交友，所合惟义。惟其超越，是以和易。光芒烛天，芳菲匝地[6]。深潭映碧，春山凝翠。寿考维祺，念之不昧！

【注释】

[1] 薰：感化。

[2] 醪（láo）：美酒。这里用作动词，指喝酒。

[3] 袖中挥拳：形容急切地与人争斗。

[4] 天君无系：天神没有约束。

[5] 亭亭鼎鼎：语出元稹诗《高荷》："亭亭自抬举，鼎鼎难藏掖。"形容高耸直立、非常盛大的样子。

[6] 芳菲匝（zā）地：芳草遍地。匝，遍地、满地。

纪晓岚：寄内子

纪昀（1724—1805），字晓岚，一字春帆，晚号石云，道号"观弈道人"，直隶献县人。清代政治家、文学家，历官左都御史，兵部、礼部尚书。著有《阅微草堂笔记》，曾任《四库全书》总纂修官，撰写了《四库全书总目提要》。这里选的是纪昀写给妻子马氏和长子纪汝佶的家书，展示了纪昀的思想观念，包括如何教育子女、如何对待自己的身份和地位、如何看待农民和体力劳动、如何选择朋友等。

父母同负教育子女责任。今我寄旅京华，义方之教[1]，责在尔躬[2]。而妇女心性，偏爱者多，殊不知爱之不以其道，反足以害之焉。其道维何？约言之有"四戒""四宜"：一戒晏起[3]，二戒懒惰，三戒奢华，四戒骄傲[4]。既守四戒，又须规以四宜：一宜勤读，二宜敬师，三宜爱众，四宜慎食。以上八则，为教子之金科玉律，尔宜铭诸肺腑，时时以之教诲三子，虽仅十六字，浑括无穷[5]，尔宜细细领会，后辈之成功立业，尽在其中焉，书不一一，容后续告。

【注释】

[1] 义方之教：即"教义方"，教育做人的正道。

[2] 责在尔躬：责任在你身上。

[3] 晏起：晚起。

[4] 矫傲：骄傲。

[5] 浑括：总括。

纪晓岚：训大儿

尔初入仕途，择交宜慎，友直友谅友多闻益矣[1]。误交真小人[2]，其害犹浅；误交伪捩君子[3]，其祸为烈矣。盖伪君子之心，百无一同：有拗捩者[4]，有偏倚者[5]，有黑如漆者，有曲如钩者，有如荆棘者[6]，有如刀剑者，有如蜂虿者[7]，有如狼虎者，有现冠盖形者[8]，有现金银气者。业镜高悬[9]，亦难照彻。缘其包藏不测，起灭无端，而回顾其形，则皆岸然道貌，非若真小人之一望可知也。并且此等外貌麟鸾中藏鬼蜮之人[10]，最喜与人结交，儿其慎之。

【注释】

[1] 友直友谅友多闻益矣：结交一些正直的、能互相谅解的、知识丰富的朋友会带来很多好处。友，结交。

[2] 真小人：指没有伪装，一眼就能看出小人本性的人。

[3] 伪捩（liè）君子：伪装成君子的小人。捩，违逆常情，不顺从正道。

[4] 拗捩者：固执不化、违逆常情的人。

[5] 偏倚者：思想行为偏执的人。

[6] 如荆棘者：内心狭隘如荆棘塞途的人。

[7] 如蜂虿（chài）者：内心狠毒像黄蜂和毒蝎的人。虿，是传说中蝎子一类的毒虫。

[8] 有现冠盖形者：有显现当官模样的。冠盖，古代官员的帽子和车盖，借指官员。

[9] 业镜：佛教语，指诸天与地狱中照摄众生善恶业的镜子。

[10] 此等外貌麟鸾中藏鬼蜮（yù）之人：这一类外表看起来像麒麟、凤凰一样美好，内心却像鬼蜮一样的伪君子。蜮，传说中一种水生怪物，能含沙

射人影，使人患病。

郑板桥：寄舍弟墨

郑燮（1693—1765），字克柔，号板桥、板桥道人，江苏兴化人，祖籍苏州，清代诗人、画家、书法家，“扬州八怪”代表人物。其诗、书、画世称“三绝”，擅长画兰、竹、石、松、菊，其中画竹成就最为突出。这里选的是郑板桥寄给弟弟的书信，信中主要谈论的是如何读书、读书的重要意义等问题。

读书以过目成诵为能，最是不济事。眼中了了，心下匆匆，方寸无多[1]，往来应接不暇，如看场中美色，一眼即过，与我何与也。千古过目成诵，孰有如孔子者乎？读《易》至韦编三绝[2]，不知翻阅过几千百遍来，微言精义，愈探愈出，愈研愈入，愈往而不知其所穷。虽生知安行之圣[3]，不废困勉下学之功也[4]。东坡读书不用两遍，然其在翰林院读《阿房宫赋》至四鼓，老吏苦之，坡洒然不倦。岂以一过即记，遂了其事乎！惟虞世南、张睢阳、张方平，平生书不再读，迄无佳文。且过辄成诵，又有无所不诵之陋。即如《史记》百三十篇中，以《项羽本纪》为最，而《项羽本纪》中，又以钜鹿之战、鸿门之宴、垓下之会为最。反覆诵观，可欣可泣，在此数段耳。若一部《史记》，篇篇都读，字字都记，岂非没分晓的钝汉！更有小说家言、各种传奇恶曲及打油诗词，亦复寓目不忘[5]，如破烂厨柜，臭油坏酱悉贮其中，其齷齪亦耐不得！

【注释】

[1] 方寸：心绪、心思。

[2] 韦编三绝：孔子读《周易》时曾多次翻断编连竹简的皮带子，喻指读书刻苦、勤奋。韦编，指用熟牛皮绳把竹简编连起来。三，表示多次。绝，断开。

[3] 生知安行：古代认为圣人才能具有的资质，即“生而知之”（不用学习就能懂得道理）“安而行之”（发于本愿，从容不迫地施行）。

[4] 困勉下学：指克服困难才能求得知识。

[5] 寓目不忘：同“过目不忘”。

郑板桥：寄舍弟墨

凡人读书，原拿不定发达。然即不发达，要不可以不读书[1]，主意便拿定也。科名不来，学问在我，原不是折本的买卖。愚兄而今已发达矣，人亦共称愚兄为善读书矣，究竟自问胸中担得出几卷书来？不过挪移借贷，改窜添补，便尔钓名欺世。人有负于书耳，书亦何负于人哉！昔有人问沈近思侍郎[2]，如何是救贫的良法？沈曰："读书。"其人以为迂阔[3]。其实不迂阔也。东投西窜，费时失业，徒丧其品，而卒归于无济，何如优游书史中，不求获而得力在眉睫间乎！信此言，则富贵；不信，则贫贱，亦在人之有识与有决并有忍耳。

【注释】

[1] 要：如果、倘若。

[2] 沈近思：字位山，清代诗人。

[3] 迂阔：迂腐而不切实际。

彭端淑：为学一首示子侄

彭端淑（约1699—1779），字乐斋，号仪一，眉州丹棱人，清代文学家、教育家。乾隆二十六年（1761），彭端淑辞官归蜀，隐于成都白鹤堂，入锦江书院教书育人，担任主讲、院长约20年。本文是作者为训示子侄而作，记述了他对"聪与敏""昏与庸"等先天条件的看法："天下事有难易乎？为之，则难者亦易矣；不为，则易者亦难矣。人之为学有难易乎？学之，则难者亦易矣；不学，则易者亦难矣。"他以生动、扼要的语言告诫子侄做事、求学都必须勉力上进才能有所成就。

天下事有难易乎？为之，则难者亦易矣；不为，则易者亦难矣。人之为学有难易乎？学之，则难者亦易矣；不学，则易者亦难矣。吾资之昏[1]，不逮人也[2]；吾材之庸，不逮人也；旦旦而学之，久而不怠焉，迄乎成[3]，而亦不知其昏与庸也。吾资之聪倍人也，吾材之敏倍人也；屏弃而不用，其与昏与庸无以异也。圣人之道，卒于鲁也传之[4]。然则昏庸聪敏之用，岂有常哉？

蜀之鄙有二僧[5]，其一贫，其一富。贫者语于富者曰："吾欲之南海，何如？"富者曰："子何恃而往？"曰："吾一瓶一钵足矣。"富者曰："吾数年来欲买舟而下，犹未能也。子何恃而往？"越明年，贫者自南海还，以告富者，富者有惭色。西蜀之去南海，不知几千里也，僧富者不能至，而贫者至焉。人之立志，顾不如蜀鄙之僧哉？是故聪与敏，可恃而不可恃也；自恃其聪与敏而不学者，自败者也。昏与庸可限而不可限也；不自限其昏与庸而力学不倦者，自力者也[6]。

【注释】

[1] 资：资质、天资。昏：昏愚，糊涂而愚蠢的样子。

[2] 逮：比得上。

[3] 迄乎成：到有了成就之后。

[4] 圣人之道，卒于鲁也传之：孔子的思想言论最终靠天资迟钝的曾参传下来，他将学问传给孔伋，孔伋的门人又传给了孟子。卒，最终。鲁，迟钝。

[5] 鄙：郊野之外、边远的地方。

[6] 自力：自我勉励、尽自身之力。

林则徐：覆长儿汝舟

林则徐（1785—1850），字元抚，晚号"竢村老人"，福建侯官人，清代政治家、思想家和诗人，历任湖广总督、陕甘总督和云贵总督，两次受命钦差大臣，主张严禁鸦片，主持虎门销烟，主编《海国图志》，被誉为"民族英雄""近代中国开眼看世界的第一人"。这里挑选的是林则徐给他的儿子的两封信，字里行间充满拳拳报国之心、殷殷爱子之意，读来令人感动而深思。

字谕汝舟儿知悉[1]：接来信，知已安然抵家，甚慰。母子兄弟夫妇，三年隔别，一旦重逢，其快乐当非寻常人所可言喻。今将新岁矣，辛盘卯酒[2]，团圆乐叙，亦家庭间一大快事。父受恩高厚，不获岁时归家。上拜祖宗，下蓄妻子，枨触为何如[3]？唯有努力报国，以上答君恩耳。官虽不做，人不可不做。在家时应闭户读书，以期奋发。一旦用世，致不致上负高厚，下玷祖宗。吾儿虽早年成功，折桂探杏[4]，然正皇恩浩荡，邀幸以得之，非才学应如是也。此宜深知之。即为父开八轩、握秉衡[5]，亦半出皇恩之赐，非正有此才力也。故吾儿益宜读书明理，亲友虽疏，问候不可不勤；族党虽贫，礼节不可不慎。即兄弟夫妇间，亦宜尽相当之礼。持盈乃可保泰，慎勿以作官骄人。而用力之要，尤在多读圣贤书，否则即易流于下。古人仕而优而学，吾儿仕尚未优，而可夜郎自大、弃书不读哉！次儿今岁可不必来，风雪严寒，道途跋涉，实足令为父母者不安。姑俟明春三月，再来未迟。吾儿更可不必来，家有长子曰家督，持家事母，正吾儿应为之事、应尽之职，毋庸舍彼来此也。父身体甚好，入冬后曾服补药一帖，精神尚健，饮食起居，亦极安适，毋念。元抚手谕。

【注释】

[1] 汝舟：林汝舟，字镜枫，号楫之，林则徐长子。林则徐遣戍新疆时，他因在职，按例不得随侍父亲。

[2] 辛盘：用葱、蒜、韭、蓼蒿、芥等五种辛辣的菜蔬杂合的食品，取迎新之意。卯酒：指早晨喝的酒。

[3] 枨触：感触。

[4] 折桂探杏：喻指中进士。折桂，指登科、中第。探杏，即探花。

[5] 开八轩、握秉衡：比喻身居高位。

林则徐：训次儿聪彝

字谕聪彝儿：尔兄在京供职，余又远戍塞外，惟尔奉母及弟妹居家，责任綦重[1]，所当谨守者有五：一须勤读敬师，二须孝顺奉母，三须友于爱弟，四须和睦亲戚，五须爱惜光阴。

尔今年已十九矣，余年十三补弟子员，二十举于乡，尔兄十六入泮[2]，二十二登贤书[3]。尔今犹是青衿一领[4]。本则三子中，惟尔资质最钝，余固不望尔成名，但望尔成一拘谨笃实子弟。尔若堪弃文学稼，是余所最欣喜者。盖农居四民之首，为世间第一等最高贵之人。所以余在江苏时，即嘱尔母购置北郭隙地，建筑别墅，并收买四围粮田四十亩，自行雇工耕种，即为尔与拱儿预为学稼之谋。尔今已为秀才矣，就此抛撇诗文，常居别墅，随工人以学习耕作，黎明即起，终日勤勤而不知倦，便是长田园之好子弟。

至于拱儿，年仅十三，犹是白丁，尚非学稼之年，宜督其勤恳用功。姚师乃侯官名师[5]，及门弟子[6]，领乡荐[7]，捷礼闱者[8]，不胜偻指计[9]。其所改拱儿之功课，能将不通语句，改易数字，便成警句。如此圣手，莫说侯官士林中，都推重为名师，只恐遍中国亦罕有第二人也。拱儿既得此名师，若不发愤攻苦，太不长进矣。前月寄来窗课五篇[10]，文理尚通，惟笔下太嫌枯涩，此乃欠缺看书工夫之故。尔宜督其爱惜光阴，除诵读作文外，余暇须批阅史籍。惟每看一种，须自首至末，详细阅完，然后再易他种。最忌东拉西扯，阅过即忘，无补实用。并须预备看书日记册，遇有心得，随手摘录，苟有费解或疑问，亦须摘出，请姚师讲解，则获益良多矣！

【注释】

[1] 綦（qí）重：非常重要。綦，极、很。

[2] 入泮（pàn）：入学。

[3] 登贤书：指科举时代在乡试时中举。

[4] 青衿：原指周朝国子生，后在北齐、隋唐、两宋时成为学子的制服。这里指读书人。

[5] 侯官：明、清时为福州府治所（今福建闽侯），是林则徐的家乡。

[6] 及门弟子：又称“受业弟子”，指亲自登门去老师家中或固定教学地点接受教育的学生。

[7] 领乡荐：指乡试中举。

[8] 礼闱（wéi）：指古代科举考试中的会试，因由礼部主办，故称。

[9] 偻（lǚ）指：屈指而数。

[10] 窗课：旧称私塾中学生习作的诗文。

左宗棠：示儿书

左宗棠（1812—1885），字季高，一字朴存，号湘上农人，湖南湘阴人，晚清重臣，军事家、政治家、湘军著名将领，“洋务派”首领。他留意农事，遍读群书，钻研舆地、兵法，一生经历了太平天国运动、洋务运动、新疆平叛等重要历史事件。中法战争时，自请赴福建督师。与曾国藩、李鸿章、张之洞并称“晚清中兴四大名臣”。本篇文章是左宗棠写给他的两个儿子的家书，主要内容涉及读书、立志、惜时等方面。

孝威、孝宽知之。我于二十八日开船，是夜泊三汊矶，廿九日泊湘阴县城外，三十日即过湖抵岳州。南风甚正，舟行顺速，可毋念也。我此次北行，非其素志。尔等虽小，当亦略知一二。世局如何，家事如何，均不必为尔等言之。惟刻难忘者，尔等近年读书无甚进境，气质毫未变化，恐日复一日，将求为寻常子弟不可得，空负我一片期望之心耳。夜间思及，辄不成眠。今复为尔等言之。尔等能领受与否，则我不能强之，然固不能已于言也。

读书要目到、口到、心到。尔读书不看清字画偏旁，不辨明句读，不记清头尾，是目不到也。喉、舌、唇、牙、齿五音，并不清晰伶俐，朦胧含糊，听不明白，或多几字，或少几字，只图混过，就是口不到也。经传精义奥旨，初学固不能通，至于大略粗解，原易明白。稍肯用心体会，一字求一字下落[1]，一句求一句道理，一事求一事原委；虚字审其神气，实字测其义理，自然渐有所悟。一时思索不得，即请先生解说；一时尚未融释，即将上下文或别章别部义理相近者反复推寻，务期了然于心，了然于口，始可放手。总要将此心运在字里行间，时复思绎，乃为心到。

今尔等读书总是混过日子，身在案前，耳目不知用到何处，心中胡思乱想，全无收敛归著之时，悠悠忽忽，日复一日，好似读书是答应人家功夫，是欺哄人家，掩饰人家耳目的勾当。昨日所不知不能者，今日仍是不知不能；去年所不知不能者，今年仍是不知不能。孝威今年十五，孝宽今年十四，转眼就长大成人矣。从前所知所能者，究竟能比乡村子弟之佳者否？试自忖之。

读书做人，先要立志，想古来圣贤豪杰是我这般年纪时，是何气象[2]？是何学问？是何才干？我现在那一件可以比他？想父母命我读书，延师训课，是何志愿？是何意思？我那一件可以对父母？看同时一辈人，父母常背后夸赞者，是何好样？斥詈者，是何坏样？好样要学，坏样断不可学。心中要想个明白，立定主意，念念要学好，事事要学好，自己坏样一概猛省猛改，断不许少有回护[3]，不可因循苟且。务期与古时圣贤豪杰少小时志气一般，方可慰父母之心，免被他人耻笑。志患不立，尤患不坚。偶然听一段好话，听一件好事，亦知歆动羡慕[4]，当时亦说我要与他一样，不过几日几时，此念就不知如何销歇去了[5]。此是尔志不坚，还由不能立志之故。如果一心向上，有何事业不能做成？

陶桓公有云："大禹惜寸阴，吾辈当惜分阴。"古人用心之勤如此。韩文公云："业精于勤而荒于嬉。"凡事皆然，不仅读书，而读书更要勤苦。何也？百工技艺，医学、农学均是一件事，道理尚易通晓；至吾儒读书，天地民物莫非己任，宇宙古今事理均须融澈于心，然后施为有本。人生读书之日最是难得。尔等有成与否，就在此数年上见分晓。若仍如从前悠忽过日，再数年依然故我，还能冒读书名色充读书人否？思之，思之！

孝威气质轻浮，心思不能沉下，年逾成童而童心未化，视听言动，无非一种轻扬浮躁之气。屡经谕责，毫不知改。孝宽气质昏惰，外蠢内傲，又贪嬉戏，毫无一点好处。开卷便昏昏欲睡，全不提醒振作。一至偷闲玩耍，便觉分外精神。年已十四，而诗文不知何物，字画又丑劣不堪。见人好处，不知自愧，真不知将来作何等人物！我在家时常训督，未见悛改[6]。我今出门，想起尔等顽钝不成材料光景，心中片刻不能放下。尔等如有人心，想尔父此段苦心，亦知自愧自恨，求痛改前非以慰我否？

亲朋中子弟佳者颇少，我不在家，尔等在塾读书，不必应酬交接。外受傅训[7]，入奉母仪可也。读书用功，最要专一无间断。今年以我北行之故，亲朋子侄来家送我，先生又以赴考耽误功课，闻二月初三、四始能上馆。所谓一年之计在于春者，又去月余矣！若夏秋有科考，则忙忙碌碌又过一年，如何是好？今特谕尔：自二月初一日起，将每日功课，按月各写一小本寄京一次，便我查阅。如先生是日未在馆，亦即注明，使我知之。屋前街道，屋后菜园，不准擅出行走。如奉母命出外，亦须速出速归。"出必告，返必面”，断不可任意往来。同学之友，如果诚实发愤，无妄言妄动，固宜引为同类。倘或不然，则同斋割席[8]，勿与亲昵为要。家中书籍，勿轻易借人，恐有损失。如必须借看者，每借去，则粘一条于书架，注明某日某人借去某书，以便随时向取。

【注释】

[1] 下落：究竟、分晓。

[2] 气象：模样、形象。

[3] 回护：回避、避忌。

[4] 歆动：欣喜动心。歆，喜爱、羡慕。

[5] 销歇：停息、休止。

[6] 悛（quān）改：悔改、改过。

[7] 傅训：老师的训诲。傅，指老师。

[8] 同斋割席：与同窗好友绝交。

张之洞：致儿子书

张之洞（1837—1909），字孝达，号香涛，晚年自号抱冰，直隶南皮人，历任内阁学士、两广总督、湖广总督、军机大臣等职，官至体仁阁大学士，谥号“文襄”，著有《广雅堂集》。他是洋务派的主要代表人物，大力提倡“中学为体，西学为用”的主张，注重教育和治安，创办汉阳铁厂、湖北兵工厂等，对清末教育和社会发展都影响深远。张之洞晚年送儿子到日本读书，本篇文章便是他写给远在异乡的儿子的家书。张之洞在家书里表达了对爱子的牵挂，同时告诫儿子在外须用功上进、锻炼自己，“为后日国家干城之器、有用之才耳”。

吾儿知悉：汝出门去国，已半月余矣。为父未尝一日忘汝。父母爱子，无微不至，其言恨不能一日离汝，然必令汝出门者，盖欲汝用功上进，为后日国家干城之器[1]、有用之才耳。方今国事扰攘，外寇纷来，边境屡失，腹地亦危。振兴之道，第一即在治国。治国之道不一，而练兵实为首端。汝自幼即好弄，在书房中，一遇先生外出，即跳掷嬉笑，无所不为。今幸科举早废，否则汝亦终以一秀才老其身，决不能折桂探杏，为金马玉堂中人物也。

故学校肇开[2]，即送汝入校。当时诸前辈犹多不以然，然余固深知汝之性情，知决非科甲中人，故排万难送汝入校。果也，除体操外，绝无寸进。余少年登科，自负清流[3]，而汝若此，真令余愤愧欲死。然世事多艰，习武亦佳，因送汝东渡，入日本士官学校肄业[4]，不与汝之性情相违。汝今既入此，应努力上进，尽得其奥。勿惮劳，勿恃贵，勇猛刚毅，务必养成一军人资格。汝之前途，正亦未有限量。国家正在用武之秋，汝只患不能自立，勿患人之不己知。志之！志之！勿忘！勿忘！

抑余又有诫汝者，汝随余在两湖，固总督大人之贵介子也[5]，无人不恭待汝。今则去国万里矣，汝平日所挟以傲人者，将不复可挟，万一不幸肇祸，反足贻堂上以忧。汝此后当自视为贫民、为贱卒，苦身戮力，以从事于所学。不特得学问上之益，且可借是磨练身心。即后日得余之庇，毕业而后得一官一职，亦可深知在下者之苦，而不致予智自雄[6]。

余五旬外之人也，服官一品，名满天下，然犹兢兢也，常自恐惧，不敢放恣。汝随余久，当必亲炙之[7]，勿自以为贵介子弟，而漫不经心，此则非余之所望于尔也，汝其慎之！寒暖更宜自己留意，尤戒有狭邪赌博等行为，即幸不被人知悉，亦耗费精神、抛荒学业。万一被人发觉，甚或为日本官吏拘捕，则余之面目，将何所在？汝固不足惜，而余则何如？更宜力除，至嘱！至嘱！余身体甚佳，家中大小，亦均平安，不必系念。汝尽心求学，勿妄外骛[8]。汝苟竿头日上，余亦心广体胖矣。父涛示[9]，五月十九日。

【注释】

[1] 干城之器：保卫国家的重要人才。干城，盾牌和城墙，喻指重要的防护力量。

[2] 肇开：刚开始设立。

[3] 清流：清末光绪年间，统治阶级内部出现的一个政治派别，标榜风节，上书言事，评议时政，弹劾大臣。张之洞早年曾是“清流派”健将。

[4] 肄（yì）业：在校学习但没有毕业或尚未毕业。

[5] 贵介：尊贵、高贵。

[6] 自雄：形容自以为了不起、得意忘形的样子。

[7] 亲炙：亲自、直接受到教导和熏陶。炙，比喻受到熏陶。

[8] 外骛（wù）：别有追求、用心不专。骛，追求。

[9] 涛：张之洞，字孝达，号香涛，故称。

◎民国篇

袁世凯：与叔保恒书

袁世凯（1859—1916），字慰亭，号容庵，河南项城人，近代著名政治家、军事家，北洋新军创始人，中华民国第一任大总统。这里选取的是袁世凯写给其叔父、儿子的书信，内容主要涉及读书学习、用兵之法、修身之道等方面。

侄世凯敬禀叔父大人侍下。九月二十一日奉到赐示，谆谆告诫，相勖以刚日读经[1]，柔日读史[2]，并专力于闱艺策论[3]，腹笥既充[4]，下届秋闱传战[5]，定卜夺得锦标矣。捧读之余，具见勉励之殷，爱矜之切，溢于言表，使侄愧感交并，不知涕泗之何从。侄自少天分不足，素性顽钝，不好读书。稍长，日与庸鄙者处，七窍尽被芳草封塞[6]，旋经益友规诫，稍稍致力于文章词赋间，期年得青一衿[7]，侄不自知侥幸得此寸进，反视学问与功名可猎取而得，无待钻研攻苦者。才能作得儿句时文，以为苏韩可学而至焉；才能吟成儿什俚句，以为李杜亦可学而至焉。于是广结文社，按期课艺，欲思尽涤旧染之污，克成袁氏之佳子弟。讵知屡试秋闱不第[8]，锐气为之一挫；操劳而成咯血症，锐气又为之一挫。居常每自窃叹，苍苍者天，何限我以天赋，勒我以学问，若斯之酷耶！再图以文章猎取功名，只恐画饼难以充饥耳。故自闱后返里，意志颓唐，经史子集尽束之高阁，儿如祖龙劫后，只字无复寓目[9]。惟日与二三同里少年，驰马试剑，以习武功。侄已逾终军请缨之年[10]，倍切定远从戎之志，至于从青灯黄卷中博取紫袍玉带[11]，则略识之无者，不敢再作此梦想矣。侄之苦衷，如是如是，愿大人留意栽培为幸。肃此谨请万福金安，侄世凯谨禀。

【注释】

[1] 勖（xù）：勉励、鼓励。刚日：古代以干支纪日，甲、丙、戊、庚、壬五日都处在奇数位，属阳刚，故称。

[2] 柔日：古代以干支纪日，乙、丁、己、辛、癸都是偶数，属阴柔，故称。

[3] 闱艺：科举考试时考场上写的诗文。

[4] 腹笥（sì）：原指学识丰富，这里指肚子里的学问。

[5] 秋闱：秋天举行科举考试的场院，代指秋季时举行的乡试。闱，考场。传战：指参加科举考试。

[6] 芳草：比喻女子。

[7] 得青一衿：即“得一青衿”，指考中了秀才。

[8] 讵（jù）知：岂知、怎知。

[9] 无复寓目：不再过目。寓目，过目、观看。

[10] 终军：字子云，西汉著名政治家、外交家。他曾主动为国请缨，勇担出使南越的重任。

[11] 紫袍玉带：比喻高官。

袁世凯：与叔保恒书

侄世凯敬复叔父大人侍下。自十月初一日奉复一禀后，二十五日又接到赐示，谓侄既不愿从故纸堆中讨生活[1]，决然舍文事而讲武功，拟效班超之投笔从戎，其志非不壮，惜乎遭逢不偶，当此边疆肃靖[2]，四海平安，英雄无用武之地，还当熟读兵书韬略，简练揣摩，一旦机会适至，便可闻鸡而起矣。蔼然长者之言，诚属确论。惟侄庸愚成性，既不能上马杀贼，又不能下马作露布[3]，徒自临渊羡鱼，空存妄想耳。况近世天演竞争[4]，战事竞尚铁血主义，计谋无所施，勇力不足恃，吾国旧有之《孙武兵法》《太公战略》等书，几成明日黄花，读之仅能知古而不知今，无补实用。兼之吾国陆军犹守旧制，海军虽尚新法，稍胜于旧有之水师炮艇，而与英美等海军相较，瞠乎其后矣[5]，而各国虎视眈眈，野心来戢，一旦夷氛不靖[6]，竟以兵戎相见，胜败未可逆料也。侄由是主张不观吾国兵书，专阅日车暨德意志之战略，惜乎译本不多，未窥全豹，更慨纸上谈兵，无从实地练习。久拟赴德，入陆军学校肄业，无如自嗣父作古后[7]，家汁艰难，一家之温饱尚属不易，安有多金作游学经费？此愿已成画饼矣。顷奉生慈命，使侄来京请安，并乞我叔留意提拔为幸，束装在即，先此禀闻。伏维亮察。侄世凯谨禀。

【注释】

[1] 故纸堆：泛指数量多而旧的古代图书资料，含贬义。

[2] 肃靖：平定、安宁。

[3] 露布：军旅文书，包括征讨檄文、捷报文书等。

[4] 天演竞争：指世界上弱肉强食、适者生存的竞争。

[5] 瞠乎其后：眼看着落在后面却赶不上，形容远远落后。

[6] 夷氛不靖：指没有平定外族入侵引致的战祸。夷氛，外族入侵的战祸。靖，安宁、平定。

[7] 无如：连词，哪里想到。嗣父：继父，指袁世凯的出继之父袁保庆。作古：对人死去的委婉说法。

袁世凯：示次儿书

字谕次儿，十月十七自济南抚署发第三号家信，已收到否？月余未接尔家报，谅由遭途多梗，邮信难通所致。以后务须月发一信，将家庭状况，书房功课，暨家乡要闻详细禀闻。尔前次寄来之史论，立意尚新，议论亦畅，惟字体太奇特，非少年所宜。当多临欧柳法帖，以资矫正。近闻尔行事喜效名士，此非具有真才实学者，不克幸享盛名。而尔之记忆力薄弱，安得将所读之经史子集，尽记脑中，以充腹笥？惟有勤笔勉思一法：于读书时，将典故分门别类摘录于日记簿，积久汇成大观，或备临时检查，或备随时翻看，则所作文件必能出人头地。从前袁子才之享盛名，即得力于读书日记簿也。尔宜是则是效，获益必多。夫欲求真实学问，必先定功课。今将立身课程开列于后，儿曹其共同遵守之。

立身课程

早起：黎明即起，醒后勿贪恋衾裯[1]。

习字：早餐后习字五百，行楷各半。

读经：刚日读经，一书未完，勿易他书。

读史：柔日读史，日以十页为限，见有典故及佳句，随手分类摘出，以资引用。

作文：以五十为作文期，以史论时务相间命题，兼作诗词。

静坐：每日须静坐一小时，于薄暮时行之，兼养目力。

慎言：言多必败，慎言，即所以免祸。

运动：早起临睡，须行柔软体操。

省身：每日临睡时须自省，一日做事可有过失，有则勿惮改[2]，无则加勉。

写日记：逐日记载，毋间断，将每日自早至夜，所见所闻所做之事，一一记出。

【注释】

[1] 衾裥（qīn jiǎn）：指被子。

[2] 惮：害怕。

孙中山：劝胞兄孙眉不要做官

孙中山（1866—1925），原名文，字载之，号日新，又号逸仙，化名中山樵，常以中山为名，广东香山人，是中国近代民族、民主主义革命的开拓者和先行者，中华民国和中国国民党的缔造者，倡导“三民主义”，创立《五权宪法》，著有《建国方略》《建国大纲》《三民主义》等。孙中山的家书仅有两篇公之于世，一篇是因为政事写给其兄长的，另一篇是写给家人的家事遗嘱。两篇家书都非常短小精悍，却体现了一个革命者对家人的关心，以及对于政事的态度。

粤中有人议举兄为都督[1]，弟以为政治非兄所熟习。兄质直过人[2]，一入政界，将有相欺以其方者。未登舞台，则众人属望，稍有失策，怨亦随生。为大局计，兄宜专就所长，专任一事，如安置民军、办理实业之类，而不必当此大任。且闻有欲用强力胁迫他人以举兄者，以此造因，必无良果，尤不可不避也。弟文叩[3]。

【注释】

[1] 粤中有人议举兄为都督：1911 年，孙中山出任中华民国临时大总统之后，广东有人提议让其兄担任广东都督，被孙中山严正拒绝。孙眉，字德彰，

号寿屏，孙中山胞兄。孙眉在孙中山的革命生涯中发挥了十分重要的作用，在物质和精神上都给予孙中山巨大的支持和鼓励。

[2] 质：资质、本质。

[3] 叩：旧时一种含尊敬意的礼节。

孙中山：家事遗书

余因尽瘁国事[1]，不治家产[2]，其所遗之书籍、衣物、住宅等，一切均付吾妻宋庆龄，以为纪念。余之儿女已长成，能自立，望各自爱，以继余志。此嘱。

【注释】

[1] 尽瘁：指为国家大事劳心尽力、全身心投入。

[2] 治：同“置”，置办、购置。

梁启超：致梁思顺

梁启超（1873—1929），字卓如，号任公，又号饮冰室主人、饮冰子、自由斋主人等，广东新会人，中国近代维新派代表、政治活动家、史学家和文学家，“戊戌变法”领袖之一。梁启超有子女十人，长大成人的有思顺、思成、思永、思忠、思庄、思达、思懿、思宁、思礼九人，皆是国家栋梁，与梁启超对他们的教育、培养有重要的关系。20世纪二三十年代，梁启超把思成、思永、思忠、思庄送往国外学习，与他们保持了密切的书信往来，信中表达了梁启超对子女们深切的关爱，反映出父子、兄弟姐妹间的亲情之深厚，这里节选了部分有关个人修养及学业方面的内容。

王姨今晨已安抵沪[1]，幸而今晨到，否则今日必至挨饿。因邻居送饭来者已谢绝也（明日当可举火，今日以面包充饥）。此间对我之消息甚恶，英警署连夜派人来保卫，现决无虞。吾断不至遇险。吾生平所确信，汝等不必为我忧虑。现一步不出门，并不下楼，每日读书甚多，顷方拟著一书名曰《泰西近代思想论》，觉此于中国前途甚有关系。处忧患最是人生幸事，能使人精神振奋，志气强立。两年来所境较安适，而不知不识之间德业已日退，在我犹然，况于汝辈。今复还我忧患生涯，而心境之愉快，视前此乃不啻天壤，此亦天之所以玉成汝辈也[2]。使汝辈再处如前数年之境遇者，更阅数年[3]，几何不变为纨绔子哉。此书可寄示汝两弟，且令宝存之。

【注释】

[1] 王姨：指王桂荃，梁启超的第二夫人，因为这段姻缘违背了梁启超自己定下的“一夫一妻制”，所以他要求孩子们称王桂荃为“王姨”或“王姑娘”。

[2] 玉成：成全、促成。

[3] 阅：经历。

梁启超：致梁思成

父示思成：

吾欲汝以在院两月中取《论语》《孟子》，温习暗诵，务能略举其辞，尤于其中有益修身之文句，细加玩味。次则将《左传》《战国策》全部浏览一遍，可益神智，且助文采也。更有余日读《荀子》则益善。各书可向二叔处求取。《荀子》颇有训诂难通者[1]，宜读王先谦《荀子集解》[2]。可令张明去藻玉堂老王处取一部来。

【注释】

[1] 训诂：一门解释文字义的学问。

[2] 王先谦：字益吾，清末学者，湖南长沙人，因住宅名“葵园”，人称“葵园先生”。他是著名的湘绅领袖、学界泰斗，也是史学家、经学家、训诂学家、实业家，著有《荀子集解》《庄子集解》等。